기다리는
집값폭락은
오지 않는다

기다리는
집값폭락은
오지 않는다

2020년 7월 8일 초판 1쇄 인쇄
2020년 7월 15일 초판 1쇄 발행

지은이 장철수
펴낸이 이종춘
펴낸곳 (주)첨단

주소 서울시 마포구 양화로 127(서교동) 첨단빌딩 3층
전화 02-338-9151
팩스 02-338-9155
홈페이지 www.goldenowl.co.kr
출판등록 2000년 2월 15일 제2000-000035호

본부장 홍종훈
편집 신정원
교정 주경숙
본문 디자인 윤선미
전략마케팅 구본철, 차정욱, 나진호, 이동후, 강호묵
제작 김유석
경영지원 윤정희, 이금선, 이사라, 정유호

ISBN 978-89-6030-558-8 13320

BM 황금부엉이는 (주)첨단의 단행본 출판 브랜드입니다.

황금부엉이에서 출간하고 싶은 원고가 있으신가요? 생각해보신 책의 제목(가제), 내용에 대한 소개, 간단한 자기소개, 연락처를 book@goldenowl.co.kr 메일로 보내주세요. 집필하신 원고가 있다면 원고의 일부 또는 전체를 함께 보내주시면 더욱 좋습니다.
책의 집필이 아닌 기획안을 제안해주셔도 좋습니다. 보내주신 분이 저 자신이라는 마음으로 정성을 다해 검토하겠습니다.

코로나19 이후의 부동산 시장을
명확하게 전망한다!

기다리는
집값폭락은
오지 않는다

장철수 지음

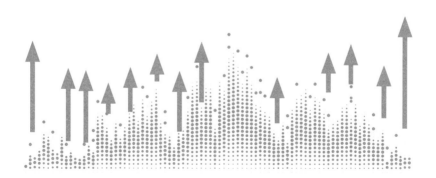

BM 황금부엉이

격변기 대한민국 부동산,
기다리는 집값폭락은 오지 않는다

Q. 저자님의 책 《그래도 부동산이 돈이 된다》가 출간된 지 얼마 되지 않았는데 서둘러 이 책을 집필하신 특별한 이유가 있을까요?

A. 새로운 이야기가 필요했습니다. 문재인 정권 출범 이후 바뀐 경제정책으로 경제가 추락하고, 역사상 최강의 부동산 규제에도 서울·수도권 집값이 폭등하는 매우 이례적인 상황입니다. 여기에 미·중 무역갈등 격화, 한·일 무역갈등 부각, 미국 우선주의를 앞세운 트럼프의 외교정책으로 글로벌 경제환경까지 요동칩니다. 이렇게 국내외적 상황이 불안한데도 정부의 정책이 유연하지 않아 불안합니다. 특히 12·16대책 발표 이후 집값상승세가 주춤하자 시중에는 '경제위기, 집값폭락' 설이 난무합니다. 요즘 유튜브를 보면 '한국경제 침몰 중' '2020년 IMF 금융위기 온다' '2020년 집

값이 폭락한다' 등의 동영상이 줄을 잇는 바람에 더 불안하고 헷갈리지요. 하지만 필자는 위기라기보다는 한국경제가 '뉴 노멀' 시대에 진입했다고 보는 것이 합당하다고 생각합니다. 따라서 '경제위기로 집값이 폭락한다'라는 주장은 맞지 않습니다. 이런 문제를 다루고 싶었습니다.

Q. '한국경제 위기, 집값이 폭락한다'라는 주장이 많아서 불안한 독자(소비자)도 많은데, 경제를 많이 아시는 저자님은 한국경제를 어떻게 보시는지요?

A. 문재인 대통령은 자신이 집권하면 '3년 후 최저임금 1만 원을 달성하겠다'라고 한 선거공약을 지키기 위해 최저임금을 2017년에 7.3%, 2018년에 16.4%를 인상하고 '소득주도성장' 정책을 강력하게 밀어붙였습니다. 하지만 임기 절반을 넘긴 지난해 말까지 경제성적은 너무나 초라합니다. 경제성장률, 경기동행·선행지수, 고용, 가계소득, 소득 양극화, 설비투자, 수출 등 모든 경제지표가 추락·확대되었습니다. 따라서 '한국경제 위기'라는 주장이 전혀 근거가 없다고 할 수는 없습니다. '2020년, IMF 금융위기가 온다'라는 주장 역시 나름의 근거를 제시하고 있습니다만, 한국경제가 과거 두 차례의 금융위기 때보다는 질적 양적 구조적으로 많이 성장했기 때문에 과거와 같은 외환위기나 금융위기가 발생할 가능성은 작다고 봅니다. 따라서 한국경제를 위기로 보는 것은 맞지 않고, 한국경제가 '뉴 노멀' 시대에 진입했다고 보는 것이 합당할 겁니다. '뉴 노멀' 시대는 성장이 멈춘 새로운 시대와 기준을 이르는 신조어인데 저성장, 저물가, 저금리(3저)와 규제강화, 소비위축

등의 특징이 있습니다. 장기불황도 걱정이지만 진짜 걱정스러운 건 대외환경의 변화입니다.

Q. 특별히 염려하시는 대외환경 변화가 무엇인지 궁금합니다.

A. 제가 국내 경제문제보다 우려하는 대외환경 변화는 세계주의(자유무역)가 흔들린다는 점입니다. 1944년 브레튼우즈 협정 체결 이후 세계는 70년 이상 미국의 안보 우산과 해상운송 감시 · 보호 아래 자유무역을 누리면서 경제를 성장시켰고, 우리나라 역시 브레튼우즈 체제 덕에 경제를 이만큼 발전시킬 수 있었습니다. 그런데 미국이 브레튼우즈 체제에 흥미를 잃으면서 세계주의(자유무역)가 흔들리기 시작했습니다. 만일 미국이 브레튼우즈 체제를 포기하고 새로운 세계질서 재편을 시도한다면, 한국은 정치 · 경제적으로 심각한 타격을 입을 수도 있습니다. 본문에서 상세히 설명하겠습니다.

Q. 저자님은 대한민국 부동산이 격변의 시대에 진입했다고 보시는데 구체적으로 어떤 변화를 말씀하시는 건가요?

A. 우선 인구구조 격변의 시대가 다가옵니다. 인구감소 속도가 가팔라지면서 우리나라도 일본처럼 '지방소멸시대'에 진입했습니다. 우리나라는 인구감소에도 불구하고 가구원수는 감소하고, 가구수는 증가합니다. 미혼, 이혼, 졸혼 같은 라이프스타일 변화에 의한 가구분화가 일어나기 때문입니다. 이런 인구구조의 변화로 부동

산시장에도 많은 변화가 발생하고, 인구의 도시 집중화로 양극화는 갈수록 확대됩니다. 여기에 신구세대의 교체로 주택시장의 흐름까지 바뀌고 있습니다. 지금까지 주택시장을 주도해온 베이비붐 세대가 서서히 퇴장하고, 에코붐 세대가 본격적으로 등장했기 때문입니다. 선호하는 주택이 다르니 공급에도 변화가 일어납니다. 택지개발에 의한 공급시대는 지나가고, 이제 노후주택을 헐고 주택을 새로 짓는 교체공급이 주도합니다. 또 있습니다. 바로 정책의 변화입니다. 정부의 과도한 시장 개입으로 시장질서가 왜곡되었습니다. 이런 엄청난 변화가 동시에 일어나고 있어서 대한민국 부동산이 격변의 시대에 진입했다고 말하는 것입니다.

Q. 12·16 부동산대책 발표 후 집값상승세가 주춤하자 시중에는 집값폭락설이 난무하고, 유튜브에는 '집값이 폭락한다'라는 동영상이 줄을 잇습니다. 저자님은 이런 현상을 어떻게 보시나요?

A. 저는 솔직히 많이 놀랐습니다. 부동산시장이 불안하기 때문에 유튜버들이 '집값이 폭락한다'라고 호들갑을 떨 수는 있지만, 집값이 폭락한다는 책이 베스트셀러라는 데는 놀라지 않을 수 없었습니다. '집값폭락'을 기다리는 사람이 많구나 싶어서 씁쓸하더군요. 그러면서 생각한 것이 현대인들이 '인지편향 또는 확증편향'에 빠진 것은 아닌가 싶었습니다. 저는 '기다리는 집값폭락은 오지 않는다'라고 생각합니다. 집값폭락은 불가능한 시나리오입니다. 그 이유는 본문에서 상세히 설명하겠습니다.

Q. 부동산 격변의 시대가 위기일지 아니면 기회일지, 또 어떻게 대응해야 하는지도 궁금합니다.

A. 변화는 위기를 동반하지만 위기는 항상 기회입니다. 따라서 위기이자 기회인 변화는 누구에게는 위기일 수 있으나 누구에게는 기회일 수 있습니다. 결론부터 말하면 저는 다가올 2~3년은 '부동산은 기회, 경제는 위기'라고 봅니다. 문재인 정부의 부동산정책은 기회라고 보지만, 경제정책은 위기입니다. 따라서 이런 격변기에는 위기를 기회로 만드는 방법을 찾아야 합니다. 이 책은 이런 문제해결을 위해 고민할 것입니다. 앞서 본 것처럼 부동산에 많은 변화가 오면 '수요패턴 변화'와 '투자 트렌드 변화'가 동시에 일어나는데, 이는 투자자 입장에선 기회일 수 있습니다. 또 투자 유형이 다양화되고 부동산의 국지화가 확대되기 때문에 이 또한 기회입니다. 이 책은 이런 문제들을 사안별로 꼼꼼히 살펴서 적합한 투자전략을 제시하려고 합니다.

Q. 문재인 정부의 역사상 최강의 부동산 규제에도 불구하고 여전히 부동산투자가 가능하고, 돈도 벌 수 있다고 생각하시는 건가요?

A. 물론입니다. 저는 오히려 변화가 기회라고 생각합니다. '물 들어올 때 노 저어라'라는 말처럼 평범한 상황보다 변화가 있을 때 돈은 더 잘 벌 수 있습니다. 제가 30년 이상 주택사업을 하면서 체험한 사실이기도 합니다. 따라서 다가올 10년은 투자의 기회라고 생각합니다. 다만 변화는 위험을 동반하니 위기를 기회로 만들 수 있

어야겠지요. 그러기 위해 부동산의 큰 흐름을 읽어야 하고, 과감한 결단과 적절한 대응책이 필요합니다. 이 책에서는 오랜 경험을 바탕으로 투자에 도움이 될 정보를 제공하고, 투자 유망지역도 소개하려고 합니다.

Q. 정부의 규제가 서울아파트에 집중되고 있는데도 다가올 10년, 돈이 될 첫 번째 유망지역과 종목으로 서울아파트를 꼽은 이유와 어떤 투자내용이 담겼는지 말씀해주세요.

A. 서울은 인간생활의 기본요소를 모두 갖춘 유일한 지역입니다. 예전엔 '의식주'가 인간생활의 기본적 요소였지만, 현대사회에서 인간이 인간다운 생활을 영위하기 위해선 직(職)·주(住)·식(食)·학(學)·의(醫)·낙(樂)이 있어야 합니다. 그런데 이런 조건을 다 갖춘 지역은 서울이 유일합니다. 특히 서울에는 양질의 일자리를 비롯한 다양한 일자리가 가장 많고, 각 계층이 상호조화를 이루며 공존 공생하는 건강하고 역동적인 도시입니다. 서울은 강남 같은 부자마을이 있는 반면에 낙후지역도 많고 빈민촌도 많습니다. 이런 다양한 계층들이 서로 퍼즐처럼 연결돼 계층 간 시너지 효과를 발휘하기 때문에 서울은 부자, 빈자 모두에게 기회의 땅입니다. 부동산도 차별화된 다양한 지역으로 얽혀 있고, 가격도 천차만별이라 부자는 부자대로 빈자는 빈자대로 부동산투자가 가능합니다. 이것이 서울아파트를 첫 번째 투자 유명종목으로 꼽은 이유입니다.

투자에 관해서는 20~40대 젊은층(에코붐 세대) 투자에 도움이 될 내용을 담으려고 노력했습니다. 앞으로 주택시장을 주도할 에코붐 세대가 선호하는 주택을 먼저 살피고, 투자 유망지역 발굴을 위해 서울시 2030플랜(서울시도시기본계획)의 권역별 계획을 통해 권역별 투자 유망지역을 살폈습니다. 그리고 분양가 규제로 주변시세와 분양가의 격차가 크기 때문에 신규분양에 적극적으로 청약하라는 내용과 청약가점이 높으면 '로또분양'을 노릴 것을 권하는 내용 등을 담았습니다. 또 신축아파트 구입 방법, 돈이 될 핵심개발지역에 대한 권역별 분석과 교통수혜가 큰 지역 등을 살폈습니다. 소액투자자를 위해 수익형 부동산과 셰어하우스 투자 · 운영에 관한 내용도 담았습니다.

Q. '내 집 마련 더 미루면 평생 후회한다'라는 내용도 있는데, 이에 관해서도 말씀해주세요.

A. 우리나라도 일본과 비슷하게 60대 이상의 노년세대가 많은 부(富)를 거머쥐고 있습니다. 현재 노년세대의 부(富)는 부동산 재테크를 통해 축적되었고, 내 집으로 마련한 집값이 많이 올라서 큰 재산이 된 경우가 많습니다. 부모세대가 부동산투자를 통해 부를 축적한 것을 잘 아는 자녀세대(20~40세대) 역시 부동산투자에 관심이 많았지만 2009~2010년에 집값폭락을 경험하면서 내 집 마련의 꿈을 접었습니다.

이들이 문재인 정부 출범 후 집값이 폭등하자 다시 내 집 마련으로 돌아섰습니다. 그러나 정부의 고강도 부동산 규제가 염려돼 아직 내 집을 마련한 젊은이는 그다지 많지 않습니다. 그래서 저는 20~40세대에게 '내 집 마련 잘하면 평생 부자로 산다'라고 권하고 싶었습니다. 앞서 얘기했듯이 '정부의 과잉규제에도 불구하고 서울·수도권 집값은 상승 가능성에 무게가 실리기 때문에 젊은층에게 내 집 마련을 적극적으로 권하는 것입니다.

정부의 12·16대책에 의해 9억 원 이상의 주택은 대출규제를 받기 때문에 꼭 서울이어야만 하는 경우가 아니라면 수도권에 내 집을 마련하라고 권하고 싶습니다. 이를 돕기 위해 수도권 권역별 입지를 심층 분석했습니다. 경기 동북권의 하남·구리·남양주, 동남권의 성남·분당·판교·용인·동탄·수원(광교), 서북권의 삼송·일산·운정신도시, 서남권의 김포·광명·과천·평촌 등 16개 지역과 인천(송도국제도시)에 대한 입지를 심층 분석했습니다.

Q. 5장에 '규제와 압박에도 부동산 강남불패는 계속된다'라는 내용, 즉 강남아파트 투자에 관한 내용이 담겼는데 이 내용도 간략하게 말씀해주세요.

A. 요즘 많은 사람이 저에게 '선생님, 강남아파트에 지금 투자해도 될까요?'라고 묻습니다. 시중에 '강남아파트 대폭락한다'라는 설이 난무하고 정부의 규제가 강남아파트에 집중되기 때문에 강남아파트를 사야 할지를 고민하는 것은 너무나 당연한 일입니다. 저는 '거주목적이라면 오히려 올해와 내년이 강남아파트 투자 적기'라고 생각합니다. 정책 이기는 투자자가 없다지만 시장 이기는 정부도 없습니다. 서울집값이 사상 처음 6년 연속 상승했음에도 올해와 내년이 강남아파트 투자 적기라고 보는 것은 통상적인 경기변동에 의한 상승이 아니기 때문입니다. 이에 관해서는 본문에서 상세히 설명합니다.

그리고 '왜 강남집값은 때릴수록 치솟을까?'에 대한 분석과 '2020년 집값폭락' 설의 진실에 대해서도 상세히 살폈습니다. '왜 강남이 최고의 투자 유망지역'인지를 살피고 '실수요자, 올해와 내년이 강남아파트 투자기회'라는 내용과 '2030세대 실소유자, 제2의 강남에 투자하라'라는 내용 등까지 담았습니다.

Q. 6장에서 정부의 규제가 이어져도 부동산시장은 여전히 재건축·재개발이 주도할 것이라고 하면서도 다가올 1~2년은 재개발투자가 유망하다고 한 이유는 무엇인가요?

A. 제가 여러 차례 얘기했듯이 정부의 고강도 규제에도 불구하고 다가올 10~15년은 재건축 · 재개발이 부동산시장을 주도할 것입니다. 이유는 '낡아가는 도심과 새 아파트 공급부족'입니다. 도심의 주택이 점점 낡아가기 때문에 새 아파트에 대한 소비자의 열망은 대단하지만, 서울(강남)은 신축할 땅이 없어 오로지 정비사업을 통한 공급만 가능하기 때문입니다. 그러나 전쟁 때나 나올 법한 초강력 규제로 재건축 · 재개발시장의 흐름이 바뀌었습니다. 안전진단 강화, 재건축초과이익환수, 분양가상한제 등 트리플 악재에다가 9억 원 이상 주택의 대출규제로 재건축시장은 수요 · 공급이 모두 감소하는 '동결현상'이 발생했습니다. 따라서 재건축은 1~2년 소강(횡보)상태를 보일 것으로 전망됩니다. 반면 재개발은 재건축과 비교해 규제가 훨씬 덜하고 투자대상도 다양하고 많아 투자에 유리합니다. 본문에서 상세히 설명하겠습니다.

차례

1장

집값폭락을
기다리는
씁쓸한 사회상

확증편향에
빠지지 말자

━━━ 결론부터 말하자면?

사람들은 싸게 살 기회를 잡기 위해
집값폭락을 기다리지만,
집값폭락은 오지 않는다.

격변기에는 각종 루머가 난무한다. 변화에 의한 미래예측이 어려워서 사람들은 각종 루머에 애써 귀를 기울인다. 하지만 루머는 루머일 뿐 항상 진실과는 거리가 멀었다. 정부가 지난해 초강력 12·16대책을 발표한 이후 집값상승세가 주춤하자 시중에는 집값폭락설이 난무한다. 유튜브에는 '집값이 폭락한다'라는 내용의 동영상이 줄을 잇는다. 필자도 무슨 내용인가 싶어 동영상 몇 개를 보긴 했지만 공감 가는 내용을 찾기는 어려웠다. 집값 하락론자들은 '경제추락' '금융위기 발생 가능성' '공급과잉' 등을 이유로 집값은 반드시 폭락한다고 주장한다. 하지만 집값폭락의 근거로는 너무나 빈약하다. 그런데도 많은 사람이 이런 동영상을 시청하고 심지어 '집값폭락'을 주제로 쓴 책이 베스트셀러라고 한다.

책 편집을 위해 출판사를 방문했을 때였다. 집값 하락론자들이 내세우는 집값폭락의 근거가 빈약한데도 왜 많은 사람이 이들의 주장에 귀를 기울이는지 모르겠다고 했더니, 출판사 직원은 집값폭락을 기다리는 사람이 많아서 그렇다고 했다. 즉, 집값폭락을 기다리는 사람들이 집값폭락을 주제로 쓴 책을 사서 읽기 때문에 베스트셀러가 된다는 얘기다. 충격이었다.

오래전에 읽은 사뮈엘 베케트의 희곡 ≪고도를 기다리며≫가 떠올랐다. 소년이 나타나서 '고도가 오늘은 못 오고, 내일은 꼭 온다'라고 하는 말을 믿고 50년 동안이나 오지도 않는 고도를 계속 기다리는 바로 그 내용 말이다. 많은 사람이 기다리는 '고도'가 '집값하락'인가 싶어 쓸쓸하다. 그러나 기다리는 '고도'가 오지 않았듯이 '집값폭락'도 오지 않을 가능성이 크다. 현대인들은 곧잘 '상황에 대한 비논리적인 추론에 따라 잘못된 판단'을 내리는 인지편향(認知偏向) 또는 '자신의 가치관, 신념, 판단 따위와 부합하는 정보에만 주목'하는 확증편향(確證偏向)에 빠지는 경우가 많은데, 지금이 그런 상황이 아닌가 싶다.

시장에서 결정되는 가격이 가치와 부합한다

집값이 폭등하는 것은 국가, 사회, 개인을 통틀어 긍정적인 요인보다 부정적인 요인이 많다. 하지만 이 문제는 인위적인 해결이 불가능하고 오로지 '시장'에 의해 결정된다. 자유민주주의 경제적 자유의 근간은 바로 '시장체제'다. 따라서 '시장'에서 결정되는 가격이 '가치와 가장 부합하는 가격'이다. 그래서 정부의 고강도 규제에도 쉽게 흔들리지 않는다. 필자가 '기다리는 집값폭락은 오지 않는다'라고 단정하는 것은 그냥 감으로 하는 얘기가 아니다. 타당한 이유와 근거가 있다.

집값폭락 논리는 객관성이 있을까?

집값 하락론자들이 '집값이 폭락한다'라고 주장하는 근거는 크게 두 가지다. '경제적 문제'(경제추락과 금융위기 발생 가능성)와 '공급과 가격 문제'(공급과잉, 가격폭락) 등이다. 먼저 '공급과 가격 문제'에 대해 살펴보자. 집값 하락론자들은 '공급과잉'을 집값폭락의 원인이라고 주장한다. 참여정부 당시엔 주택보급률이 69.2%로 공급이 턱없이 부족해서 집값이 폭등했지만, 지금은 주택보급률이 100%가 넘고(2018년 기준 104.2%) 수도권 3기 신도시건설로 주택 30만 호가 공급되면 '공급과잉'으로 집값이 폭락한다는 논리다.

그러나 '공급과잉으로 집값이 폭락한다'라는 주장은 객관성이 부족하다. 서울의 주택보급률은 95.9%(2018년)로 전국 평균보다 낮다. 2018년 기준 서울의 가구수는 383만 9,766가구인데, 주택 수는 367만 1,533호로 가구수와 주택 수 비율 역시 95.6%로 낮으며, 집값에 가장 크게 영향을 미치는 자가보유율은 처참할 정도로 낮다. 2018년 기준 전국 자가보유율은 61.1%이고, 수도권은 54.2%, 서울은 42.9%에 불과하다. 이런 통계에 비추어 보면 '공급과잉'으로 집값이 폭락한다는 주장은 객관성이 부족하다. 또한 수도권 3기 신도시건설로 주택 30만 호가 건설되면 '공급과잉'으로 서울집값이 폭락한다는 주장 역시 객관성을 잃는다.

서울은 교육, 교통, 환경 등 인프라가 완벽하게 갖춰진 국내 최고·최대의 도시다. 특히 강남의 반포, 압구정, 청담·삼성, 대치·도곡 등의 지역은 미국의 베벌리힐스나 호주의 골드코스트 부자마을처럼 상징적인 지역이어서 그 어떤 지역도 대체 불가능하다. 상황이 이런데 무슨 이유로 서울(강남)에 거주하는 사람들이 신도시로 옮

길까? 서울 인근에 신도시를 건설해도 서울(강남)의 주택을 처분하고 신도시로 이주할 사람은 극소수에 그칠 것이다. 과거 두 차례 수도권 신도시건설 당시에도 서울집값이 크게 하락하지 않은 것이 이를 뒷받침한다. 따라서 신도시건설에 의한 '공급과잉'으로 집값이 폭락한다는 주장 역시 객관성을 잃는다.

집값폭등에 의한 집값폭락의 전례가 없다

또한 집값 하락론자들은 '집값이 폭등했으니 폭락한다'라고 주장하지만 이 또한 객관성이 없다. 우리나라 부동산 50년 역사에서 집값이 폭락한 것은 딱 두 번이었다. 그런데 두 번 모두 대외변수(97년 IMF 외환위기, 2008년 미국발 금융위기 발생)에 의한 폭락이었지 집값폭등 때문이 아니다. 1차 집값폭락은 97년 IMF 외환위기 때 발생했다. 외환위기 발생으로 우리나라가 IMF에 구제금융을 신청하자, IMF가 구조조정을 이유로 한국에 고금리를 요구해서 기준금리가 연 14%까지 치솟았고, 종합금융회사(종금사) 금리는 연 25%까지 치솟았다. 이런 살인적인 금리를 견디지 못해 기업과 가계의 줄 파산이 이어지면서 부동산이 폭락했다.

2차 집값폭락은 2008년 미국발 금융위기(리먼쇼크) 이후 발생했다. 그런데 IMF 외환위기 때와는 양상이 매우 달랐다. 2008년 금융위기 발생 후 2009년까지는 부동산가격 하락폭이 그다지 크지 않았다. 그런데 이명박 정부의 보금자리주택 리스크가 겹치면서 2010년 이후에 집값이 폭락했다. 당시 이명박 정부는 그린벨트를 해제한 땅에 아파트를 지어 반값에 공급하는 보금자리주택을 추진했다. 2008년 미국발 금융위기 발생에도 불구하고 이명박 정부가 2009년에 보금자리주택 지구를 확대하자 매수심리가 실종되면서 집값이 폭락했다. 처음의 반값 분양에서 후퇴해 주변시세의 80% 수준에 분양한다고 했지만 실제로는 주변시세의 50% 수준인 지역도 있었고, 그 영향으로 매수심리가 완전히 실종되면서 집값이 20~30%나 폭락했다.

역사상 두 번 있었던 집값폭락 모두 대외변수에 의한 것이었다. 집값폭등으로 인한 폭락의 전례가 없으므로 '집값이 폭등했으니 폭락한다'라는 논리 역시 객관성이 없다.

집값폭락 주장은 허구(虛構)일 가능성이 크다

자산시장(資産市場)의 대표적인 상품은 주식과 부동산이다. 그런데 주식은 1초에 거래가 성사되고 3일 만에 거래가 종료된다. 세금도 매수자에게 부과되는 세금은 없고, 매도자만 증권거래세를 내면 된다. 세율도 0.1~0.25%로 아주 낮다. 그래서 주식은 폭등과 폭락이 빈번하게 발생할 수 있지만 부동산은 다르다. 부동산은 거래 기간이 보통 3~6개월로 길고 취득록세, 양도소득세, 재산세·종합부동산세 등 구간별로 세금을 물리기 때문에 주식처럼 빈번한 거래는 원초적으로 불가능하다. 따라서 부동산가격의 폭등과 폭락은 쉽게 발생하지 않는다. 역사상 부동산 가격의 폭등, 폭락은 각각 두 번씩 발생한 것이 이를 뒷받침한다. 사람들은 너무나 쉽게 말하지만 이런 전망은 대부분 허구(虛構)로 끝난다.

02.

과거를 돌아보면
미래가 보인다

━━━ 결론부터 말하자면?

과거의 집값폭등과 해결사례를 돌아보면
집값폭등의 원인과 해법을 찾을 수 있다.

과거 집값폭등 및 해결사례를 주목하라

역사상 집값폭등은 최근을 포함해서 딱 세 번이다. 그럼 원인이 무엇이었고, 어떻게 집값을 안정시켰는지를 살펴보자. 1차 집값폭등은 노태우 정부 당시인 88~90년 사이에 발생했다. 건설교통부 주택매매가 자료에 의하면, 86년 말 100을 기록했던 주택매매가 지수가 90년 말 168.1로 치솟았는데 서울집값은 3배나 폭등했다. 87년 3.3㎡당 200만 원대였던 올림픽훼밀리 아파트는 불과 2년 만에 600만 원대로 값이 치솟았다. 원인은 분양가 규제(연동제)에 의한 심각한 공급부족이었다. 당시 정부는 분양가가 일정 수준 이상으로 넘지 않도록 통제하기 위해 1989년부터 택지비와 건축비 등 시장가격을 반영하는 원가연동제로 통제 방식을 바꿨기 때문에 지금의 분양가 규제보다 더 강력했다.

1차 집값폭등의 원인은 공급부족이었지만, 공급확대로 집값을 안정시켰다

그래서 서울은 80년대 중반부터 아파트공급이 사실상 중단되었다. 이 시기 전국 아파트 입주물량은 연간 20만 가구에도 미치지 못했다. 이런 심각한 공급부족이 집값폭등의 원인이었고, 해결방법은 대량공급이었다. 노태우 정부가 일산, 분당, 평촌, 산본, 중동 등 수도권 1기 신도시건설을 포함한 주택 200만 호 건설을 강력히 추진하자, 전국 집값은 92년에 하락세로 반전(-0.5%)했고, 집권 말기인 92년에는 -5.0%까지 하락해 집값이 안정되었다.

2차 집값폭등은 참여정부 집권 당시 발생했다. 1999년 분양가 규제 전면폐지 이후 2000년대 초반 주택경기 회복과 함께 분양가가 급등하기 시작했다. 1998년 서울지역 아파트 평균 분양가는 3.3m²당 512만 원이었는데, 2006년에는 1,546만 원으로 약 3배 이상 뛰었다. 주택매매가 지수는 2000년 1월을 100으로 가정했을 경우 전국적으로 2008년 8월에는 234를 기록했고, 서울은 292를 기록했다. 그런데 이때 집값폭등의 원인과 해결방법은 1차 때와는 매우 다르다. 이때는 공급부족보다 아파트 품질의 혁신적인 변화에 의한 매수심리 폭발이 더 큰 원인이었다.

2차 집값폭등은 아파트 품질의 혁신적인 변화에 의한 매수심리 폭발이 더 큰 원인이었다

1999년 분양가 규제 전면폐지 이후 아파트는 품질, 기능, 외관 등이 혁신적으로 변화되었다. 당시 도곡동 타워팰리스, 삼성동 아이파크, 잠실 캐슬골드, 여의도 리첸시아, 목동 하이페리온, 용산 파크자이 같은 격조 높은 아파트가 건설되자 소비자들이 열광하면서 분양시장에 몰려들었다. 마치 스마트폰이 처음 출시될 때 가격이 월등하게 비싼데도 구입하기 위해 수많은 사람이 밤새며 줄을 서는 것과 비슷한 상황이었다. 참여정부는 폭등하는 집값안정을 위해 2003년 김포, 파주, 화성(동탄), 판교, 양주, 청라 등에 수도권 2기 신도시건설을 발표하고 곧바로 건설에 착수했지만, 주택가격 급등세는 멈추지 않았다.

당시는 서울에도 아파트를 지을 땅이 꽤 많아서 서울(강남)에도 신축 공급이 많았고, 재건축에 의한 공급도 많았다. 도곡동 타워팰리스, 삼성동 아이파크, 여의도 리첸시아, 목동 하이페리온 등은 신축이었고 잠실 캐슬골드, 대치동 동부센트레빌 등은 재건축이었다. 이처럼 공급이 활발하게 이루어지는데도 집값폭등세가 진정되지 않은 것은 아파트 품질의 혁신적인 변화로 매수심리가 폭발했기 때문이다. 그런데도 참여정부는 투기를 집값폭등의 원인으로 규정하고 이른바 '부동산 대못 정책'을 시행했다. 결과적으로는 끝내 주택시장 안정화를 이루지 못했고, 앞서 본 것처럼 이명박 정부에 이르러 보금자리주택 리스크로 집값이 오히려 폭락하게 되었다.

이명박 정부는 수도권 2기 신도시건설이 마무리 단계에 접어들어 입주가 시작되면 자연스레 집값이 안정될 텐데 정권의 실적을 위해 또다시 보금자리주택을 추진해 참상을 불렀다. 그린벨트를 해제한 땅에 아파트를 지어, 반값(나중에 80%)에 분양하는 보금자리주택은 '자유경쟁'이 원칙인 '시장경제'에 배치되는 무리한 정책으로, 득보다 실이 커서 실패한 정책이라는 평가가 많다. 이처럼 정권이 바뀔 때마다 정권의 실적을 위해 무리한 정책을 추진하거나, 냉온탕식 정책을 반복해 부동산시장에 혼란을 초래하는 경우가 많았다.

최근 집값폭등의 원인과 해법은 무엇인가?

먼저 최근 집값폭등의 원인을 살펴보자. 필자는 1~2차 집값폭등 때와 달리 '신축' 아파트 공급부족과 아파트 품질의 혁신적인 변화가 복합되어 집값이 폭등한다고 생각한다. 서울은 '낡아가는 도심과 새 아파트 공급부족'이라는 구조적인 문제를 안고 있다. 서울은 30년 넘은 노후주택이 37.2%나 된다. 강남4구 아파트 41만 2,000호 중 30년 넘은 아파트는 12만 3,000호(33.5%)다. 국토교통부에 따르면 2018년 5월 기준 서울시 소재 아파트 7,857개 단지 가운데 30년 이상 된 단지는 602곳, 20년 이상 된 단지는 2,176곳으로 나타났다. 이렇게 주택이 점점 낡아가기 때문에 '신축' 아파트에 대한 소비자의 열망은 대단하지만, 서울 도심엔 신축할 땅이 없고 오로지 재건축 · 재개발을 통한 공급만 가능해 신축 공급이 절대적으로 부족하다.

게다가 재건축 완공 이후에는 아파트 품질이 혁신적으로 변화되기 때문에 아파트값이 천정부지로 치솟는다. 앞서도 보았지만 반포동 '아크로리버파크'는 2016년 재건축 완공 · 입주 이후 아파트값이 지속적으로 상승해, 지난해에는 3.3㎡당 1억 원에 실거래되었다. 재건축 전 평균 분양가가 3.3㎡당 3,830만 원이었던 것을 생각하면 무려 2.6배 폭등한 것이다. 다른 재건축(완공) 아파트도 비슷하다. 2015년 완공 · 입주한 대치동 '래미안대치팰리스'도 최근 3.3㎡당 8,209만 원에 실거래돼 3.3㎡당 1억 원을 넘보고 있고, 반포 · 잠원동의 재건축(완공) 아파트도 3.3㎡당 1억 원을 넘보고 있다. 이처럼 재건축 이후에는 아파트 품질이 혁신적으로 변화되기 때문에 아파트값이 천정부지로 치솟고, 이에 따라 주변의 다른 아파트값도 상승한다. 이처럼 최근의 서울집값 폭등은 1~2차 집값폭등 때와 달리 '신축아파트 공급부족'과 '아파트 품질의 혁신적인 변화'가 주된 원인이다.

그런데 집값을 안정시킬 방법이 매우 궁색하다

그런데 집값을 안정시킬 방법이 매우 궁색하다. 서울은 신축할 땅이 없고 오로지 재건축 · 재개발을 통한 공급만 가능하다. 실제로 서울은 90% 가까운 물량이 재건축 · 재개발을 통해 공급된다. 의도적인 공급 확대가 사실상 불가능하므로 공급부족 문제는 상당 기간(10~15년) 지속할 것으로 보인다. 게다가 재건축 · 재개발의 사업기간이 8~12년으로 매우 긴 것도 문제고, 정부의 지나친 시장 개입도 문제다. 또 나중에 상세히 설명하겠지만 정부의 규제가 강화될수록 오히려 집값이 상승하는 것도 큰 문제다. 지난해 정부가 민간택지에도 '분양가상한제'를 시행하자 곧바로 집값이 폭등했다. 분양가상한제 지역 지정 후 보름 만에 강남4구 아파트값은 0.14% 상승했는데, 이것은 9 · 13대책 이후 가장 큰 폭이었다. 신고가를 경신하는 단지도 많다. 신축 공급 축소 우려에 서둘러 집을 구입하기 때문이다. 신축할 땅이 없는 상황에서 사실상 신축 공급의 유일한 수단인 정비사업이 막힐 것 같다는 우려에 '집을 사자'는 'BUY' 열풍이 분 것이다.

이상 살펴본 것처럼 서울은 '낡아가는 도심과 새 아파트 공급부족'이라는 구조적인 문제를 안고 있어서 새 아파트에 대한 소비자의 열망이 대단하지만 '신축' 공급을 확대할 뾰족한 방법이 없다. 게다가 유일한 공급 통로인 재건축 · 재개발에 정부의 전방위적인 규제가 계속되기 때문에 공급은 극히 제한적일 수밖에 없어 앞으로 상당 기간(10~15년) 동안 공급부족 상황이 지속할 것으로 예상된다. 따라서 서울의 집값폭락 가능성은 아주 낮고, 오히려 상승세를 이어갈 가능성이 크다. 물론 조정기도 분명히 있을 것이다. 그러나 장기적으로는 우상향의 흐름을 보일 것이다. 역대 최저금리가 상당 기간 지속할 것으로 예상되고, 경기불황으로 갈 곳 없는 돈이 부동산에 쏠릴 가능성 역시 여전히 크다. 이런 이유로 필자는 '기다리는 집값폭락은 오지 않는다'라고 생각한다.

단, 대외변수가 발생하지 않는다는 것을 전제로 한 견해다. 그러나 2020년 초, 중국 우한 지역에서 발생한 코로나 바이러스가 전 세계로 확산하면서 글로벌경제가 추락하는 중대한 변수가 발생했다.

코로나 경제위기로
집값이 폭락할까?

━━━ **결론부터 말하자면?**

코로나 경제위기에도 불구하고 집값폭락
가능성은 작고, 장기 상승 가능성은 크다.

코로나19 확산에 의한 글로벌 경기침체

코로나19의 세계적인 확산으로 전 세계의 생산, 소비활동이 중단되고 하늘길마저 끊기는 초유의 사태로 글로벌경제가 대공황 이후 최대의 위기에 빠졌다. 미국, EU를 비롯한 전 세계 국가가 침체된 경기회생을 위해 재정지출 확대, 금리인하, 유동성 공급 등 고강도 경기부양정책을 시행한다. 미국은 국민 생계지원과 소비 진작을 위해 정부가 재정지출을 대폭 확대하고, 미국 연방준비제도(Fed)는 금리를 0~0.25%(제로금리)로 인하하고 무제한 양적완화를 다시 시행한다. 한국도 정부가 국민생계지원, 자영업자 회생 등을 위해 재정지출을 크게 확대하고, 한국은행도 금리를 0.75%로 인하했으며 기업도산 방지를 위한 유동성 공급을 확대한다. 코로나19 출현과 확산으로 세계경제가 마이너스 성장에 빠질 것이 확실하고, 무역 의존도가 높은 한국경제도 마이너스 성장일 것이 확실하므로 부동산시장 위축과 가격 하락이 예상된다. 2020년 4월 기준 서울집값은 41주 만에 하락 전환하여 3주 연속 하락세를 이어 갔다. 집값 하락론자들은 더 강하게 집값이 폭락한다고 주장하지만, 필자는 '집값폭락은 오지 않는다'라는 전망을 바꿀 생각이 전혀 없다.

코로나 사태로 인한 글로벌경제 추락과 경기침체로 상당 기간 부동산시장이 위축되고 가격하락세(조정)가 이어질 것이라는 데는 동의하지만, 집값폭락 사태는 발생하지 않는다고 본다. 코로나19가 종식되면 세계경제가 회복되면서 부동산의 흐름도 달라질 것이다. 그러나 이미 코로나 출현으로 인한 경제 타격이 너무 크기 때문에 코로나19가 종식되더라도 글로벌경제의 V자 반등은 어려워 보이고 U자 또는 L자 반등이 예상된다. 그런데도 필자가 '집값폭락' 가능성을 매우 낮게 보는 이유는 코로나 출현으로 인한 경제위기 상황이 IMF 외환위기 때와는 많이 다르기 때문이다. 그리고 2008년 금융위기 이후 미국, 일본, EU 등 세계 주요 국가들이 침체된 경기를 회생시키기 위한 경기부양정책을 과감하게 시행했지만, 실물경제와 자산시장(주식, 부동산)의 흐름이 같은 방향으로 흐르지 않았고 오히려 역행했기 때문이다.

코로나 경제위기에도 불구하고 집값폭락 가능성은 작다

2008년 글로벌 금융위기 발생 이후 미국, 일본, EU 등 세계 주요 국가는 경제회생을 위해 금리인하, 유동성 공급확대 같은 경기부양정책을 과감하게 시행했다. 미 연준 등 중앙은행이 국채, 채권(모기지) 등을 무제한 사들이는 양적완화를 통해 엄청난 돈을 풀었다. 하지만 지난 10

년간 세계 각국의 실물경제 성장은 극히 미미했으며, 물가도 인플레이션보다 디플레이션 현상이 나타났다. 반면 자산(주식, 부동산) 가격은 폭등해서 빈부격차가 더 크게 확대되었다. 그런데 코로나19 출현으로 대공황 이후 가장 심각한 경기침체를 극복하기 위해 미국 등 세계주요 국가들은 또다시 금리인하, 유동성 공급확대 같은 정책을 시행한다. 다만, 과거에는 유동성 공급과 구조조정을 병행했는데, 이번에는 구조조정보다 고용유지에 정책의 초점을 맞추고 있다.

이런 세계 각국의 경제위기 대응책에 비추어 보면, 저금리와 넘치는 유동성 기조는 바뀌지 않으리라고 전망된다. 따라서 코로나 이후에도 실물경제와 자산(주식, 부동산)시장은 같은 방향으로 흐르지 않을 가능성이 크기 때문에 코로나 경제위기에도 불구하고 '집값폭락' 가능성은 작고, 장기적으론 상승세를 이어갈 것으로 전망하는 것이다. 이에 관한 구체적인 내용은 7장 경제전망과 부동산환경 변화에서 다룬다.

거스를 수 없는
변화의 물결

━━━ 결론부터 말하자면?

부동산에 몰려오는 거대한 변화는
다가올 10년, 거스를 수 없는 대세다.

대한민국 부동산, 거대한 변화의 물결이 몰려온다

경제, 인구, 정책 등 부동산환경이 크게 바뀜에 따라 부동산의 변화
는 거스를 수 없는 대세다. 이런 변화는 정치·경제 등 글로벌 환경
변화의 영향도 크지만, 국내 정치의 영향이 가장 크다. 군부독재가
무너진 우리나라는 90년대를 마감하면서 진보정권과 보수정권이 번
갈아 10년씩 집권해왔고, 이제 다시 진보정권인 문재인 정부가 들어
섰다. 보수정권은 철저하게 시장경제 논리에 따라 정책을 구사했지
만, 진보정권은 정부가 적극적으로 개입하는 정책을 사용한다. 문재
인 정부도 과거 보수정권과 확연하게 다른 정책을 사용하여 경제·
부동산에 많은 변화가 생겼다. 설상가상으로 인구감소 속도가 가팔
라지면서 부동산에 거대한 변화의 물결이 몰려온다.

　　80~90년대도 부동산시장은 수많은 변화를 겪었다. 하지만 장기

적으로 계속 우상향하는 흐름을 보였기 때문에 투자자가 변화에 둔감해도 많은 돈을 벌 수 있었다. 80~90년대 연 8%대의 높은 경제성장으로 가계의 가처분소득이 증가하면서 가계와 기업의 여윳돈이 부동산시장으로 유입되었고, 그 결과 부동산가격은 꾸준히 상승했다. 부동산을 사놓기만 하면 재산증식이 되니 돈이 몰렸고 투기가 성행했다. 정부는 분양가 규제, 세제강화, 거래제한 등의 규제강화와 완화를 반복했지만, 부동산가격은 2000년대 중반까지 계속해서 상승했고, 2007년 하반기 고점을 찍을 때쯤에는 가히 천문학적 상승이라고 볼 정도였다.

이처럼 90년대까지 계속해서 우상향하는 흐름을 보이던 부동산은 2007년 아파트가격이 고점을 찍은 후부턴 오르는 지역만 오르고, 여타지역은 정체되거나 하락하는 시장 차별화(양극화) 현상이 두드러진다. 이처럼 확 달라진 부동산시장에선 '기다려라! 기다리면 반드시 오른다'라는 셈법은 통하지 않는다. 이런 부동산시장의 변화는 저출산고령화, 저성장·저소득 같은 사회·경제적 변화에서 기인한다. 예상보다 빨리 고도성장시대를 마감한 우리 경제는 저성장의 늪에 빠졌다. 수출산업 비중이 큰 산업구조 때문에 경제가 성장해도 가계소득 증가는 미미하고 대기업과 중소기업의 임금격차 때문에 소득 양극화는 점점 확대된다. 제조업이 효율성을 앞세워 기계나 로봇으로 일자리를 대체하고 생산공장을 임금이 저렴한 국가로 옮기기 때문에 근로자의 일자리가 감소한다. 출생률 감소와 고령화로 내수경기가 침체되고, 청년실업 증가와 조기퇴직자 증가로 가계의 가처분소득이 감소한다. 이런 경제·사회적 변화가 우상향하는 부동산 흐름을 바꿔놓았다.

바뀐 정책이 변화에 가속도를 붙였다

이런 경제·사회적인 변화에다 문재인 정부의 바뀐 정책이 부동산 변화에 가속도를 붙였다. 앞서 본 것처럼 문재인 정부는 시장경제 논리에 따른 경제정책을 외면하고 정부 주도의 경제정책을 임기 절반을 넘긴 현재까지 사용하고 있지만 결과는 초라하기 그지없다. 경제 성장률이 추락하는 것도 문제지만 소득 양극화 확대는 더 큰 문제다. 뿐만 아니라 문재인 정부의 부동산정책도 시장체제를 외면하고 오로지 규제로 특정 지역의 집값을 누르는 '반(反)시장정책'을 고집하기 때문에 서울·수도권 및 일부 대도시 집값만 상승하고, 나머지 지역의 집값은 하락하는 양극화가 갈수록 확대된다.

설상가상으로 인구감소 속도가 가팔라지면서 고령사회에 진입했다. 인구증가 정점 연도도 3년이나 빨라졌다. '전국 시군구, 읍면동 10곳 중 4곳이 저출산 고령화로 인한 인구감소로 소멸위험에 처해 있다'라는 한국고용정보원의 '지방소멸 보고서'에서 보듯이 우리나라도 일본처럼 '지방소멸' 시대가 점점 다가온다. 경제·부동산정책과 인구구조 변화 등의 영향으로 부동산 변화 역시 거스를 수 없는 대세가 되었다.

더 빨라진
인구감소

결론부터 말하자면?

2050년, 세계에서 가장 늙은 나라
하지만 아직 골든타임은 남아있다.

예상보다 빠른 고령사회 진입

우리나라는 예상보다 빨리 고령사회에 진입했다. 필자가 《그래도 부동산이 돈이 된다》를 집필하던 당시만 해도 우리나라 인구는 5,101만 명에서 증가하다가 2031년에 5,296만 명으로 정점을 이룬 후 점차 감소하는 것으로 나타났다(2016년 통계청 장래인구추계). 그런데 2019년 3월 통계청 「장래인구특별추계: 2017~2067년」 발표에 의하면 2017년 현재 5,136만 명에서 증가하다가 2028년 5,194만 명을 정점으로 감소하여, 2067년에는 3,929만 명(1982년 수준)에 이를 것으로 전망했다. 불과 3년 만에 우리나라 인구증가 정점이 3년이나 빨라진 것이다. 원래 통계청의 장래인구추계 발표는 5년 주기로 한다. 이전의 장래인구추계 발표가 2016년이었으니 원래대로라면 2021년에 장래인구추계를 발표해야 한다. 그런데 2018년 합계출산율이 0.98명으로 떨어지는 등 출생아 수가 가파르게 감소하자 장래인구추계에 '특별'을 넣어 새로 인구추계를 발표한 것이다. 만일 지금 이 추계대로 우리나라 인구가 감소한다면 2050년이면 세계에서 가장 늙은 나라가 되고, 그렇게 되면 재앙을 맞게 될 것이다.

인구감소는 재앙

인구감소가 재앙이라는 이유는 인구감소가 국가의 모든 영역에 절대적인 영향을 미치기 때문이다. 경제적 관점에서 보면 인구는 네 집단으로 나뉜다. 첫 번째는 아동이다. 이 집단은 일은 안 하고 엄청나게 쓰기만 하는 세대다. 부모가 먹이고, 입히고, 잠재우고, 학교에 보내는 모든 비용을 부담한다. 두 번째 집단은 청년층이다. 대략 18~45세인 청년층은 많이 벌어서 많이 쓰는 세대다. 자녀를 먹이고, 입히고, 잠자리를 제공하고, 학교에 보내야 하며, 생애 최초로 주택과 자동차를 구입한다. 세 번째 집단은 장년층이다. 대략 46~64세인 이 집단은 힘든 시절은 끝이 나고 안정된 생활을 한다. 자녀들이 독립하고, 주택과 자동차를 구입할 때 빌린 대출금도 다 갚고, 모아놓은 자본도 있어서 소득 잠재력이 가장 높은 세대다. 마지막 네 번째 집단은 은퇴세대다. 65세 이상인 이 집단은 생산활동이 끝났기 때문에 모아놓은 돈을 야금야금 꺼내 쓴다. 처음엔 이자로 살지만, 나중엔 원금에 손을 대야 하고 점점 병약해지면서 의료비가 늘어나고 나중에는 누군가의 부양이 필요하다.

이 네 집단을 생산연령인구(18~64세)와 부양인구(0~17세 + 65세 이상)로 나누어 생산연령인구 대비 부양인구 비율이 최소 1:1은 돼야 안정적이라 할 수 있다. 그런데 생산연령인구 대비 부양인구 비율이 감당할 수 없는 수준까지 출생률이 감소하면 개인과 국가가 쇠락할 수밖에 없으니 재앙이라는 것이다.

2050년, 세계에서 가장 늙은 나라

그럼 우리나라 인구감소 추세가 얼마나 심각한지 살펴보자. 통계청이 발표한 「2018년 출생 통계(확정)」에 따르면 지난해 합계출산율은 0.98명으로 전년(1.05명)보다 0.08명(7.1%) 감소한 것으로 나타났다. 합계출산율(여성 1명이 가임기간, 즉 15~49세에 낳을 것으로 예상되는 평균 출생아 수) 수치가 1.00명 밑으로 내려간 국가는 사실상 우리나라가 유일하다. 대표적인 저출산 국가로 꼽히는 일본(1.42명)과 대만(1.06명), 싱가포르(1.14명) 등의 지난해 합계출산율은 모두 한국을 웃돌았다. 경제협력개발기구(OECD) 회원국의 지난해 합계출산율 평균은 1.68명으로, 우리나라가 압도적인 꼴찌다. 그리고 통계청의 「장래인구특별추계: 2017~2067년」에 의하면 2017~2067년까지 15~64세 생산연령인구 비중은 73.2%에서 45.4%로 감소하는 반면, 65세 이상 고령인구 비중은 13.8%에서 46.5%로 증가할 것이다. 한국의 고령인구 비중은 2045년 37.0%로 일본(36.7%)을 넘어서 세계 최고가 될 것으로 전망된다.

우리나라 인구가 실제로 이렇게 감소한다면 우리나라 경제와 부동산은 재앙 수준의 타격을 입을 것이다. 과거 일본의 이른바 '잃어버린 20년'에서 경험한 경제추락(마이너스 또는 제로성장), 부동산가격 폭락, 신도시 몰락(신도시 몰락의 원인은 인구감소만은 아니다) 등이 인구감소가 주된 원인이었듯이, 우리나라도 이 추계대로 인구가 감소하면 국가의 재정을 비롯한 경제 전반에 재앙 수준의 타격을 입을 것이다.

아직 골든타임은 남아있다

세계에서 고령화가 가장 빠르게 진행된 일본도 연간 합계출산율이 1.2명 이하로 내려간 적이 없었던 점에 비추어 보면 2018년 우리나라 합계출산율 0.98명은 그야말로 충격이다. 그러나 아직 골든타임은 남아있다. 일본은 1985년에 65세 이상 노인이 전체 인구의 10%를 돌파했는데, 우리나라는 2008년에 노인이 전체 인구의 10%를 돌파했으니 23년이라는 차이가 있다. 따라서 앞으로 10~15년이 골든타임이라고 볼 수 있다. 정부의 과감하고 적극적인 출산장려정책으로 출산율을 끌어올릴 수 있기 때문이다. 일본도 2001년 합계출산율이 1.2명까지 떨어지자 일본 정부가 다양한 출산장려정책을 시행하여 2018년에는 1.42명까지 끌어올렸다. 그리고 야심 차게 1.8명을 출산율 목표로 제시하고 있다. 우리나라도 2006년부터 '출산율 1.5명' 달성을 위해 13년간 약 153조 원을 투입했지만 2018년에는 사상 처음으로 1.0명 밑으로 떨어졌다. '무상보육 등 복지 확대 중심의 저출산 대책'만으론 출산율을 높이지 못한다는 방증이다.

출산율 위기를 극복한 대표적인 나라는 프랑스다. 프랑스의 경우 1993년 출산율이 1.65명으로 떨어지자 정부가 출산장려정책을 과감하게 시행했고, 그 결과 2012년에는 출산율을 2.02명으로 끌어올려 저출산 문제를 해결했다. 프랑스는 일정 금액의 양육비를 국가가 직접 지원하고, 아동의 90% 이상을 공립유치원이 맡아주며, 초·중등학교까지 무상으로 교육한다. 초등학교 학생이 개학하면 정부가 학용품 구입비를 보조해주고, 다자녀진흥정책으로 아이를 많이 출산할수록 교통보조비 및 장려금을 누적 지급하는 등 자녀 양육에 실제적인 도움을 줌으로써 저출산 위기를 극복했다. 프랑스는 국내총생산

(GDP)의 4.7%인 약 150조 원을 출산장려 보조금으로 지급한다. 그런데 우리나라 출산장려 예산은 GDP의 1% 정도로, OECD 평균 2.5%와도 크게 차이가 있다. 따라서 국가 존립 차원에서 정부가 과감하게 출산장려정책을 시행하면 출산율은 분명히 높아질 것이다.

인구구조의 변화와 부동산시장의 변화

출산율 감소와 노령인구 증가는 내수경기를 침체시킨다. 청년실업, 조기퇴직이 증가하면서 가계의 가처분소득이 감소하고 양극화를 확대하는 등 경제와 부동산에 아주 큰 영향을 미친다. 앞서 본 것처럼 우리나라 인구는 2017년 5,136만 명에서 증가하다가 2028년 5,194만 명을 정점으로 점차 감소하고 있다. 그런데 이런 인구증가 속도 둔화 및 감소에도 불구하고 가구원수는 줄어들고 가구수는 증가한다. 다른 선진국들도 비슷하다. 2016년 통계청의 「인구총조사」에 의하면, 2015년 평균 가구원수는 2.5명으로, 2인 가구(26.1%)와 1인 가구(27.2%)를 모두 합친 비중이 53.3%에 이르는 것으로 나타났다.

전국 가구원수별 가구 구성비율 (단위 : %. 명)

년도	1인	2인	3인	4인	5인	6인 이상	평균 가구원수
1985	6.9	12.3	16.5	25.3	19.5	19.5	4.1
1990	9	13.8	19.1	29.5	18.8	9.8	3.7
1995	12.7	16.9	20.3	31.7	12.9	5.5	3.3
2000	15.5	19.1	20.9	31.1	10.1	3.3	3.1
2005	20	22.2	20.9	27	7.7	2.3	2.9
2010	23.9	24.3	21.3	22.5	6.2	1.8	2.7
2015	27.2	26.1	21.5	18.8	4.9	1.5	2.5

자료 : 통계청(2016), 「인구총조사」

가구 구성원이 감소하고 세대수가 증가하자 부동산 수요는 오히려 증가하고 수요패턴에도 영향을 미쳐 중대형아파트 중심에서 중소형아파트 중심으로 변화되었다. 이런 변화에 따라 도심지 오피스텔·다세대·다가구·도시형생활주택(이하 '도생') 등 통칭 원룸주택 수요가 증가했다. 즉 도심역세권, 대학교 인근, 공단·벤처단지 주변 등의 지역에 원룸주택이 대량 건설되면서 이런 지역을 중심으로 투자가 증가하고 가격이 상승하는 시장세분화 현상이 나타나고 있다.

게다가 전체 인구의 14.1%에 해당하는 688만 명인 베이비붐 세대(1955~1963년생)의 은퇴가 본격화되기 때문에 원룸(다세대·다가구·오피스텔·도생) 수요는 앞으로 더 증가할 것으로 예상된다. 통계청에 따르면 50~59세의 남성이 노후에 대비하기 위한 수단으로 가장 많이 (47.2%) 활용하고 있는 것은 국민연금이라고 하는데, 은퇴 전 소득 대비 연금소득 비율은 42.1%에 불과해 노후생활비로는 턱없이 부족하다. 그래서 은퇴세대가 노후생활비 확보를 위해 주택소비를 줄여서 월세를 받을 수 있는 원룸주택을 구입한다. 이런 이유 등으로 원룸주택 강세현상은 앞으로 상당 기간 지속할 것으로 보인다.

하지만 이런 부동산시장의 변화는 현재 시점에서 한 얘기고, 인구감소가 본격화되면 총수요가 줄어들기 때문에 크게 바뀔 수밖에 없다. 이를테면 인구가 감소하면 유아원, 유치원, 초·중·고등학교, 대학교도 따라서 감소할 수밖에 없듯이 모든 수요가 감소할 것이다. 중요한 점은 인구감소가 지역에 따라 편차가 크다는 것이다. 이를 '양극화'라고 한다. 양극화 현상은 세계적인 추세이며, 인구가 심하게 감소하는 지역은 기반시설이 무너져 도시가 슬럼화돼 사람들이 떠나게 되는데 이를 '지방소멸'이라고 표현한다.

우리나라도
지방이 사라진다

━━━ 결론부터 말하자면?

전국 시군구, 읍면동 10곳 중 4곳이
인구감소로 소멸할 위험에 처해 있다.

충격적인 지방소멸 보고서

"전국 시군구 및 읍면동 10곳 중 4곳은 저출산 고령화로 인한 인구감소로 소멸할 위험에 처해 있다!" 고용노동부 산하기관인 한국고용정보원이 발표한 「한국의 지방소멸 2018 보고서」의 내용이다. 한국고용정보원 이상호 연구위원이, 저출산 고령화에 따른 인구감소로 나타날 수 있는 지방소멸 위험도를 분석한 결과를 《고용동향 브리프》 7월호에 발표한 것이다. 이 연구위원이 국가통계포털의 주민등록인구통계를 활용해 13~18년 전국 228개 시군구 및 3,463개 읍면동의 소멸위험지수를 계산했다. 소멸위험지수는 '한 지역의 20~39세 여성 인구수를 해당 지역의 65세 이상 고령 인구수로 나눈 값'인데, 보고서는 소멸위험지수가 0.5 미만이면 소멸위험지역으로 보았다. 가임여성 인구수가 고령자 수의 절반이 안 되는 지역은 저출산 고령화로 인한 인구감소로 공동체가 붕괴하여 사라질 수 있다는 뜻이다.

이 보고서에 따르면 전국 228개 시군구 중 소멸 위험지역은 2013년 75개(32.9%)에서 2018년 89개(39%)로 증가했고, 전국 3,463개 읍면동 가운데 소멸위험에 처한 지역의 수가 2013년 1,229개(35.5%)에서 2018년 1,503개(43.4%)로 5년 사이에 274개(7.9%)가 늘었다. 소멸위험지역의 96%가 지방 도시며, 지방에서도 광역시를 제외한 도 지역의 소멸위험지역 비중이 70%를 상회하여 사실상 수도권과 대도시권을 제외한 대부분 지역이 소멸할 위기에 처했다.

이렇게 지방의 인구가 감소하는 이유는 청년층이 더 나은 삶을 위해 수도권과 대도시권으로 이동하기 때문이다. 좋은 일자리와 창업하기 좋은 환경, 각종 인프라가 잘 갖춰진 수도권과 대도시권으로 청년층이 빠져나가면서 장년·노년층만 남게 된 지방은 인구감소로 도시를 유지할 수 없게 되고 결국 소멸하게 된다. 이런 '지방소멸' 현상은 일본을 비롯한 세계 여러 나라에서 공통으로 나타난다.

일본열도를 충격에 빠트린 한 권의 책!

2014년 8월 마스다 히로야(增田寬也)의 책 《지방소멸》이 출간되자 순식간에 베스트셀러가 되면서 일본열도를 강타했다. 이 책은 '현재의 인구감소 추세대로라면 일본의 절반인 896개의 지방자치단체가 소멸한다'라는 연구결과를 담아 일본 전역을 충격에 빠뜨리며 격렬한 논쟁을 불러일으켰다. 마스다 히로야는 "저출산과 고령화, 그에 따른 인구감소는 서구와 동아시아 공통의 문제다. 그러나 일본은 미국이나 유럽과는 달리 인구가 도쿄 한 곳으로만 집중하는 '극점사회화' 되는 것이 인구문제를 더욱 악화시키는 주범"이라고 지적했다. 또 도쿄가 지방의 인구를 빨아들이면서 재생산은 하지 못하는 인구의 블랙홀이며, 지방에서 유입되는 인구도 감소하여 "결국 도쿄도 축소되고, 일본은 파멸할 것이다"라고 경고했다.

일본인들이 큰 충격에 빠진 이유는 뭘까? 이 책의 내용에 깊이 공감했기 때문이다. 이 책이 출간된 2014년 일본의 고령자(65세 이상)는 전년 대비 110만 명이 증가한 3,300만 명으로 고령화 비율이 26%를 돌파하여 고령화 속도가 가팔랐다. 게다가 도쿄 인근의 다마 신도시 등 일부 신도시가 공동화를 넘어 몰락하는 상황이었기 때문이다. 물론 일본의 신도시 몰락 원인이 인구감소에만 있는 것은 아니다.

한국 사람들은 왜 무덤덤할까?

그런데 한국인들은 한 권의 책이 아니라 국가기관이 직접 '지방이 소멸한다'라는 충격적인 보고서를 발표했는데도 왜 무덤덤할까? 한국인들은 이 얘기가 먼 훗날의 일이라고 느끼기 때문이다. 한국인들이 무뎌서 그런 걸까? 그렇지는 않다. 한국은 이 보고서가 발표된 2018년, 고령자(65세 이상) 비율이 14%를 돌파하여 이제 막 '고령사회'에 진입했기 때문에 이 문제를 심각하게 받아들이지 않을 뿐이다. '이별하는 순간의 슬픔보다 이별 후에 비로소 더 큰 슬픔을 느끼는 것처럼' 한국은 아직 초고령사회에 진입한 것도 아니고 일본처럼 신도시가 몰락하지도 않았으니 이 문제가 피부에 와 닿지 않는다. 아직은 먼 훗날의 얘기로 들리긴 하지만 내심으론 저출산 고령화 문제가 심각하다고 생각할 것이다.

앞서 저출산 고령화 문제에서 한국은 '아직 골든타임이 남아있다'라고 말했듯이 한국인 대부분은 정부가 더 적극적으로 출산장려정책을 시행할 것이라고 기대할 것이고, 그 기대 때문에 이 문제를 아직 심각하게 받아들이지 않을 수 있다. 그러나 일본은 이미 도심까지 빈집이 불어나 사회 문제가 되고 있고, 우리나라 역시 빈집이 빠르게 증가하고 있다. 이는 '지방소멸'과 궤를 같이한다. 따라서 '지방소멸'은 결코 가볍게 볼 문제가 아니다. 우리나라보다 약 25년쯤 먼저 고령사회에 진입한 일본의 빈집은 무려 900만 가구에 이른다. 우리나라의 빈집도 빠르게 증가해 2018년 말 기준 141만 9,617가구나 된다.

2015년 106만 8천 919가구였던 빈집이 불과 4년 사이에 32.8%나 증가했다. 일부 지방은 이미 일본 수준까지 빈집이 늘어났다. 전남의 2017년 말 기준 빈집 수는 전체 주택 수의 14.3%로, 일본의 전국 빈집 평균 비율인 13.5%보다 높다. 이처럼 빈집이 빠르게 증가하자 정부는 방치된 빈집을 효율적으로 정비하기 위해 2017년 2월 「빈집 및 소규모주택 정비에 관한 특례법」을 제정 시행하고 있다. 빈집 증가와 '지방소멸'은 궤를 같이하고 있으므로 결코 간과해선 안 된다.

인구가 변하면 그 변화에 따라 부동산도 변할 수밖에 없다. 앞에서 '인구구조 변화에 의한 부동산시장의 변화'에 대해 살폈으니, 이번에는 인구변화에 따라 지역별로 부동산이 어떻게 변화할지를 살펴보자.

인구변화에 의한 부동산의 지역별 변화

앞서 본 것처럼 우리나라는 인구감소 문제에도 불구하고 가구원수는 감소하고 가구수가 증가하여 대형아파트 중심시장을 소형아파트 중심시장으로 바꿔놓았다. 특히 독신가구(1~2인)의 폭발적인 증가로 '원룸' 수요가 증가하면서 도심역세권, 대학교 인근, 공단·벤처단지 주변 등에 원룸이 대량 건설되었다. 인구구조 변화에 의한 부동산시장의 변화가 수요에 기반한 국지적인 변화라면, 저출산 고령화와 같은 인구변화에 의한 부동산시장의 변화는 지역적인 변화다.

예를 들면 독신가구 증가로 형성되는 원룸시장은 수도권뿐만 아니라 전국의 대학교 인근, 공단·벤처단지처럼 수요가 있는 지역에 형성된다. 따라서 국지적이다. 반면 인구감소(저출산 고령화)에 따른 변화는 전국을 시군구, 읍면동으로 나누는 지역 단위 측정 개념이므로, 이런 측정에 근거하여 부동산을 지역 단위로 예측할 수 있다. 따라서 지역적이다. 즉 소멸위험지역과 비소멸위험지역을 보면 부동산 위험지역과 유망지역을 구분할 수 있다. 인구가 감소하면 도시를 유지하는 비용이 증가하고 점차 유지가 어려워져 결국 도시가 소멸한다는 의미이므로, 소멸위험지역의 부동산은 당연히 위험자산이다.

그러나 우리나라 인구가 약 10년 뒤부터 감소한다는 점과 앞으로 정부의 정책에 따라 인구감소 시기나 속도가 늦춰질 가능성도 있으므로, 벌써 '수도권과 광역 대도시권은 유망지역, 여타지역은 위험지역'이라는 식으로 접근하는 것은 곤란하다. 따라서 다가올 10년 동안은 현재 부동산 흐름을 기준으로 접근하는 것이 바람직하다. 다만 현재도 우리나라 부동산은 지역에 따라 유망지역과 소외지역으로 갈린다. 당연히 유망지역이 소외지역보다 수요도 많고 가격도 상승한다. 과거에는 강남·강북과 같이 큰 지역 단위로 유망지역과 소외지역이 갈렸지만, 최근에는 같은 구에서도 유망지역과 비유망지역으로 갈린다. 오르는 곳만 오르고 여타지역은 소외되는 시장 차별화(양극화) 현상이 뚜렷하다. 이런 현상은 점점 더 확대될 것이다.

07.

첫 번째 변화요인은
신구 세대교체다

━━━ **결론부터 말하자면?**

신구 세대교체에 의한 주거 패턴의 변화로
주택시장에 많은 변화가 예상된다.

주택시장 미래의 주역, 에코붐 세대의 등장

최근 부동산시장의 변화 중 하나는 시장 참여자들이 다양하고 젊어
졌다는 것이다. 가정주부가 부동산투자에 나선 것은 이미 오래고, 최
근엔 직장인과 청년계층도 부동산투자에 나선다. 과거 40대 이상 중
장년층이 주류였던 부동산투자시장에 2030세대 청춘들까지 뛰어들
었는데, 이들이 바로 에코붐(echo-boom) 세대다. 이들은 베이비붐 세
대의 자녀세대로 베이비부머가 메아리(eco)처럼 다시 출생 붐을 일으
켰다고 해서 이런 이름이 붙었다. 베이비붐 세대는 격동의 시기를 지
나오면서 경제성장과 민주화를 이룩한 주역이며, 부동산으로 재산을
형성했다. 그런 베이비부머의 자녀세대가 이제 주택시장에 본격적으
로 등장한 것이다. 에코붐 세대는 부모세대의 경제적인 풍요 덕분에
풍요로운 환경에서 자랐다. 외국어 구사 능력과 글로벌마인드를 가

지고 있으며, SNS를 통해 어려서부터 다양한 분야의 사람들과 소통하고 자기 생각을 적극적으로 개진한다. 약 950만 명으로 추산되는 에코붐 세대의 본격 등장은 주택시장의 변화를 예고한다.

에코붐 세대가 주택시장에 변화를 몰고 온다

부모세대와는 완전히 다른 사고방식의 소유자인 에코붐 세대는 주택시장에 많은 변화를 몰고 올 것이다. 에코붐 세대는 주택시장을 흔들 만한 동력을 가졌기 때문이다.

첫째, 숫자가 압도적이다. 통계청 분석자료에 따르면 1979~1985년에 태어난 에코붐 세대는 510만 명으로 베이비부머(695만 명)보다 수가 적지만 곧 30대에 접어드는 1990년생까지 포함하면 베이비붐 세대보다 많은 953만 명이나 되는 거대 집단이다.

둘째, 에코붐 세대는 소비가 가장 왕성한 세대다. 경제적 측면에서 인구는 네 집단으로 나뉘는데, 이들은 그중 두 번째 집단인 청년층(20~45세)에 해당하며 엄청나게 소비한다. 자녀를 낳아 먹이고, 입히고, 재우고, 학교에 보내는 데 필요한 엄청난 비용을 벌어서 쓴다. 생애 최초로 집과 자동차를 구매한다.

셋째, 에코붐 세대의 주택 선호기준은 부모세대와 완전히 다르다. 부모세대는 주거보다 재테크를 우선시했지만, 에코붐 세대는 '주거'를 가장 중시하고 가성비와 가치를 따지기 때문에 '직주근접'이 우선이며, 생활의 편리함을 위해 '슬세권(슬리퍼 같은 편한 복장으로 편의시설을 이용할 수 있을 정도로 편리한 주거환경)' 같은 편익시설이 좋은 지역, 가성비와 가치가 좋은 지역 순으로 선호한다.

넷째, '신축'을 원한다. 에코붐 세대는 신축을 절대적으로 선호하기 때문에 신축에 임대로 사는 한이 있어도 구축은 절대로 사지 않는다. 에코붐 세대의 주택에 대한 인식과 선호도가 부모세대와 완전히 달라서 주택 수요에 많은 변화가 예상된다.

다가올 10년, 주택시장은 에코붐 세대가 주도한다

그러나 에코붐 세대는 아직 경제력이 충분하지 않아 점진적인 변화가 될 것이다. 통계청에 따르면 에코붐 세대는 아직 집을 살 능력이 떨어지기 때문에 전체의 42.5%가 다가구주택에 월세로 거주하고, 전세는 31%, 자가는 15.4%에 불과하다. 하지만 에코붐 세대의 자가보유 의지는 강해 자가보유 비율은 갈수록 증가할 것이다. 실제로 한국감정원 아파트 매매거래 현황에 따르면 지난해 10월 서울아파트는 30대 구매자가 31%로, 전 연령대 가운데 가장 큰 비중을 차지한 것으로 나타났다. 분양가상한제 시행으로 갈수록 청약경쟁률이 높아지자 상대적으로 청약가점에서 불리한 30대가 서둘러 집을 사는 것으로 파악되었다. 따라서 30대 후반으로 갈수록 소득이 증가함에 따라 적극적으로 주택을 구입할 것이다.

2019년 10월 한국감정원에 따르면 서울아파트 매수자 나이별 분포에서 지난해 초 25%던 30대가 8월 30%를 넘어서며(30.4%) 40대(29.1%)를 제쳤다. 서울집값이 급등세로 돌아선 지난해 7월 이후 주택거래 급증세도 30대가 주도했다. 지난해 7~8월 서울아파트 매매거래량을 보면 직전인 5~6월과 비교해 30대가 138%의 증가율을 보였다. 그뿐만 아니라 30대는 고가주택을 서슴없이 구입하는 것으로 나타났다. 2019년 10월 10일 자 《중앙일보》에 의하면 3.3㎡당 1억 원에 거래된 서울 강남아파트 매수자도 30대였다. 지난해 8월 서초구 반포동 아크로리버파크 전용 59㎡가 23억 9,800만 원에 실거래 신고되었다. 정확히 3.3㎡당 9,878만 원이다. 등기부등본 확인 결과 매수자는 강남구 압구정동에 사는 36세 K씨였다.

또한 지난해 7월 강남구 도곡동 초고층 주상복합아파트인 타워팰리스 174㎡를 자기 돈 들이지 않고 빌린 돈만으로 30억 원에 산 사람도 30대였으며, 가격대가 중상위권인 지역에서도 30대의 매수세가 두드러졌다. 마포 · 성동 · 서대문 · 동작구 등에서도 30대 매수 비율이 몇 개월 새 35~40%까지 뛰었다. 집값이 비싼 강남3구(강남 · 서초 · 송파)에서는 여전히 40대가 가장 큰손이다. 하지만 30대 비중이 커져서 지난해 초 15.7%에서 지난해 8월에는 22%로 늘어났다. 이처럼 30대가 적극적으로 주택 구입에 나설 수 있는 몇 가지 이유가 있다. 30대가 대부분 무주택자 또는 최초 구입자여서 규제를 적게 받는다는 점도 있지만, 대학을 나오고 유학 또는 어학연수로 인해 외국어 구사능력이 있고, 글로벌마인드를 갖춘 에코붐 세대의 경우 둘 중 한 명은 전문가 · 전문직 종사자 또는 대기업 사원이어서 소득이 높기 때문이다.

통계청 가계수지 동향에 따르면 전국 30대 근로자가구의 소득은 연 6,000만 원 정도지만, 고학력 에코붐 세대 중에는 의사, 변호사, 회계사 등 전문직 종사자, 게임 등 벤처기업가 등이 많아 이보다 소득이 훨씬 높은 30대도 많다. 따라서 소득이 높은 사람은 LTV(담보인정비율), DTI(총부채상환비율) 적용에 유리하고, 개인의 높은 신용도를 이용해 다양한 방법으로 차입할 수 있으니 고가주택 매입이 가능하다.

이런 거대 집단의 주택시장 진입으로 다가올 10년, 아파트시장은 에코붐 세대가 주도할 것으로 전망된다. 채미옥 한국감정원 부동산

연구원장은 2015년 4월 2일 한 포럼에서 '매년 인구증가는 둔화하지만 에코붐 세대가 주택시장에 진입하는 시기와 맞물려 중장기적 주택 수요는 긍정적'이라고 했다.

당시 채 원장은 전국 인구는 2030년 5,216만 65명으로 정점을 찍은 뒤 2040년 5,109만 1,352명으로 10년 새 100만 명 이상 감소할 것으로 예상되지만, 같은 기간 가구수는 꾸준히 증가할 것으로 전망했다. 동시에 에코붐 세대가 2009년 주택시장에 본격적으로 진입하기 시작해 2022년까지 연평균 68만 1천여 명이 유입될 것이라고 말했고, 에코붐 세대가 중장기적으로 중형아파트를 선호한다는 점도 고무적이라면서 '에코붐 세대의 주택시장 진입으로 2040년까지 가구 증가율이 유지될 것이며, 주택시장에도 긍정적 효과로 작용할 것'이라고 내다보았다.

에코붐 세대의 집에 대한 인식과 선호지역

에코붐 세대는 부모세대와 달리 집을 자산증식의 수단보다는 거주공간으로 인식한다. 주택산업연구원의 연구에 따르면 에코붐 세대 중 향후 주택 구입 의사가 있다고 응답한 경우 '주거 안정을 위해' 주택 구입이 필요하다는 의견이 68.4%로 가장 높았고, '자산증식을 위해 자가 마련이 필요하다'라는 응답은 13.7%였으며, '이사의 번거로움 때문'이라고 응답한 경우는 10.9%로 낮았다. 이처럼 투자목적으로 집을 구입했던 부모세대와 달리 에코붐 세대는 직장과의 접근성을 가장 중시한다. 따라서 '직주근접'은 무엇보다 강력한 투자요인이다.

그럼 에코붐 세대가 실제로 거주하는 지역은 어떤 곳인지 파악해 보자. 통계청의 주민등록인구현황 분석 자료에 의하면, 거주민 중 에코붐 세대의 비중이 가장 높은 지역은 관악구(30.4%)였다. 그다음 마포구(26.7%), 광진구(26.4), 영등포구(26.3%), 강서구(26.1%), 동작구(25.8%), 성동구(25.4%) 순이다.

서울 내 에코붐 세대 비중 상위 구

구분	관악구	마포구	광진구	영등포구	강서구	동작구	성동구
숫자	15만 2,892명	10만 88명	9만 4,567명	9만 6,942명	15만 7,092명	10만 2,300명	7만 7,325명
비중	30.4%	26.7%	26.4%	26.3%	26.1%	25.8%	25.4%

자료 통계청

이곳들은 업무지구 또는 대학교 인근 지역이어서 직장 또는 대학교와의 접근성이 좋다. 관악구는 서울대학교 관악캠퍼스가 있고, 마포구는 광화문, 종로 등 업무지구와 가깝고, 영등포구는 금융업무 중심지인 여의도와 가까우며, 강서구는 마곡지구에 새로 조성된 업무지구와 가깝다. 동작구는 노량진 학원가, 중앙대학교, 숭실대학교가 있고, 성동구는 다리 하나만 건너면 강남으로의 출퇴근이 가능하다. 아직 학업을 마치지 못했거나 직장에 다니는 에코붐 세대는 늘 시간에 쫓기고, 선진국보다 통근과 근무시간이 긴 우리나라는 '직주근접'이 무엇보다 중요하다. 우리나라 평균 편도 통근시간은 58분으로 OECD 회원국 전체 평균인 28분에 비하면 2배가 넘는다.

라이프스타일 변화에 따른
부동산의 변화

결론부터 말하자면?

라이프스타일 변화에 따른 인구구조 변화가
주택시장의 패러다임을 바꾼다.

미혼, 이혼, 졸혼이 불러온 부동산의 변화

미혼, 이혼, 졸혼에 의한 가구분화가 주택시장에 많은 변화를 불러온
다. 라이프스타일의 변화는 국가의 미래를 어둡게 만들지만, 새로운
시장을 창출한다는 긍정적인 요인도 있다. 결혼 연령이 점점 높아지
면서 초혼 평균 연령이 30세를 목전에 두고 있다. 우리나라 이혼율도
갈수록 높아져 OECD 34개국 중 9위, 아시아에서는 1위를 차지할 정
도다. 통계를 보면 연간 이혼 건수가 약 11만 건이다. 연간 그 숫자만
큼 가구수가 증가하고, 또 그 숫자만큼 가구원수가 줄어든다는 뜻이
기도 하다. 한편 요즘엔 '졸혼'이라는 트렌드가 생겼는데, 이 또한 가
구를 분화시킨다. 졸혼은 법적으로 이혼하지는 않았지만 생활은 따
로 하기 때문이다. 또한 결혼은 했지만 직장 때문에 떨어져 사는 '기
러기부부'도 가구를 분화시킨다. 이처럼 미혼, 이혼, 졸혼 같은 라이

프스타일의 변화가 주택시장 수요에 변화를 불러온다. 가구수는 증가하지만 가구원수는 줄어들기 때문에 소형주택의 수요는 증가하고 대형주택의 수요는 감소한다. 이런 수요변화는 소유와 임대 시장에 영향을 미치고 전세에서 월세로의 전환을 촉진한다.

인구구조 변화가 주택시장 패러다임을 바꾼다 - 수요 측면

통계청의 장래가구추계(2015~2045)에 따르면 우리나라는 가구분화가 빠르게 진행되면서 1~2인 가구가 전체 가구의 절반을 넘어선 53.3%(2015년)로 나타났다. 1980년 4.5명이던 평균 가구원수는 2018년 2.4명으로 줄어들었다. 특히 '나 홀로 세대'로 불리는 1인 가구는 1985년 전체 가구의 6.7%였던 것이 2015년에는 27.2%로 대폭 증가했다. 이런 인구구조변화 및 가구분화가 우리 주택시장에 많은 영향을 미친다. 소유에서 사용(임대)으로 개념이 바뀌고, 규모로 보면 '중대형'보다 '소형'을 선호하는 다운사이징 현상이 확산하며, 임대방식도 전세에서 월세로 전환된다.

우리나라 평균 가구원수는 2000년 3.1명에서 2018년 2.4명으로 줄어들었다. 이렇게 가구원수가 줄어들면 대형아파트가 필요 없는 가구는 중소형아파트로 이동하게 된다. 우리나라 가구당 주거면적은 전국 평균 69.4㎡(2018년 기준)다. 그런데 서울·수도권에는 전국 평균 주거면적의 2~3배가 넘는 중대형아파트가 너무 많이 공급되었다. 2000년대 초중반 부동산 광풍을 일으키면서 서울·수도권에 집중적으로 건설된 중대형아파트는 아직도 많은 지역에서 분양가를 회복하지 못하고 있다. 그러나 이런 주택시장의 패러다임을 인구구조의 변화가 완전히 바꿔놓을 것이다. 지금까지 '수요 측면'의 변화를 살펴보았는데, 이에 못지않게 '공급 측면'에도 많은 변화가 예상된다.

서울·수도권의 주택은 교체기에 접어들었다 - 공급 측면

어느새 서울·수도권 주택은 교체기에 접어들었다. 서울은 60년대부터 단독주택을 건설하다가 70년대부터 아파트가 대량 건설되었다. 뒤를 이어 수도권에도 주택이 대량 건설되었다. 따라서 서울·수도권 주택의 상당량은 30년이 넘은 노후주택이다. 2016년 통계청 인구주택총조사 결과에 의하면 20~30년 이상 된 주택의 비중을 알 수 있다. 서울은 20년 이상이 43.1%, 30년 이상 14.7%, 경기도는 20년 이상이 35.8%, 30년 이상 8.1%로 나타났으며, 아파트는 서울이 20년 이상 37.4%, 30년 이상 11.3%, 경기도는 20년 이상 29.9%, 30년 이상 3.2%로 나타났다. 핵심지역인 강남3구 아파트 22만 호 중 20년 이상 된 아파트는 18만 호로 81.7%, 30년 이상 된 아파트는 14만 호로 무려 63.4%나 된다. 이렇게 서울·수도권의 주택은 많이 낡았기 때문에 낡은 주택을 헐어내고 새 아파트를 짓는 방법으로 공급할 수밖에 없다.

서울의 '신축'은 90%가 정비사업을 통해 공급된다

주택 노화가 점차 더 심해질 것이기 때문에 교체를 통한 공급이 거의 유일한 방법이다. 서울 강남을 비롯한 도심은 신축할 땅이 없어서 정비사업(재건축·재개발)을 통한 공급만 가능하다. 그래서 정부도 2014년부터 택지개발을 사실상 중단하고 도시정비사업(재건축·재개발)을 통한 공급으로 정책을 전환했다. 실제로 서울은 2013년 강서구 마곡지구를 끝으로 택지개발을 중단하고 재건축·재개발을 통한 공급에 주력하고 있다. 전국의 주택재건축사업조합은 3,296개소다. 이 중 약 80.2%인 2,642개가 서울에 있는데, 이는 서울의 아파트 노후도가 그만큼 심각하다는 것을 나타내는 것이다. 실제로 서울의 신축아파트는 90%가 재건축·재개발을 통해 공급된다.

정비사업을 통한 공급은 어떤 변화를 가져올까?

우선 재건축·재개발을 통한 공급은 택지개발을 통한 공급보다 많은 기간이 필요하다. 추진위원회 단계부터 관리처분인가 단계까지 줄잡아도 8~10년, 완공까지는 9~13년이 걸린다. 사업장마다 사정이 달라 일시에 많은 공급은 불가능하고 산발적, 간헐적으로 공급되기 때문에 공급부족 현상은 계속될 것이다. 게다가 정부의 재건축·재개발에 대한 메가톤급 규제 때문에 서울의 신축 공급부족 현상은 상당기간 계속될 것이다. 앞으로 10~15년, 혹은 그 이상으로 부족 현상이 지속할 것으로 전망된다.

정부의 바뀐 정책이 변화에 가속도를 붙였다

문재인 정부는 출범 초부터 수많은 부동산대책을 쏟아냈다. 6·19대책을 시작으로 8·2대책, 9·13대책, 최근의 6·17대책까지 총 21차례 부동산대책을 발표했다. 8·2대책은 집값상승의 진앙지인 강남집값을 잡기 위해 '재건축사업'과 '다주택자'를 겨냥해 청약, 거래, 대출, 세금 등 역대 어느 정권보다 강력한 부동산대책을 잇달아 쏟아냈지만, 결과는 초라하기 그지없다. 문재인 정부가 꼭 잡겠다고 공언했던 서울집값은 폭등했지만 지방의 집값은 하락했다. 양극화가 심화된 것이다. KB국민은행 통계에 의하면 지난 2년간 전국 아파트 매매가는 3.50% 올랐다. 표면적으로 보면 과거 정부 때와 비슷해서 주택시장이 안정돼 보이지만, 구체적으로 살펴보면 그렇지 않고 오르는 지역과 내리는 지역이 극명하게 갈리는 양극화가 심화되었다. 서울·광주·경기·대전·전남의 집값은 크게 상승했지만 경남·경북·충남·충북·울산·강원·전북 등 지방의 집값은 크게 하락했다. 지난 2년 동안 전국에서 집값이 가장 많이 오른 12개 지역은 모두 수도권이고, 그중 분당을 제외한 11개 지역이 서울이다.

정부의 과도한 시장개입은 시장질서를 왜곡한다

문재인 정부가 그토록 강력한 대책을 쏟아내며 시장을 압박했음에도, 왜 집값이 비싼 곳이 더 오르는 양극화가 심화될까? 많은 전문가는 문재인 정부가 다주택자를 압박한 결과라고 얘기한다. 즉 다주택자를 투기의 주범으로 단정하고 강력한 압박을 가하자 일부 다주택자들이 주택을 처분해 소수의 고가 아파트에 투자하는 이른바 '똘똘한 1채' 잡기의 영향으로 집값이 비싼 곳이 더 오르는 양극화가 심화되었다는 것이다. 이 의견에 필자도 공감하지만 가장 큰 문제는, 문재인 정부가 규제로 특정 지역의 집값을 누르는 '반(反)시장정책'을 쓰는 것이라고 생각한다. 문재인 정부는 집값상승의 주원인을 투기적 수요로 규정하고 규제로 일관하기 때문에, 잡겠다고 공언한 서울집값은 잡지 못하고 지방의 집값만 떨어뜨렸다.

앞서 필자는 문재인 정부의 경제정책이 성공하지 못하는 이유는 시장 주도의 '신자유주의'에서 정부 주도의 '소득주도성장'으로 경제정책을 바꾼 것이 가장 큰 이유라고 했는데, 부동산정책도 마찬가지다. 자유민주주의 경제의 핵심은 '시장경제'이고 시장경제의 핵심은

'경쟁'이다. 시장은 '경쟁'이라는 핵심 메커니즘을 통해 사회가 원하는 상품을 사회가 원하는 양만큼 생산하도록 조정하고 통제하고 분배하는 기능을 가졌다. 그런데 문재인 정부가 시장체제를 외면하고 규제로 집값을 누르는 '반(反)시장정책'을 고집하기 때문에 역대 어느 정권보다 강력한 규제책을 쏟아내며 시장을 압박해도 집값이 안정되지 않고 양극화만 확대된다.

많은 전문가가 '국민의 90%는 강남집값에 관심도 없다' 그러니 '강남집값은 내버려 두는 것이 상책'이라고 말한다. 이 말은 강남 부동산은 시장의 핵심 메커니즘인 '경쟁'을 통해 해결되도록 내버려 두는 것이 상책이고, 정부가 시장에 지나치게 개입하면 시장질서가 왜곡된다는 뜻이기도 하다.

2장

급변하는
부동산, 위기인가
기회인가?

01.

지금 부동산 위기인가, 기회인가?

 결론부터 말하자면?

다가올 2~3년 경제는 위기,
부동산은 기회다.

다가올 2~3년 부동산 위기인가, 기회인가?

위기일 수도 기회일 수도 있다. 어떤 전문가는 '늘어난 가계부채와 정부의 과도한 규제, 공급 폭탄, 인구감소 등'을 이유로 위기라고 진단한다. 반면 다른 전문가는 우리나라 집값이 일본, 중국 등 주변국의 집값보다 싸고 각종 개발계획이 많으며, 정부의 과도한 규제로 집값이 조정받고 있으므로 기회라고 주장한다. 저자도 부동산은 위기와 기회가 공존한다고 보지만 이유는 좀 다르다. 다가올 2~3년 '부동산은 기회, 경제는 위기'라고 본다. 그 이유는 문재인 정부의 바뀐 정책이 '부동산정책은 기회'를 '경제정책은 위기'를 가져올 것이라고 보기 때문이다.

문재인 정부의 부동산정책은 역대 어느 정권보다 강력하고 전 방위적이다. 하지만 문재인 정부 임기 절반이 지난 3년 동안 서울과 수도권 집값은 폭등했다. 12·16대책과 코로나19 출현으로 생산, 소비 등 경제활동이 중단되는 초유의 사태이지만, 코로나 이후 실물경제와 자산(주식, 부동산) 시장 흐름이 달라질 가능성이 크니 장기적인 관점에서 부동산은 상승세를 이어갈 확률이 높다. 그리고 문재인 정부가 정책기조를 바꾸지 않는다면 경제정책 또한 성공하지 못하고, 자칫 한국경제가 장기불황에 빠지는 상황도 완전히 배제할 수 없다. 그래서 필자는 다가올 2~3년은 '부동산은 기회, 경제는 위기'라고 생각한다.

정부의 부동산정책이 성공하지 못하는 이유

문재인 정부의 부동산정책이 성공하지 못하는 이유는 정책이 '반(反)시장'의 성격을 갖고 있기 때문이다. 문재인 정부가 시장체제를 외면하고 규제로 집값을 누르는 '반(反)시장정책'을 고집하기 때문에 집값이 안정되기는커녕 오히려 폭등한다. 시장을 억누르면 시장의 보복이 반드시 뒤따른다. 두고 보면 알겠지만 전방위적 규제로 거래실종에 의한 일시적인 집값하락이 있더라도 나중엔 더 큰 폭으로 상승할 가능성이 크다. 특히 강남집값은 앞으로 더 상승할 것으로 예상된다. 또 문재인 정부의 경제정책이 성공하지 못하고 한국경제를 장기불황에 빠뜨릴 수도 있다고 보는 이유 역시 같다. 문재인 정부의 경제정책이 '반(反)시장'적이기 때문이다. 우리나라는 '자본주의와 시장경제'를 채택하고 있다. 그런데 시장체제와 부합하지 않는 정부 주도의 '소득주도성장' 경제정책을 고집한다.

　시장체제의 핵심은 '경쟁'이다. 그런데 정부의 정책이 시장의 핵심 메커니즘인 '경쟁'을 저해하기 때문에 시장경제가 제대로 작동되지 못한다. 2018년 6월 미국의 한 경제 전문가는 '한국경제의 가장 큰 문제는 소비자 심리지수가 낮은 것'이라고 지적하면서 그 이유는 '최저임금의 급격한 인상으로 기업과 사업자의 환경이 악화하면서 투자보다는 유보를 선택하고, 소비자들이 지갑을 열지 않아 영세 사업자들이 문을 닫을 수밖에 없다'라고 지적했다. 한국개발연구원(KDI)도 2019년 10월 발표에서 6개월 연속 '대내외 수요가 위축되면서 전반적으로 경제상황이 부진한 모습'이라고 진단했다. 수출은 전년 대비 10.3% 감소했다. 수출 두 자릿수 감소율은 2009년 이후 10년 만이다. 설비투자도 2018년 11.6% 감소에서 지난해 1.4% 감소로 폭이 줄긴 했지만, 여전히 감소 중이다. 경기동행지수 순환변동치도 2018년 이후 100 이하로 낮아져서 경기불황 조짐을 보인다.

앞서 본 것처럼 문재인 정부 임기 절반을 넘긴 현재 경제성장률, 고용, 가계소득, 소득 양극화, 경기하락 등 모든 경제지표가 추락하거나 확대되었다. 여기에 소비자 심리지수가 얼어붙고 가계소비마저 위축되면 경제는 더 나빠질 것이다. 그래서 우리나라가 일본의 '잃어버린 20년'을 닮아가는 것이 아닌가 하는 우려를 하지 않을 수 없다. 일본은 '잃어버린 20년' 동안 저성장·저금리·저물가의 '3저(低)'에 짓눌렸다. 저성장보다 무서운 게 저물가다. 디플레이션이 발생하면 투자해도 이익이 남지 않으니 아무리 금리가 낮아도 돈을 빌리지 않는다. 그래서 투자 부진 → 기업실적 감소 → 임금 감소 → 가계소비 위축 → 저성장의 악순환에 빠지는 것이다.

한국의 경제상황이 이와 비슷하므로 장기불황을 우려하는 것이고, 만일 경제가 더 추락하면 부동산도 침체에 빠질 수밖에 없으므로 위기라고 보는 것이다.

위기를 어떻게 기회로 만들 것인가?

앞서 얘기한 것처럼 다가올 2~3년, 부동산은 위기와 기회가 공존한다. 따라서 위기를 어떻게 기회로 만들 것인가를 고민해야 한다. 전체적으로 보면 위기다. 특히 정부의 과도한 규제로 인한 눌림목이 조성돼 아파트가격이 조정받고 있다. 그러나 다른 한편으로 보면 싸게 살 수 있는 기회이기도 하다. 그러니 기회를 잡아야 한다. 어떤 물건을 타깃으로 하느냐가 문제다. 물론 지역과 대상(상품)에 따라 차이가 있지만, 정부의 규제가 집중되는 지역과 대상을 노려야 한다. 이를테면 투기지역 또는 투기과열지구로 지정된 지역의 재개발·재건축 아파트 또는 새 아파트를 투자 타깃으로 삼자. 가치를 보고 투자하되 과거와 현재보다는 미래가치에 중점을 둬야 한다.

물론 현재 시점에서 보면 리스크가 크다. 하지만 시간이 지나면 시장은 반드시 그 물건의 가치에 걸맞은 평가와 거래를 끌어낼 것이다. 시장은 놀라운 능력을 갖췄다. 애덤 스미스의 멋진 표현 그대로 보이지 않는 손이 조정이라도 한 것처럼 시장의 흐름에 의해 사회적으로 바람직한 방향으로 나아간다. 따라서 정부가 아무리 규제를 가하더라도 결국엔 그 물건의 가치대로 시장의 평가를 받고 거래를 성사시킨다. 이것이 시장의 놀라운 힘이다.

언론보도나 전문가 의견을 맹신하지 말라

너무 고가라서 부동산투자는 기회이기도 위험이기도 하다. 그래서 투자에 앞서 많은 준비를 해야 한다. 학원에 등록해 부동산을 공부하고, 책을 통해 전문지식을 습득한다. 습관적으로 언론보도나 전문가 의견을 보고 듣는다. 그러나 언론보도나 전문가 의견을 맹신하면 안

된다. 필자도 30년 넘게 주택사업을 하면서 하루도 빠지지 않고 경제신문을 읽었고, 전문가 의견도 빠짐없이 챙겨보았다. 결국 터득한 것은 언론기사나 전문가 의견을 기준으로 판단하면 절대 안 된다는 것이다. 언론이나 전문가 의견을 통해 분명히 얻는 것이 있지만 절대적인 판단 기준은 아니다. 특히 미래에 대한 예측이 그렇다.

80년대 초중반, 꽤 오랫동안 부동산 침체가 계속되었다. 당시 신문이나 방송은 "주택에 대한 소비자의 인식이 '재산증식 수단'보다 '거주' 개념으로 바뀌었다"라는 내용을 주로 보도했다. 전문가도 '집을 사기보다 임대수요가 증가해 전셋값이 크게 상승할 것'이라는 의견이 주류였다. 1985~1986년 필자가 고려대학교 경영대학원(연구생 과정)에 등록해 공부할 때 교수님도 "주택에 대한 소비자의 인식이 '소유'에서 '사용' 개념으로 바뀌었다"라고 하셔서 고민이 깊었다. 그런데 불과 1년 뒤인 1987년부터 상승세로 돌아선 아파트가격은 3년간 폭등했다. 서울(강남) 아파트는 무려 3배 이상 폭등했다. 당시 아파트를 구입한 사람은 떼돈을 벌었지만 전문가나 언론보도를 믿고 주택을 팔거나 사지 않은 사람은 후회막급이었다.

정부의 정책과 말도 맹신하면 안 된다

1997년 IMF 외환위기가 발생하자 부동산가격이 폭락했다. 가계가 파산하고 미분양된 깡통아파트가 속출하면서 건설회사가 줄줄이 도산하자, 당시 언론은 '부동산 불패 신화가 깨졌다'라며 보도를 쏟아냈다. 하지만 1991년부터 상승하기 시작한 집값은 무려 8년 동안 지속되었다. 2003년 집권한 참여정부가 집값을 잡겠다며 온갖 정책을 쏟아내었고 2004~2005년 집값상승이 소폭에 머물자 전문가 대부분은 집값하락을 전망했다. 당시 건설교통부 장관도 '올해부터 집값이 하락한다'라고 호언장담했다. 하지만 아파트가격은 2006년 하반기부터 가파르게 상승해 2007년 고점을 찍을 때까지 2001년 대비 무려 3배나 폭등했다. 당시 정부의 말을 믿고 아파트를 팔거나 사지 않은 사람은 후회막급이었고, 아파트를 산 사람은 떼돈을 벌었다.

아이러니하게도 언론보도, 전문가 의견, 정부 정책과 말 등이 부동산 흐름을 판단하는 데 걸림돌이 된다. 부동산을 분석할 때는 과거를 통해 미래를 예측하기 때문이다. 하루가 멀다고 정보가 바뀌는 세상에서 과거를 통한 미래예측이 얼마나 정확할까? 정부가 빚내서 집을 사라고 했다가 정권이 바뀌면 갑자기 정책기조를 바꾸면서 지금은 '집을 팔 때'라고 한다. 이처럼 정권에 따라 냉온탕 정책을 반복하기 때문에 시장 참여자들은 정부 말을 믿지 않는다. 오히려 정부의 규제를 집값상승의 신호탄으로 인식한다. 문재인 정부도 2017년 8 · 2 대책을 발표하면서 집값상승의 진앙지인 강남집값은 반드시 잡겠다고 공언했지만 강남 아파트가격은 폭등했다.

다가올 10년, 대한민국 부동산은 많은 변화가 예상된다. 한국경제가 글로벌경제의 중심에 서 있듯이 우리 부동산도 글로벌시장과의 동조화가 심화된다. 따라서 우리 부동산의 과거만을 통해 부동산의 미래 흐름을 예측하는 것은 맞지 않는다. 글로벌 부동산 흐름도 함께 참고하여 미래의 부동산 흐름을 예측해야 할 것이다.

02.

변화는 위기를 동반하지만 위기는 항상 기회다

━━━ 결론부터 말하자면?

변화는 위기를 동반하지만,
노력하면 위기가 기회가 된다.

변화는 위기와 기회를 동반한다

변화는 위기를 동반하고, 위기는 기회를 제공한다. 위험이자 기회인
변화는 누군가에게는 위기일 수 있으나 누군가에게는 기회가 된다.
변화는 변동성이 커진다는 의미고, 변동성이 커진다는 것은 불확실
성 즉 위험이 커진다는 의미다. 위험이 커지면 사람들은 기회를 잡기
가 어렵다. 위험에 대한 두려움 때문이다. 부동산은 고가여서 투자에
두려움을 갖는 것은 너무나 당연하다. 부동산시장이 냉각되면 언론
과 전문가들은 부정적인 전망을 마구 쏟아낸다. 그런 상황에서 부정
적인 생각을 갖지 않을 수 없으므로 대부분은 기회를 잡기 어렵다.

　일부 전문가는 '부동산투자는 투자 타이밍을 잡는 것이 성공 투자
의 지름길'이라고 한다. 과거 소외지역 아파트를 싼 가격에 매수해서
불과 몇 년 만에 200~300%의 수익을 내는 일도 있었다. 이런 경우도

매수 타이밍을 잘 잡았다고 할 수 있을 것이다. 지금이 바로 그런 시기가 아닌가 싶다. 장기간 지속하는 전방위적 규제로 가격조정을 받는 지금이 괜찮은 지역의 좋은 아파트를 골라 비교적 싼 가격에 매수할 기회다. 다만, 철저하게 가치 위주의 투자를 해야 한다.

투자 비법은 싸게 사는 것, 하지만?

투자의 목적은 이윤추구다. 부동산투자를 통해 돈을 버는 비법은 싸게 사는 것이다. 싸게 사면 시장상황이 바뀌어도 수익을 낼 수 있다. 하지만 싸게 사는 것이 말처럼 쉽지는 않다. 싸게 살 기회는 대부분 위험을 동반하기 때문이다. 시장에 위험이 커지면 시장 참여자들은 가격이 끝없이 내린다고 생각한다. 모두가 안 된다고 생각하기 때문에 투매가 나온다. 그럴 때가 가격이 가장 쌀 때다. 그런 상황에서 과감하게 투자한다는 게 쉽지 않다. 시장이 냉각되면 언론과 전문가는 부정적인 전망을 쏟아낸다. '집에 대한 소비자의 인식이 소유에서 사용 개념으로 바뀌었다' '전세가가 상승하는 것은 집을 안 사기 때문이다' '부동산 불패신화는 깨졌다' 등의 언론보도와 전문가 의견이 쏟아지면 겁에 질린다. 이런 부정적인 심리가 지배적일 때 투자에 나서기란 정말 쉽지 않다.

많은 전문가는 '남들이 다 팔 때 사는 건 쉽지 않고, 반대로 남들이 다 살 때 팔거나 사지 않기도 어렵다'라고 말한다. 투자는 대상보다 시점이 중요하다는 의미다. 맞는 말이다. 적어도 지금까지는 그랬으니까. 그러나 앞으로는 다르다. 투자 시점보다 대상, 대상보다 지역이 더 중요하다. 변화가 크면 부동산 흐름도 바뀐다. 앞서 본 것처럼 2000년대에 들어와 경제·사회적인 변화로 부동산 흐름이 바뀌기 시작했다. 문재인 정부 출범 이후 달라진 경제정책과 부동산정책으로 변화에 가속도가 붙었다. 설상가상으로 인구감소 속도가 가팔라지면서 '지방소멸' 현상이 갈수록 심화된다.

경제, 인구, 정부 정책 등 부동산환경이 바뀌면 시장흐름도 당연히 바뀐다. 저성장·저소득 및 소득 양극화 확대로 부동산 흐름이 바뀌고, 인구감소 및 인구구조 변화에 의해서도 부동산시장이 바뀌며, 정부 정책에 의해서도 바뀐다. 따라서 과거와 같은 방법으로 투자에 나서면 실패하기 쉽다. 그 변화를 읽을 수 있어야 기회를 잡을 수 있다. 그러나 복합재화인 부동산은 여러 가지 요인에 의해 변하기 때문에 그 흐름을 읽는 것이 말처럼 쉽지 않다.

부동산 변화의 시그널을 찾아라

저출산 고령화와 같은 인구변화는 피할 수 없는 변화다. 하지만 살펴보면 기회도 제공한다. 바로 가구분화에 따른 부동산시장의 변화다. 인구감소 문제에도 불구하고 가구수는 오히려 증가하기 때문에 부동산시장에 많은 변화를 가져온다. 대형주택 중심시장이 소형주택 중심시장으로 바뀌고, 수익형 부동산시장이 확장되며, 시장 차별화(양극화)가 확대된다. 이런 부동산시장의 변화는 새로운 수요를 창출한다. 따라서 기회다. 또 하나 중요한 변화는 글로벌 부동산시장 동조화 현상이다. 한국경제가 글로벌경제의 중심에 서 있듯이 부동산시장도 글로벌 시장과 동조화 현상이 갈수록 뚜렷해지고 있다. 2018년 IMF에서 발간한 보고서에 따르면 글로벌 부동산가격 동조화가 빨라지는 것으로 조사되었는데, 특히 선진국 주요 도시의 주택가격 동조화가 더욱 빨라지는 것으로 나타났다. 우리나라는 이웃나라 일본과 경제, 인구, 부동산 등 여러 면에서 유사점이 많다. 따라서 일본의 과거와 현재를 살펴보면 미래의 부동산 흐름을 판단하는 데 도움이 될 것이다. 이런 점들을 염두에 두고 부동산 변화의 시그널을 광범위하게 찾아야 한다.

거스를 수 없는 대세, 양극화

● 결론부터 말하자면?

사회 · 경제적인 변화에 의한 양극화의 확대로 양극화는 거스를 수 없는 대세다.

양극화는 거스를 수 없는 대세다

요즘 부동산시장의 최대 화두는 양극화고, 양극화는 어느새 거스를 수 없는 대세가 되었다. 부동산이 오르는 지역과 내리는 지역이 극명하게 갈리는 양극화 현상이 점점 고착되고 있기 때문이다. 80~90년대 연 8%대의 높은 경제성장에 힘입어 계속 우상향하는 흐름을 보이던 부동산은 2000년대부터 일부 지역만 가격이 오르고 여타지역은 가격이 내리는 양극화 현상이 발생했다. 우리 경제가 생각보다 빨리 고도성장시대를 마감하고 저성장의 늪에 빠지자, 가계의 가처분소득 감소, 소득 양극화 확대, 저출산 고령화에 의한 인구구조 변화 등의 영향으로 부동산은 일부 지역은 가격이 오르고 나머지 지역은 가격이 정체되거나 하락하는 시장 차별화(양극화) 현상이 극명하게 나타났다.

정부 정책이 양극화에 가속도를 붙였다

진보정권인 문재인 정부는 보수정권이 사용하던 시장경제 원리에 따른 경제정책을 버리고 정부가 주도하는 '소득주도성장'을 임기 절반을 넘긴 현재까지 고수하고 있다. 하지만 경제성장률 하락, 고용 감소, 가계소득 감소, 소득 양극화라는 참담한 결과를 가져왔다. 통계청이 지난해 11월에 발표한 '2019년 3분기 가계동향조사 결과'에 따르면 지난해 3분기 2인 이상 가구의 월평균 소득은 2018년 3분기보다 다소(2.7%) 증가했지만, 소득별로 보면 근로소득과 이전소득은 늘어난 반면 사업소득과 재산소득은 큰 폭으로 감소했다. 특히 3분기 사업소득은 2018년 동 분기보다 -4.9% 감소해, 2018년 4분기(-3.4%) 이후 4분기 연속 감소했다. 이는 2003년 가계동향조사 집계 이후 사상 최대의 감소폭이다. 한편 지난해 가장 소득 수준이 낮은 1분위(하위 20%)의 균등화 처분가능소득은 999만 원인데 비해 가장 소득이 많은 5분위(상위 20%)는 6,534만 원으로 상위 20% 계층과 하위 20% 계층의 소득격차를 나타내는 균등화 처분가능소득의 5분위 배율은 6.54배로 여전히 높다.

이처럼 문재인 정부의 경제정책은 소득 양극화 확대를 가져와 결과적으로 부동산 양극화의 촉매제 역할을 했다. 또한 문재인 정부는 시장체제를 외면하고 규제로 집값을 누르는 반(反)시장정책을 임기 절반을 남긴 현재까지 고수하고 있다. 하지만 정책 목표인 서울(강남) 집값은 오히려 폭등하고 지방의 집값은 하락했으니, 문재인 정부의 부동산정책이 양극화에 가속도를 붙인 셈이다.

부동산114에 따르면 8·2대책 발표 전인 2016년 8월~2017년 7월까지 1년 동안 아파트 매매가격 상승률은 수도권 3.12%, 지방이

0.10%였다. 그러나 대책 발표 후인 2017년 7월~2018년 7월까지 1년 동안 수도권 아파트 매매가격은 2.62% 상승했지만 지방은 −2.59% 하락한 것으로 나타났다. 특히 경기도를 제외한 지방 8개 도의 아파트 매매가격은 −4.55%나 하락했다.

8·2대책 전후 아파트 매매가격 상승률 변화

구분	수도권	지방	8개 도
8 · 2대책 전 1년	3.12%	0.10%	0.20%
8 · 2대책 후 1년	2.62%	−2.59%	−4.55%

자료: 부동산114

2018년 10월 국토교통부와 한국감정원이 국회 국토교통위원회(민경욱 의원)에 제출한 '각 정부별 초기 2년 전국 시도별 아파트가격 변동률' 자료를 분석한 자료를 봐도 문재인 정부 출범 이후 수도권 집값은 5.72% 증가했지만, 비수도권의 집값은 2.79% 떨어진 것으로 나타났다. 서울아파트 매매가격은 12.58% 올랐는데, 이는 같은 기간 노무현 정부 시절(9.06%)보다 더 높았고, 이명박 정부(5.86%), 박근혜 정부 시절(0.69%)과 비교하면 압도적인 증가세다. 반면 비수도권은 하락세가 지속되고 있다. 경남은 2018~2019년 10.14%가 떨어졌고, ▲울산 8.97%, ▲경북 8.17%, ▲충북 6.21%, ▲충남 6.15% 등 비수도권 아파트가격은 대폭 하락했다.

9 · 13대책 이후에도 양극화 기조가 바뀌지 않은 것은 문재인 정부의 주택정책이 양극화에 가속도를 붙였다는 방증이다. 이유가 뭘

까? 문재인 정부가 다주택자를 투기의 주범으로 보고 강력한 압박, 즉 2주택 이상 보유자는 주택 처분 시 양도차익에 대한 기존세율(6~38%)보다 높은 중과세율(2주택자 50%, 3주택자 60%)을 적용하자, 일부 다주택자들이 주택을 처분해 소수의 고가 아파트에 투자하는 이른바 '똘똘한 한 채'를 구입했다. 그 영향으로 서울과 수도권의 집값은 오르고 수도권 외곽이나 지방의 집값은 떨어졌다. 이런 양극화는 갈수록 심화될 것이며, 문재인 정부 이후 진보나 보수 중 어떤 정권이 들어서도 양극화 기조는 바뀌지 않을 것이다. 인구의 도시 집중화 현상을 비롯한 양극화 요인이 너무 많기 때문이다.

인구의 도시 집중화, 그리고 지방소멸

인구의 도시 집중화는 우리나라를 비롯한 전 세계적인 현상이다. 교육, 환경, 인프라 등이 잘 갖춰진 것이 도시 집중화의 원인이지만 가장 큰 이유는 일자리 문제다. 사람들은 일자리가 많은 도시로 이주한다. 특히 20~30대 청년계층은 양질의 일자리가 많은 서울과 수도권으로 이주하고, 수도권이 아닌 지역에 살더라도 호남에 살면 광주로, 영남에 살면 부산이나 대구 등 거점 도시로 이주한다. 국토교통부와 한국토지주택공사(LH)가 발표한 '2018년 도시계획현황 통계'를 보면, 우리나라 주민등록상 총인구 5,182만 명 중 91.8%에 해당하는 4,759만 명이 전체 국토면적의 17%에 불과한 도시에 몰려 사는 것으로 나타났다. 인구가 도시로 몰려들기 때문에 양극화가 확대된다.

인구의 도시 집중화가 '지방소멸' 문제와 맞물려 있는 것도 문제다. 지난해 한국고용정보원은 '전국 시군구 및 읍면동 10곳 중 4곳은 저출산 고령화로 인한 인구감소로 소멸할 위험에 처해 있다'라는 보고서를 발표했다. 우리나라에서 지방이 사라진다는 충격적인 보고서다. 20~40대 청년계층이 일자리를 찾아 도시로 떠나는 것이 '지방소멸'의 가장 큰 원인이다. 소멸위험지역은 '한 지역의 20~39세 여성 인구수를 해당 지역의 65세 이상 고령 인구수로 나눈 값(소멸위험지수)이 0.5 미만인 지역'이다. 즉 가임여성 인구수가 고령자 수의 절반이 안 되는 지역을 말한다. 이런 지역은 인구감소로 공동체가 붕괴돼 사라진다는 것이다. 이런 양극화는 경제, 인구, 정책 등 광범위한 영향에 의해 벌어지기 때문에 '양극화는 거스를 수 없는 대세'다.

서울·수도권 투자가 해답일까?

그렇다고 해서 무조건 서울·수도권에 투자하는 것이 해답은 아니다. 양극화가 수도권과 지방에서만 벌어지는 것이 아니고 서울지역 내에서도 발생하고 있기 때문이다. 지난해 1년 기준, 서울 강북의 아파트 평균 매매가격이 4억 6,403만 원에서 5억 3,369만 원으로 115% 상승했다. 그러나 강남은 7억 4,827만 원에서 9억 28만 원으로 120% 상승했다. 이로 인해 2017년 6월부터 2018년 6월까지 1년 동안 강북과 강남 간의 아파트 평균 매매가격 차이가 1.61배에서 1.68배로 커졌다. 이처럼 같은 지역 내에서도 양극화가 발생하기 때문에 서울·수도권이나 광역 대도시에 무조건 투자하는 것이 해답이 될 수는 없다. 복합재화인 부동산은 종합적인 분석이 필요하므로 이번 장에서 변화의 시대, 부동산 흐름과 투자 트렌드 변화를 상세히 살피려고 한다.

저금리와 고령화로
운영수익에 관심이 커진다

━━━ 결론부터 말하자면?

금리 · 정책, 경제 · 사회적인 변화로
수익형 부동산시장이 확대된다.

저금리와 고령화로 운영수익에 관심이 커진다

경제 · 사회적 변화는 대형아파트 중심시장을 소형아파트 중심시장으로 바꿔놓았고 운영(임대) 시장을 확장시킨다. 2000년대 중반까지 시장을 주도하던 대형아파트는 가격이 하락하고 환금성이 떨어져 애물단지로 전락한 반면, 환금성이 뛰어나고 가격도 꾸준히 상승하는 중소형아파트(85㎡ 이하)가 그 자리를 대신한다. 인구감소 문제에도 불구하고 가구수는 오히려 증가하는 인구구조의 변화와, 저금리로 인한 운용수익에 관한 관심이 커지면서 임대(월세) 시장이 확장되었다. 독신가구의 폭발적인 증가로 원룸수요가 증가하고, 저금리와 고령화로 수익형 부동산이 인기다. 우리나라는 아직 보편적 복지 차원에서 노후복지가 완전하지 않기 때문에 국민연금만으로 생활이 안되는 은퇴세대가 부족한 노후생활비 마련을 위해 수익형 부동산에 투자한다. 금리가 낮아서 은행예금 이자로 생활비를 마련하기가 어렵고, 정부의 강력한 부동산 규제로 매매시장 투자가 어려워지자 갈 곳 잃은 자금이 수익형 부동산으로 몰린다. 또 소득감소로 미래가 불안한 가계가 꼬박꼬박 월세를 받는 원룸에 투자한다.

이처럼 운용수익에 관한 관심이 높아지면서 대표적인 수익형 상품인 오피스텔에 투자가 몰린다. 일부 지역은 청약경쟁에서 아파트를 앞질렀다. 금융결제원의 자료에 의하면 2018년 6월에 분양한 분당의 오피스텔 청약경쟁률은 57:1로 마감했고, 같은 해 7월 분양한 부천의 오피스텔은 무려 126.29:1을 기록했다. 반면 같은 해 아파트 청약경쟁률을 보면 수도권은 13.88:1을 기록했으나 전국은 13.2:1에 불과했다.

저금리와 고령화로 원룸시장이 확장된다

이처럼 수익형 부동산에 관심이 높아진 것은 저금리와 인구구조의 변화, 고령화가 원인이다. 우리나라 독신가구 증가(27.2%) 속도는 공급량을 추월할 정도로 빠르다. 독신가구 대부분이 20~30대 청년층이라 '원룸'을 구입할 수 있는 능력이 부족해 보증금을 내고 월세를 내는 조건으로 임차한다. 은퇴세대와 저소득계층은 부족한 생활비 마련을 위해 '원룸'에 투자하기 때문에 수요·공급이 맞아떨어진다. 그 결과 도심역세권, 대학교 인근, 공단 및 벤처단지 주변 등의 지역에 원룸이 대량 건설되었다. 일부에서 과잉공급이라고 지적할 정도로 공급물량이 증가했음에도, 수요가 꾸준히 증가해 원룸시장은 불황을 모른다.

우리나라의 독신가구 비율이 빠르게 증가하고 있지만, 통계를 보면 독신가구 비율이 선진국 수준에 미치려면 아직 멀었다. 앞으로도 상당 기간 독신가구는 증가할 것이며, 공급 또한 증가할 것으로 전망된다. 688만 명에 이르는 베이비붐 세대(1955~1963년생)의 은퇴가 본격화되면서 은퇴세대의 투자가 증가할 것이다. 소득감소로 미래가 불안한 가계가 꼬박꼬박 월세를 받기 위해 원룸에 투자할 것이기 때문이다. 원룸에 대한 수요·공급 확장으로 원룸시장의 호황은 상당 기간 지속할 것으로 전망된다.

그리고 지금껏 경험하지 못한 1%대의 기준금리가 수익형 부동산에 관심을 두게 하는 또 하나의 요인이다. 과거에는 전세를 끼고 부동산을 매입해 시세차익이 발생하면 자기자본 투자가 적어서 수익률이 높았지만, 정부의 고강도 부동산대책으로 매매차익을 얻기가 어려운 지금은 전세형 부동산 상품에 투자할 이유가 없다. 따라서 자연스럽게 임대수익이 발생하는 상품에 관심이 쏠리게 된다. 위치가 괜찮은 지역에 오피스텔, 다세대 등 수익형 부동산을 구입하면 안정적으로 월세를 받을 수 있고 나중에 시세차익까지 노려볼 수 있다.

바뀐 정책이 월세형 수요를 촉진한다

문재인 정부의 달라진 부동산정책이 수익형 부동산의 인기를 부추겼다. 과도한 규제가 전세형 부동산 수요를 줄이고 월세형 부동산 수요를 늘렸다. 문재인 정부가 다주택자를 투기의 주범으로 보고 강력한 압박(양도소득세 중과세율 적용)을 가하는 바람에 시세차익 목적의 투자가 어려워졌다. 정부가 다주택자들에게 주택임대사업자 등록을 압박하자 자연스럽게 시세차익보다 임대수입 쪽으로 바뀌게 되었다. 임대사업자로 등록하면 매년 5% 이상의 임대료 인상이 제한되므로 갭 투자를 하기도 어렵다. 그래서 꼬박꼬박 월세를 받다가 나중에 시세차익도 노려볼 수 있는 수익형 부동산투자를 선호한다.

은행의 예금이자보다 임대수익률이 월등히 높은 것도 수익형 부동산투자를 촉진하는 요인이다. 부동산114에 따르면 2018년 기준으로 전국 오피스텔 수익률은 5.15%인데 기준금리는 1.50%로 수익률 차이는 3.65%나 된다. 은행예금 이자나 채권투자 수익으로 생활비 마련이 어려운 은퇴세대가 오피스텔에 투자하는 것이다. 통계청에 따르면 50~59세의 남성이 노후에 대비하기 위한 수단으로 가장 많이 활용하고 있는 것은 국민연금(47.2%)이다. 그러나 OECD(2009)에 의하면 우리나라 남성의 연금 소득대체율, 즉 은퇴 전 소득에 대한 연금소득의 비율은 42.1%에 불과해 노후생활비 충당에 턱없이 부족한 것이 사실이다. 따라서 은퇴세대가 노후생활비 확보를 위해 기존주택을 줄여 수익형 부동산을 구입하는 것이다. 여러 이유로 수익형 부동산시장은 확장세를 이어갈 것으로 전망된다.

05.

중소형아파트 중심시장이
계속된다

━━━ 결론부터 말하자면?

라이프스타일 변화에 의한 인구구조 변화로
대형아파트 몰락,
중소형아파트 약진은 계속된다.

대형아파트의 몰락, 중소형아파트의 약진은 계속된다

2000년대 초반부터 약 10년 동안 시장을 주도하던 대형아파트는 몰락하고 중소형아파트가 시장을 주도한다. 2000년대 초중반 집값 폭등을 이끌었던 대형아파트는 애물단지로 전락하고, 가격이 꾸준히 상승하고 환금성이 뛰어난 중소형아파트가 그 자리를 대신하는 것이다. 신규아파트도 중소형이 주로 공급되고, 대형아파트 공급은 미미하다. 필자는 지난해 '대형아파트의 가치는 재평가될 수 있나, 가치가 재평가될 유망지역은 어디인가?'라는 질문을 많이 받았다. 이 질문에 대해 책《그래도 부동산이 돈이 된다》에서 이렇게 답했었다.

"현재 대형아파트 가격이 전고점을 회복한 지역은 강남3구와 용산, 이촌 등 한강벨트선상의 핵심지역뿐이며, 앞으로 대형아파트 가치가 재평가될 수 있는 지역은 용인시가 경제신도시(플랫폼시티)를 추진하는 구성역(GTX용인역) 주변 보정·마북·신갈동 일대와 과천, 판교 등뿐이고 그 외의 지역은 가치 재평가가 쉽지 않다."

최근엔 '대형아파트 몰락, 소형아파트 약진 장세는 언제까지 계속될까? 대형과 중소형 중 어떤 아파트를 사야 할까?'라는 질문을 자주 받는다. 이런 질문에 대해 필자는 '중소형아파트 중심시장은 계속된다. 중소형아파트를 사라'고 주저 없이 답한다. 이렇게 대답하는 것은 사회적인 변화(라이프스타일 변화)에 의한 가구분화로 주택시장도 변화될 것이기 때문이다. 실제로 인구구조 변화 및 가구분화로 인하여 주택수요가 대형에서 중소형으로 이동하고 있다.

라이프스타일 변화가 주택시장의 패러다임을 바꾼다

성공적인 투자를 하려면 부동산 흐름을 잘 파악해야 한다. 시세차익 목적의 투자는 물론이고 운영수익 목적의 투자도 마찬가지다. 장기간이 필요한 임대(월세) 목적 투자는 반드시 부동산 흐름을 꼼꼼하게 살펴야 한다. 부동산 흐름을 파악하는 데는 주택통계 등 다양한 자료가 필요하지만, 라이프스타일 변화도 살펴야 한다. 라이프스타일이 바뀌면 주거형태도 바뀌기 때문이다. 결혼과 이혼 등으로 가구는 합치기도, 분화되기도 한다. 인구구조 변화의 근본 원인은 저출산 고령화다. 그러나 가구분화는 미혼, 이혼, 졸혼 등 라이프스타일 변화의 영향이 크다. 90년대 이후 초혼연령이 높아졌다. 2017년 통계청 산하 기관이 분석한 자료에 의하면 2010~2015년에 결혼한 집단의 초혼연령은 29.4세로 조사됐다. 초혼연령이 높아지는 현상은 우리나라뿐만 아니라 전 세계적인 현상이다. 미국의 초혼연령도 남성 29.5세, 여성 27.4세로 나타났다.

초혼연령이 높아지면 주택시장에 어떤 영향을 미치게 될까? 우선 1인 가구로 남아있는 기간이 길어지기 때문에 월세를 받는 임대사업자에게는 긍정적인 요인이다. 1인 가구는 주택을 월세로 임차하는 경우가 많은데, 이들이 머무는 기간이 길어지면 임대기간도 길어진다. 또한 결혼해도 아이를 낳지 않는 무자녀 계층이 갈수록 증가하고 있는데 이런 형상도 임대사업자에게는 긍정적이다. 자녀가 없으면 가구원수가 증가하지 않아 소형주택에 머무는 기간이 길어지기 때문이다.

인구구조 변화로 중소형아파트 약진이 계속된다

우리나라는 미혼, 이혼, 졸혼 등 라이프스타일 변화로 인구감소 추세에도 불구하고 가구원수는 감소하고 가구수는 증가한다. 통계청의 장래가구추계(2015~2045)에 의하면 1~2인 가구가 전체 가구의 절반을 넘어선 53.3%(2015년)로 나타났다. 1980년 4.5명이던 평균 가구원수는 2018년 2.4명으로 줄어들었고, 1인 가구는 1985년 전체 가구의 6.7%에서 2015년 27.2%로 대폭 증가했다. 이런 인구구조 변화가 주택수요에 변화를 가져온다. 우선 가구원수가 줄어들면 대형주택이 필요 없는 세대는 중소형주택으로 이동하게 된다. 그리고 소유보다 사용(임대)을 더 선호하는 현상이 발생한다. 따라서 중대형아파트 수요는 감소하고, 중소형아파트 수요는 증가한다. 그리고 임대수요 증가로 수익형 부동산시장이 확장된다. 실제로 우리나라 평균 가구원수는 2000년 3.1명에서 2018년 2.4명으로 줄어들었다.

가구원수가 줄어들면 대형아파트 수요는 감소한다. 우리나라 가구당 주거면적은 전국 평균 69.4㎡(2018년 기준)이다. 그런데 서울·수도권에는 전국 평균 주거면적의 2~3배가 넘는 중대형아파트가 너무 많이 공급되었다. 2000년대 초중반 부동산광풍을 일으키면서 서울·수도권에 집중적으로 건설된 중대형아파트는 라이프스타일 변화에 의한 가구분화로 수요가 급감하면서 아직도 많은 지역에서 분양가 또는 전고점을 회복하지 못하고 있지만 중소형아파트 약진은 계속되고 있다.

06.

주택시장 및
주거 트렌드 변화

━━━ 결론부터 말하자면?

사회 · 경제적인 변화와 신구세대의 교체로
주택시장과 주거 트렌드가 변화한다.

투자에 성공하려면 부동산 흐름을 정확히 읽어라

성공투자의 전제조건은 부동산 흐름을 정확히 읽는 것이다. 부동산 흐름을 정확히 파악하려면 주거 트렌드 변화를 읽어야 한다. 저성장 · 저소득, 저출산 고령화와 같은 경제 · 사회적인 변화로 주거 트렌드가 바뀌고 투자 패러다임도 바뀐다. 부동산은 단기투자가 불가능하다. 짧아도 2~3년, 보통은 4~5년, 길게는 10~20년이 걸릴 수도 있다. 따라서 미래 부동산 흐름을 읽어야 투자에 성공할 수 있다. 그러나 미래 부동산 흐름을 정확히 읽는다는 게 말처럼 쉽지 않다. 평생 주택사업 외길을 걸어온 필자 역시 미래 부동산 흐름을 예측하는 게 쉽지 않아서 늘 책을 읽고 각종 자료를 검색하면서 감각을 유지하려고 노력한다.

이 대목에서 떠오르는 것이 있다. 바로 2016년 주택산업연구원이 발표한 '2025 미래주택시장 트렌드' 조사보고서다. 서울·수도권에 거주하는 만 25~64세를 대상으로 설문조사한 내용인데 대단히 흥미롭다. 서울·수도권에 거주하는 사람들이 집을 고를 때 가장 중시하는 것은 쾌적성(35%), 교통 편리성(24%), 생활 편리성(19%), 교육환경(11%), 직주근접(7%), 기타(4%) 순으로 나타났다. 그런데 이 보고서의 핵심인 '미래 주거 트렌드 변화'가 필자의 생각과 비슷한 점이 많아서 더 흥미롭다.

이 보고서가 분석한 '2025년 미래 7대 주거 트렌드'는 ① 베이비붐 세대에서 에코붐 세대로 본격 수요교체, ② 실속형 주택, ③ 주거비 절감 주택, ④ 주택과 공간기능(주거)의 다양화, ⑤ 자연주의 '숲세권' 주택, ⑥ 첨단기술을 통한 주거가치 향상(스마트), ⑦ 월세 시대(임대산업 보편화)였다. 필자가 2000년대 초, 동 연구원의 이사를 재임한 바 있어서 동 연구원의 인재풀과 연구시스템을 잘 알기 때문에 주택분야에 관한 조사·연구 내용은 주택산업연구원의 결과를 신뢰한다. 혹자는 주택산업연구원은 주택업체(대한주택건설협회)들이 출연해서 만든 연구기관이라 믿음이 덜 간다고 하지만, 오해고 편견이다. 주택사업은 큰 자금(수십, 수백, 수천억 원)이 필요하므로 한 번의 실패에도 회사가 망할 만큼의 충격을 받아 더 냉정한 시각으로 시장을 연구·분석한다.

신구 세대교체에 의한 주거 트렌드 변화

이 조사에 의하면 베이비붐 세대는 쾌적성을 가장 중요하게 생각하는 반면, 자녀세대인 에코붐 세대는 직주근접, 학군을 우선시하는 경향인 것으로 나타났다. 하지만 전체적으로 보면 쾌적성이 미래 주거 트렌드를 주도하는 첫 번째 요인이라는 것이다. 물세권, 숲세권 등 쾌적한 자연환경이 가까운 주거지는 외곽에 위치하는 경우가 많아 베이비붐 세대는 도시 외곽으로 이동하고, 맞벌이부부가 많은 에코 붐 세대는 도심지로 주거지를 이동하려는 경향이 많은 것으로 나타 났다.

실제로 에코붐 세대는 업무지구와 접근성이 좋은 지역에 많이 거 주한다. 통계청 분석 자료에 의하면 거주민 중 에코붐 세대의 비중이 가장 높은 지역은 관악구(30.4%), 마포구(26.7%), 광진구(26.4, 영등포 구(26.3%), 강서구(26.1%), 동작구(25.8%), 성동구(25.4%) 순으로 나타 났는데, 모두 업무지구 또는 대학교와 가깝다. 에코붐 세대는 부모세 대와 달리 자신의 생활권으로 집적되는 다양한 편의시설을 슬리퍼를 신은 편안한 복장으로 이용하는 패턴을 좋아한다. 따라서 '맥세권' '편 세권' '슬세권'처럼 편익시설이 갖춰진 곳을 주거지로 선호한다.

30~40대 에코붐 세대의 라이프스타일은 사회경제 변화에 민감하 고 자기만족적이며 합리적인 소비성향을 가진 실속형이다. 가성비도 중시해 주택에서도 가성비가 좋은 전용 60㎡ 이하 소형아파트를 선 호한다. 그래서 청약시장에서 전용 60㎡ 이하 소형평형에 대한 선호 도가 대단히 높다.

부동산114 자료에 따르면, 지난해 8월까지 아파트 총매매 거래 건수(28만 8,070건) 가운데 전용 60㎡ 이하 소형아파트 거래 건수는 42.16%(12만 1,460건)에 달했다. 분양시장도 마찬가지다. 금융결제원 에 따르면, 지난해 9월 서울 송파구 거여동 '송파 시그니처 롯데캐슬' 은 전용 59㎡ A타입에서 평균 420.55 대 1이라는 최고 경쟁률이 나왔 다. 그리고 지난해 1월 대구 동구 신암동에 공급된 전용 59~84㎡ 위주의 '동대구 에일린의뜰'도 전용 59㎡ A타입이 41.08 대 1이라는 경쟁률을 기록했다. 이렇게 소형평형 선호도가 높은 것은 청년세대가 적극적으로 청약에 가담하고 또한 '주거 트렌드가 가성비를 중시하는 방향으로 변화'하면서 소형아파트 수요층이 두꺼워졌기 때문이다. 주거비 부담이 적은 주택에 점점 관심이 높아지는 것이다. 주택산업연구원 설문조사에서도 경제 저성장, 고령인구 증가 등으로 관리비 등 주거비에 대한 부담이 커진다는 응답이 많았다. 미래에 주거비 부담이 적은 주택을 선호하겠다는 응답이 83.3%였고, 주거비를 줄이기 위한 에너지생산 주택의 필요성에 대한 응답도 78.5%로 높아서 가격 대비 성능이 좋은 신축주택를 구매하고 싶어 하는 것으로 나타났다.

세대에 따른 주거 규모의 확대 & 축소

여기서 더 눈여겨봐야 할 대목이 있다. 바로 생애주기와 미래소득에 따라 주거규모가 확대 또는 축소된다는 점이다. 현재 20대 말~40대 초인 에코붐 세대는 아직 독신세대가 많고 소득도 높지 않아 60㎡ 이하 소형평형을 선호한다. 하지만 에코붐 세대가 나이가 들면서 소득이 증가하고 결혼하고 아이를 낳아 기르게 되면 주택규모를 확대하게 될 것이다. 주택산업연구원 조사에서도 에코붐 세대의 56.6%가 주택규모를 확대할 계획을 세우고 있는 것으로 나타났다. 반면 베이비붐 세대의 39.2%는 주택규모를 축소할 계획을 세우고 있는 것으로 나타났다. 따라서 전용 60~85㎡를 기준으로 Up&Down이 계속될 것으로 예상된다.

실속형인 에코붐 세대는 규모는 작지만, 기능은 중대형 수준을 요구할 것이다. 그다음으로 관심이 높은 것은 주택기능의 가치향상이다. 즉 주택과 공간기능의 다양성을 원하는 것이다. 청년세대의 라이프스타일이 집은 작아도 여유 있는 삶을 추구하는 쪽으로 변화되면서 개인이 소비하는 주거공간은 휴식 외에 비즈니스, 미팅, 파티 등 다양한 요구에 따른 변경이 가능해야 하며, '자신만의 주거공간 스타일링'에 대한 요구는 더욱 증가할 것이다. 설문조사에서도 공간 변형을 원하는 것으로 나타났다. 베이비붐 세대는 거실의 확대를, 에코붐 세대는 개인공간 확대를 요구한다. 특히 40대는 나만의 공간 스타일링을 원한다. 예를 들면 가구의 기능적 변신 필요성을 요구하는 응답자가 76.5%나 되었다.

주거환경은 자연주의 쾌적성이 중요하다

이 설문조사에서 쾌적성만큼이나 여전히 역세권도 중요시하는 것으로 나타났다. 에코붐 세대는 교통의 편리성＞교육환경＞생활편의시설＞쾌적성＞직주근접 순으로 선호하는데, 베이비붐 세대는 쾌적성＞교통의 편리성＞생활편의시설 순인 것으로 나타났다. 저성장·저소득 기조가 장기화하면서 여유 없는 삶과 첨단화 속에서 그 무엇으로도 대체할 수 없는 자연과 휴식공간을 더욱 원하기 때문에 미래의 주거지 선택은 녹지와 공원 등을 고려하는 쾌적성(숲세권)이 가장 중요하게 고려된다.

이상 살펴본 것처럼 경제, 사회, 인구, 문화 등의 변화에 따라 다가올 10년, 주거 트렌드에 많은 변화가 예상된다. 당연히 투자 트렌드도 바뀌어야 할 것이다.

07.

부동산 변화의 시대, 성공투자를 위한 방법

━━━ 결론부터 말하자면?

부동산 변화의 시대,
성공투자의 첫 번째 방법은 입지분석이다.

투자란 무엇이고, 투자 비법은 무엇인가?

투자의 목적은 이윤추구다. 하지만 투자해서 이윤을 남기는 건 말처럼 쉽지 않다. 투자의 귀재 워런 버핏은 투자는 '참을성 없는 개미로부터 인내심이 강한 투자자에게 자산을 옮겨주는 시스템'이라고 했다. 버핏은 소름 끼칠 정도로 냉철하다는 생각이 든다. 그는 또한 '평생 갖고 있지 못할 주식은 단 1초라도 보유하지 말라'라고도 했다. 얼핏 주식투자에만 해당한다고 생각할 수 있지만 필자는 부동산투자에 더 필요한 조언이라고 생각한다. 한국엔 주식투자로 부자가 된 사람보다 부동산투자로 부자가 된 사람들이 훨씬 많다. 그럼 부동산투자를 잘해서 돈을 많이 벌었을까? 아니다. 오래 눌러앉아 살았기 때문에 큰 재산이 된 것이다. 통계를 보면 삼성전자 주식이 부동산보다 비율적으로 훨씬 많이 올랐다. 하지만 삼성전자 주식에 투자해서 큰

돈을 번 사람은 많지 않다. 오래 보유하지 않고 사고팔고를 반복했기 때문이다. 갈수록 부동산환경이 급변하기 때문에 투자자가 가슴 깊이 새겨야 할 조언이라고 생각돼 이 얘기를 먼저 꺼낸다.

성공투자를 위한 입지분석 아홉 가지

앞서 본 것처럼 수요·공급 측면의 변화, 정부 정책 변화 등에 의해 부동산 트렌드가 바뀐다. 서울은 재건축과 신축이 트렌드이고, 수도권은 직주근접과 신축이 트렌드다. 부동산 트렌드가 바뀌면 투자 트렌드도 당연히 바뀌어야 한다. 부동산투자는 입지 선택이 70% 이상 성패를 좌우하기 때문에 입지 선택이 무엇보다 중요하다. 과거엔 교통, 신구 도심, 학군, 편익시설, 환경 등을 중심으로 입지분석을 했지만, 부동산환경이 급변하고 주거 트렌드가 변화되는 지금은 이전 방법으로 입지분석을 하면 투자에 성공하기 어렵다. 그래서 필자는 '성공투자를 위한 입지분석 아홉 가지 항목'을 소개하려고 한다.

첫 번째는 '일자리(직주근접)'에 대한 분석이다.

지금 부동산에 가장 크게 영향을 미치는 것은 일자리(직주근접)다. 잡 하우징 밸런스(일자리와 주택 수의 균형)가 높은 지역으로 수요가 몰리기 때문이다. 인구감소 추세가 가팔라지면서 우리나라도 이미 '지방소멸' 시대에 진입했다. 따라서 앞으로는 일자리가 있는 도시는 살아남고, 일자리가 없는 지역은 점점 사라질 것이다. 이런 '지방소멸' 현상은 일본을 비롯한 전 세계적인 흐름이다. 게다가 다가올 10년, 주택시장을 주도할 에코붐 세대(20대 후반~40대 초반)는 '직주근접'을 가장 중시하기 때문에 일자리가 있는 지역 또는 일자리가 있는 지역으로 접근하기 쉬운 지역에 주거수요가 증가할 것이다.

두 번째는 '구도심 · 신도심'에 대한 분석이다.

부동산학의 도시공간구조 이론을 보면 '점이지대(천이지대)는 CBD(Central Business District, 도심의 핵심부)를 둘러싸고 있는 불량한 주거지구를 말한다. CBD로부터 저급 주택지구, 중급 주택지구, 고급 주택지구 순으로 주요 교통노선을 따라 확대 배치된다'라고 했다. 이 말을 쉽게 설명하면 구도심은 기반시설이 열악하고 주거시설이 낙후 · 불량한 반면, 신도심(신흥개발지역)은 교통 기반시설과 주거시설이 훌륭하다는 뜻이다. 강북과 강남을 비교하면 쉽게 이해가 된다. 따라서 구도심인지, 신도심인지를 먼저 파악해야 한다.

세 번째는 '교통로와 접근성'에 대한 분석이다.

도시공간구조 이론처럼 우리나라 도시도 주요 교통로를 따라 발전했다. 강남이 비약적으로 발전할 수 있었던 것은 교통로와 접근성이 우수했기 때문이다. 남산에 터널을 뚫고 한강에 다리를 건설하고 바둑판처럼 가로망을 구성하자 불모지나 다름없던 강남이 상전벽해(桑田碧海)로 바뀌었다. 교통로가 우수한 분당, 판교, 용인, 수원은 크게 발전하는 반면, 우수한 교통로가 부족한 김포, 파주, 양주 신도시는 발전이 제한적이다.

네 번째는 수급상황에 대한 분석이다.

부동산가격은 수요와 공급에 의해 결정된다. 따라서 해당 지역의 수급상황이 어떤지를 분석해야 한다. 즉 수요가 증가하는지 하락하는지를 확인하고, 공급은 '신축' 공급인지 '재건축' 공급인지를 확인하고, 인근 지역에 대규모 공급이 있는지도 확인하여 향후 부동산가격이 어떤 흐름을 보일지를 분석해야 한다.

다섯 번째는 '인접지역과의 연계성' 분석이다.

한 지역(도시)의 발전은 인근지역과의 연계성이 중요하다. 그 지역 인근에 큰 도시가 있는지, 그 도시가 부촌인지 빈촌인지가 중요하다. 인근지역에서 유입되는 인구가 그 지역 발전에 미치는 영향이 크기 때문이다. 분당신도시와 일산신도시는 동시에 건설되었지만, 강남에서 부유층이 유입된 분당은 크게 발전한 반면, 강북 외곽에서 인구가 유입된 일산은 크게 발전하지 못했다. 일산의 아파트값은 분당 아파트값의 절반 정도다. 평촌, 산본 신도시는 인근의 안양시와 비슷하게 발전했고, 중동 신도시는 인근의 부천시와 비슷하게 발전했다.

여섯 번째는 도시계획의 확인 분석이다.

전국의 각 도시는 「국토의 계획 및 이용에 관한 법률」 및 「도시기본계획 수립지침」에 의거 10년 단위 '도시기본계획'과 5년 단위 '도시관리계획'을 수립 시행한다. 서울시 2030플랜(서울시도시기본계획)을 보면 서울시가 향후 10년 동안 어떤 방향으로 발전할지를 짐작할 수 있듯이, 해당 지역의 도시기본계획(마스터플랜)을 확인하면 해당 지역의 향후 10년 동안 도시발전 방향을 짐작할 수 있다.

일곱 번째는 교통계획의 확인이다.

교통은 무엇보다 지역 발전에 크게 영향을 미친다. 따라서 해당

지역 또는 해당 지역을 통과하는 교통계획을 필수적으로 확인해야
한다.

여덟 번째는 개발계획의 확인 분석이다.

통상적으로 개발계획이 있으면 해당 지역의 부동산값이 상승한
다. 그러나 개발계획의 내용에 따라 부동산에 미치는 영향이 다르므
로 개발계획을 구체적으로 확인하여 부동산에 미칠 영향을 분석해야
한다.

아홉 번째는 자연환경에 대한 분석이다.

환경오염이 급격히 증가하기 때문에 갈수록 주거지 인근의 자연
환경에 관한 관심이 높아진다. '숲세권' 같은 지역이 뜨는 것은 자연
환경에 관한 관심이 높다는 증거다. 특히 미래 주택시장의 주역인 젊
은층이 자연환경에 관심이 많으니 자연환경에 대한 분석도 반드시
해야 한다.

우리 부동산의 과거만을 통해
부동산의 미래 흐름을 예측하는 것은 맞지 않는다.
글로벌 부동산 흐름도 함께 참고하여
미래의 부동산 흐름을 예측해야 할 것이다.

3장

여전히
해답은
서울아파트다

왜 서울아파트가
해답인가?

━━━ **결론부터 말하자면?**

서울은 다양한 계층이 퍼즐처럼
시너지 효과를 발휘해 빈자, 부자 모두에게
기회의 땅이다.

서울은 인간생활의 기본요소를 모두 갖춘 유일한 지역

부동산투자는 부자만의 전유물이 아니다. 가난해도 부동산투자를 할
수 있고 단돈 천만 원만 있어도 가능하다. 실제로 요즘은 소자본 투
자로 '흙수저 인생'을 '금수저 인생'으로 바꾸겠다는 청년계층의 야심
찬 도전이 늘고 있다. 그런데 부자나 빈자, 모두 서울아파트를 1순위
투자대상으로 꼽는다. 왜 서울아파트일까? 한마디로 돈이 되기 때문
이다. 투자수익을 내기 좋은 상품으로 서울아파트만 한 게 없다. 그
럼 이유가 뭘까? 가장 큰 이유는 서울의 다양성과 역동성이다. 예전
엔 의식주가 인간생활의 기본적 요소였지만, 현대사회에서 인간이
인간다운 생활을 영위하기 위해선 직(職)·주(住)·식(食)·의(依)·학
(學)·의(醫)·낙(樂)이 있어야 한다. 이 모든 조건을 갖춘 지역은 '서
울'이 유일하다.

서울은 부자, 빈자 모두에게 기회의 땅이다

서울은 양질의 일자리를 비롯한 다양한 일자리가 가장 많고, 아파트를 비롯한 다양한 주택이 즐비하며, 각종 식자재가 넘친다. 화려한 패션이 거리를 아름답게 수놓고, 유·초·중·고·대학교가 적재적소에 위치하며, 세계적인 의료진과 의료시설을 갖춘 병원들이 요소요소에 있고, 체육·문화·예술·방송·공연 등 여가생활에 필요한 시설이 너무나 많다. 이처럼 서울은 인간생활에 필요한 요소를 모두 갖추고 있다. 그뿐만 아니라 다양한 계층이 상호조화를 이루며 공존공생하는 건강하고 역동적인 도시다. 서울은 강남 같은 부자마을이 있는 반면 낙후지역도 많고 빈민촌도 많다. 그런데 이런 다양한 계층이 퍼즐처럼 연결돼 계층 간 시너지 효과를 발휘하기 때문에 서울은 부자, 빈자 모두에게 기회의 땅이다.

부동산도 서울은 차별화된 다양한 지역으로 얽혀 있고, 가격도 천차만별이다. 그래서 부자는 부자대로, 빈자는 빈자대로 부동산투자가 가능하다. 자신의 자본 규모에 맞는 지역에 투자할 수 있고, 심지어 500~1,000만 원만 있어도 투자가 가능하다. 이를테면 1,000만 원으로 타인의 주택을 임대해 셰어하우스 또는 에어비앤비(도시민박업)를 운영할 수 있다. 집값이 비싼 강남에서도 셰어하우스 운영이 가능하고, 에어비앤비 역시 강남, 홍대, 광화문 등 핵심지역에 많다. 은퇴세대가 노후생활비 마련을 위해 투자하는 수익형 부동산도 서울이 절대적으로 유리하다. 수요가 많기 때문이다. 이처럼 서울은 부자, 빈자, 청년, 노년 관계없이 각각 형편에 맞게 투자할 수 있어서 사람과 돈이 몰린다.

한국감정원 부동산 통계에 의하면, 2017년 6월 강북아파트 평균

가격은 4억 2,700만 원이었는데 2019년에는 5월에는 6억 2,400만 원으로 상승했다. 같은 기간, 강남아파트 평균가격은 7억 원에서 9억 2,400만 원으로 상승했고, 서울아파트 평균가격은 5억 7,600만 원에서 7억 9,700만 원으로 상승했다. 따라서 같은 기간, 서울아파트 평균 상승률은 38.29%였다. 그런데 한강을 기준으로 이보다 높은 지역은 강북이 7개 구(용산구, 성동구, 동대문구, 중랑구, 노원구, 서대문구, 마포구)로, 강남 3개 구(강남구, 동작구, 영등포구)보다 많았다. 따라서 투자수익과 수익률도 당연히 강북이 강남보다 높았다. 이 통계에서 보듯이 서울은 꼭 고가의 강남아파트에 투자해야 돈을 벌 수 있는 것이 아니다. 자신의 자본금 규모에 맞는 다양한 지역에 투자할 수 있고, 투자를 잘하면 높은 수익도 가능하다.

그렇다고 해서 무조건 서울아파트에 투자하면 돈이 된다는 얘기는 아니다. 서울도 돈이 되는 지역이 있지만 그렇지 못한 지역도 많다. 그리고 앞에서 본 것처럼 다가올 10년, 부동산시장은 많은 변화가 예상된다. 가구분화(독신가구 증가)에 따른 부동산 변화는 불가피하지만, 아직은 인구가 증가하고 있으므로 다가올 10년은 인구감소가 부동산에 심각한 영향을 미치지는 않을 것이다. 따라서 경제가 지금보다 더 추락하지 않는다는 전제하에 다가올 10년은 수요패턴의 변화가 부동산에 가장 크게 영향을 미칠 것으로 예상된다. 즉 장년층(베이비붐 세대)과 청년층(에코붐 세대) 간 수요교체가 부동산에 미치는 영향이 클 것이다. 장년층과 청년층이 선호하는 주택이 다르기 때문이다.

청년층은 거주와 가치 모두를 중시한다

인구학에서 두 번째 집단인 청년층(18~45세)을 경제적 관점에서 보면 많이 벌어서 많이 쓰는 세대다. 자녀를 먹이고, 입히고, 잠자리를 제공하고, 학교에 보내야 하며, 생애 최초로 주택과 자동차를 구입한다. 그런데 지금의 청년층(에코붐 세대)은 부모세대의 경제적인 풍요 덕분에 대학까지 졸업한 고학력자가 많고 글로벌마인드를 가졌다. 이런 청년층은 집을 거주 개념으로 인식하면서도 가치를 중시한다. 청년층은 부모세대와 달리 '직주근접'과 '학군'을 우선시하고 '슬세권'이라 불리는 각종 편의시설이 갖춰진 지역을 선호한다. 이렇게 부모세대와 다른 성향을 지닌 청년층이 다가올 10년 부동산시장을 주도할 것이 거의 확실하므로 부동산에 많은 변화가 예상된다.

대부분이 고학력자고, SNS를 통해 다양하게 소통하는 청년층이 내 집 마련이나 재테크 목적으로 투자할 경우 다양한 정보를 통해 관심 물건에 대한 현재가치와 미래가치를 분석·판단하는데, 이때 절대적으로 필요한 것은 해당 지역의 도시기본계획(마스터플랜)과 도시관리계획이다. 도시기본계획은 10년 단위로 구상하는 상위계획이고, 도시관리계획은 5년 단위로 구상하는 하위계획으로 집행계획이다. 따라서 이 두 도시계획을 확인하면 해당 지역이 향후 어떻게 발전할지를 판단할 수 있다. 청년층이 어떤 지역에 관심을 가질지 판단하기 위해 서울시도시기본계획(2030서울플랜)을 살펴보자.

서울, 도시기본계획 '2030서울플랜'

「국토의 계획 및 이용에 관한 법률」 및 「도시기본계획 수립지침」의 틀 아래에서 구상되는 도시기본계획은 토지의 이용·개발 및 보전에 관한 관련 하위계획의 방향을 제공하는 계획이다. 하위계획인 도시관리계획과 타 법률에 따라 수립되는 부문별 계획이 기본계획과 일관성 있고 동일성 있게 수립될 수 있도록 지침 역할을 하는 법정 최상위 계획이기도 하다. 또한 도시기본계획은 사회 · 경제, 환경 · 에너지, 교통 · 기반시설, 문화 · 복지 등 도시 전체의 다양한 분야를 포괄하는 종합계획으로서 시민, 전문가, 행정가 등의 다양한 의견을 폭넓게 수렴하고 조정하는 절차적 정당성이 요구되는 계획이다. 따라서 도시기본계획을 확인하면 향후 10년 동안 해당 도시의 발전 방향을 가늠할 수 있다.

'2030서울플랜'이란 「국토의 계획 및 이용에 관한 법률」에 근거하여 서울의 특성에 맞게 재구성하고 시민과 함께 수립한 서울형 도시기본계획이라는 의미를 닮은 '서울시도시기본계획'의 별칭이다. 2030서울플랜은 서울을 5개 권역 즉 도심권 · 동북권 · 서북권 · 서남권 · 동남권으로 나누고, 이를 다시 116개의 생활단위로 구획하고 있다. 5개 권역, 116개 생활단위로 나누어 각 생활권의 특성에 맞는 발전 방안을 7개 이슈(도시공간 산업, 일자리, 주거정비, 교통, 환경 · 안전, 역사 · 문화 · 관광, 복지 · 교육)로 제시하고 있다. 서울시도시기본계획(2030플랜)의 구체적인 내용은 서울시 홈페이지(www.seoul.go.kr)에서 확인할 수 있다.

도시공간은 권역 · 지역의 기능과 역할 강화를 통한 지역 자족성 강화 방안을 담았고, 산업 · 일자리 방안은 특성화된 산업을 발굴 · 육성해 고용과 경제기반을 활성화시키는 내용을 담았으며, 주거정비는 주거지 현황과 특성을 고려한 맞춤형 정비 · 보전 · 관리 방안을 담았다. 또한 복지 · 교육은 지역별로 필요한 복지 · 교육시설에 대한 공급 방안을 담았으며, 생활권 계획에는 서울 전역을 조사·분석하여 어린이집, 주차장, 도서관, 공원 등 권역별로 설치가 필요한 생활 서비스 시설을 11개 분야로 제시했다. 권역별 생활권은 자치구별로 서울시 평균 보급률보다 낮은 시설, 지역생활권은 3가지 조건(지역주민이 필요하다고 요청하는 시설 등)을 만족시키는 시설을 각각 우선 확충이 필요한 대상으로 선정했다.

생활권 구분(5개 권역)

권역	면적(㎢)	인구(명)
서울시	605.96	10,575,447
도심권	55.75	577,705
동북권	171.08	3,351,170
서북권	71.19	1,227,260
서남권	162.78	3,212,138
동남권	145.16	2,207,174

자료 : 서울시, 서울통계연보, 2010.

자료: 서울시

도심권은 종로구, 중구, 용산구로 나뉜다. 도심권은 '역사문화' 도심으로서의 위상을 높여가는 키워드와 '글로벌 경쟁력 강화'라는 발전 방향을 제시하고 있다.

동북권은 동북1권으로 분류되는 광진구, 동대문구, 성동구, 중랑구와 동북2권인 강북구, 노원구, 도봉구, 성북구 등 8개 구로 구성된다.

동남권은 강남구, 강동구, 송파구, 서초구로 구성된다. 동남권은 '서울 대도시권의 중심지로서의 위상 확대'가 이뤄지는 지역이다.

서남권은 강서구, 금천구, 구로구, 관악구, 동작구, 양천구, 영등 포구 등 7개 지역으로 구성된다. 서남권은 영등포·여의도라는 도심 을 기반으로 한다.

서북권은 은평구, 서대문구, 마포구로 구성된다. 서북권에는 상 암·수색의 1개 광역 중심지가 있다.

이처럼 5개 권역·116개 생활단위로 나누어 각 생활권의 특성에 맞는 발전방안을 제시하고 있다. 따라서 각 생활권 단위로 제시된 특 성과 계획을 살펴보면 해당 지역이 어떻게 발전할지를 짐작할 수 있 고, 청년층이 어떤 지역에 관심을 가질지도 가늠할 수 있다. 지면 관 계상 구체적인 내용은 투자에 관한 내용과 함께 설명할 것이다.

02.

서울의 대표적 투자는
아파트 투자다

━━━ **결론부터 말하자면?**

다른 부동산투자에 비해
아파트투자가 안전하고 서울아파트 투자는
수익성 · 환금성 등이 최고다.

서울아파트는 가격상승률이 높고 환금성이 좋다

사람들이 가장 많이 하는 부동산투자는 내 집 마련이다. 전국 자가 소유주택 비율은 56.8%(2015년)이다. '거주와 재산증식'이라는 두 가지 목적을 달성할 수 있어서 과거 세대는 적극적으로 내 집을 마련했다. 특히 금융기관 대출을 지렛대(레버리지 leverage)로 활용해 가계가 적극적으로 주택을 매수한 결과 가계의 자산이 큰 폭으로 증가했다. 2012년 현재 우리나라 전체 가구의 평균 총자산은 3억 2,323만 원인데, 그중 부동산이 2억 2,505만 원으로 총자산의 69.6%를 차지한다. 이처럼 과거 세대는 부동산 재테크를 통해서 부(富)를 축적했다. 그러나 저성장 · 저소득, 저출산 고령화 같은 경제적 · 사회적 변화로, 부동산 흐름이 변하여 오르는 지역과 하락하는 지역이 극명하게 갈리는 양극화 현상이 나타나고, 문재인 정부의 바뀐 부동산정책으로 양극화는 더 확대되었다.

일부 전문가는 '주택에 대한 인식이 소유에서 사용 개념으로 바뀌고 있어 이제 주택을 재테크 수단으로 이용하는 시대는 끝났'라고 주장하지만, 필자는 이런 주장에 절대로 동의하지 않는다. 여전히 자가 소유주택은 거주와 재산증식 두 가지 목적을 달성할 수 있다고 본다. 따라서 내 집 마련을 적극적으로 권하며, 레버리지(leverage)도 적극적으로 이용하라고 권하고 싶다. 다만 투자를 잘해야 한다. 그래서 서울아파트가 대상이다. 서울아파트가 다른 지역의 어떤 상품보다 가격상승 가능성이 크고 환금성도 좋기 때문이다.

에코붐 세대가 선호하는 주택을 주목하라

다가올 10년 주택시장은 에코붐 세대가 주도하기 때문에 에코붐 세대가 선호하는 아파트를 주목해야 한다. 그럼 에코붐 세대는 어떤 유형의 주택을 선호할까? 지금 주택시장은 중소형아파트(85㎡ 이하)가 주도한다. 중소형아파트는 수요층이 두꺼워 가격상승이 꾸준한 편이고 환금성도 뛰어나다. 그러나 모든 지역이 다 그렇지는 않다. 그래서 입지 선택이 중요하다.

그럼 가격상승과 환금성을 갖춘 지역은 어떤 지역일까? 대다수 전문가는 교통, 학군, 편의시설 등이 좋은 곳, 개발호재가 있는 지역을 선택하라고 한다. 필자도 공감한다. 하지만 앞으로 많은 변화가 예상되기 때문에 다가올 10년은 과거를 기준으로 투자 유망지역을 판단하는 것은 적당하지 않다. 앞서 경제가 더 이상 추락하지 않는다는 것을 전제로, 다가온 10년은 수요패턴의 변화가 부동산에 가장 크게 영향을 미친다고 말했었다. 즉 장년층(베이비붐 세대)과 청년층(에코붐 세대) 간 수요교체가 본격화되는데 장년층과 청년층은 주택에 대한 인식도 다르고 선호하는 지역도 다르므로 부동산에 많은 변화가 예상된다는 것이다.

2019년 10월 한국감정원 조사에 따르면 '서울아파트 매수자 연령별 분포에서 30대가 30.4%로 40대(29.1%)를 제친 것으로 나타났다. 이처럼 청년층이 적극적으로 주택 매수에 나서기 때문에 청년층이 어떤 지역을 선호할지가 대단히 중요하다. 청년층(에코붐 세대)이 선호하는 지역은 당연히 수요가 증가하면서 가격이 상승할 것이다.

서울 중소형아파트 투자 유망지역은?

직장에 다니며 돈을 벌고 아이를 학교에 보내야 하는 청년층은 '직주근접'과 '학군'을 우선시하고, 자신의 생활권에 다양한 편의시설이 있는 '슬세권'을 선호한다. 그러나 아직은 저축한 돈이 많지 않아서 30대는 대부분 60㎡ 이하 소형주택에 거주한다. 그런데 주택산업연구원 설문조사에서 장차 주택규모를 확대할 계획을 세우고 있다는 응답이 56.6%나 되는 것을 보면, 30대가 나이가 들고 소득이 증가하면 주택규모를 확대할 것으로 예상된다. 따라서 청년층은 30대에는 40~60㎡ 소형에 거주하다가 40대가 되면 85㎡ 중형아파트로 주택규모를 확대할 것이다. 그럼 과연 청년층이 선호하는 지역은 어떤 지역일까?

20~40대 청년층은 아직 저축한 돈이 많지 않아서 강남과 같은 고가 아파트 매수는 어렵다. 청년층만 그런 게 아니고 사실은 국민의 90% 이상이 '넘사벽'인 강남아파트에 관심도 없다. 그래서 이번 장에선 강남과 핵심지역은 제외(강남권은 다음 장에서 설명한다)하고 나머지 지역(3개 권역)을 대상으로 청년층이 선호할 지역을 찾아보려고 한다.

지금까지 청년층은 '직주근접'이 쉬운 지역을 선호했다. 통계청 조사에서도 대부분은 '직주근접'이 편리한 지역으로 나타났다. 그러나 청년층이 선호하는 지역도 바뀔 것이다.

청년층이 나이가 들면서 결혼을 하고, 아이를 낳아 기르고, 점차 소득도 증가할 것이다. 그리고 서울도시기본계획(2030서울플랜)에 따라 도시도 변화할 것이다. 이렇게 여건과 환경이 바뀌면 청년층이 선호하는 지역도 분명히 달라질 것이다. 이런 점을 고려하여 가격대가 높은 동남권과 도심권을 제외한 나머지 권역에서 청년층이 선호하는 유망지역을 찾아보자.

동북권의 투자 유망지역

동북권은, 노·도·강(노원, 도봉, 강북) 지역을 주목해야 한다. 가격대가 저렴한 이들 지역은 집값이 가장 늦게 오르는 지역이고, 재건축이 임박해서 가격상승 가능성이 크다. 특히 '창동·상계' 지역은 청년층의 관심이 높을 것으로 예상된다. 동북지역은 마땅한 일자리 거점이 없는데, 2030서울플랜에 따르면 창동·상계지구에 신경제 중심 개발계획이 수립돼 일자리 창출이 기대되기 때문이다.

서울시가 시유지인 '창동환승주차장'(도봉구 마들로11길 74) 부지 내 (대지면적 10,746㎡)에 '창동·상계 창업 및 문화산업단지' 조성을 확정하고 이미 실행에 들어갔기 때문이다. 창업·창작공간과 더불어 영화관, 도서관 등 문화예술 여가시설이 포함된 '창동·상계 창업 및 문화산업단지' 건설을 위해 서울시가 지난해 '창동·상계 창업 및 문화산업단지' 기본설계안 마련을 위한 국제설계공모를 실시했으며, 동부간선도로 창동교~상계교 1.3㎞를 지하화하고, 창동차량기지는 남양

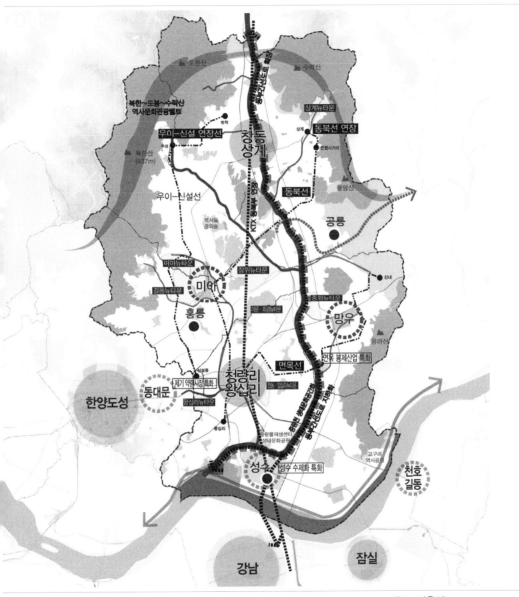

자료: 서울시

주시 진접읍으로 이전하기로 했다. 동북권 개발 핵심사업으로 추진 중인 '창동·상계 창업 및 문화산업단지' 건설이 완료되면 많은 일자리 창출이 기대돼 청년층의 관심이 뜨거운 투자 유망지역이다.

그리고 분당선 왕십리~청량리 연장과 GTX, SRT노선 신설계획으로 청량리역 개발사업과 주변 지역 재개발사업에 가속도가 붙은 청량리역 주변 지역, 주요 업무지구인 광화문, 시청, 강남으로 출퇴근이 편리해 직장인들이 선호하는 왕십리역세권, 서울시, 코레일, HDC현대산업개발이 역세권 개발을 추진하고 GTX-C노선이 지나는 광운대역 주변 지역이 청년층이 선호하는 투자 유망지역이다.

서북권의 투자 유망지역

서북권은, 상암 DMC·수색이 청년층이 가장 선호할 지역으로 보인다. 2030서울플랜에서 수색·DMC역 주변 지역에 대한 광역거점 발전계획이 수립되었고, 이런 마스터플랜에 따라 2018년 6월 수색·DMC역 주변 지역 지구단위계획결정 변경안이 가결되었다. 수색역 차량기지를 이전하는 수색·DMC 역세권은 DMC첨단산업센터, 롯데쇼핑몰 등 업무, 쇼핑, 상업, 문화시설 등을 갖춘 복합단지로 개발되고, 인근의 수색·증산뉴타운 개발이 완료되면 수색·DMC·증산 지역은 서북권의 대표적인 업무·주거 지역으로 발전할 것이다. 집이 낡아서 못사는 동네라는 이미지가 강했던 수색·증산동을 개발하기 위해 서울시가 2005년 수색·증산동 일대 79만 3,000㎡를 뉴타운으로 지정했다. 10년 넘게 지지부진했던 수색·증산뉴타운 사업에 불을 지핀 것은 수색역세권 개발사업이다.

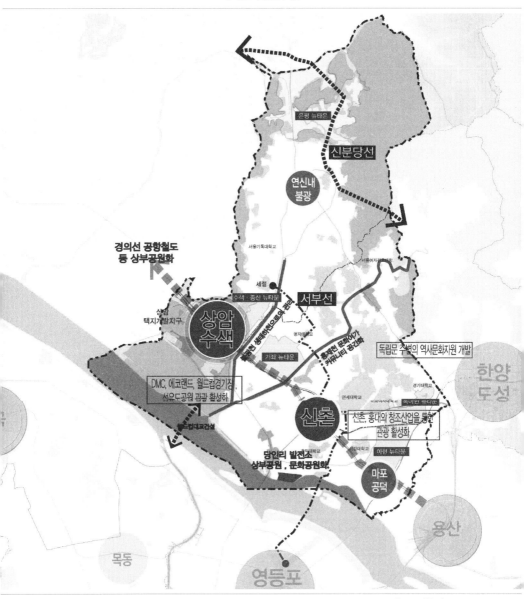

자료: 서울시

이곳은 주거시설들만 밀집한 '베드타운'이었다. 수색·DMC(디지털미디어시티)역 일대 31만㎡ 부지에 업무·상업·문화시설을 복합 개발하는, 서울시와 코레일의 역세권개발사업이 가시화되면서 수색·증산 뉴타운사업이 탄력을 받게 되었다. 수색·증산 뉴타운사업 추진이 가장 빠른 수색4구역은 롯데건설이 2017년 분양(롯데캐슬더퍼스트)을 마치고 공사가 진행 중이고, 수색6구역은 관리처분인가를 마쳤으며, 수색9구역은 이주와 철거를 완료했다. 2017년 사업시행인가를 받은 수색13구역은 SK건설·현대산업개발이 시공을 맡아 2023년에 완공 예정이다.

이처럼 수색·DMC역과 주변의 증산지구 개발이 완료되면 청년층이 선호하는 영상문화 분야 일자리를 비롯한 다양한 일자리가 창출될 것으로 보여 청년층의 관심이 높다. 그리고 전통적으로 청년층이 좋아하는 신촌·이대 주변 지역, 홍대 중심의 홍합라인(상수-연남-합정-망원) 주변 지역, 여의도 광화문으로 출퇴근이 편리한 마포 공덕동 지역을 선호하고, 교통호재로 주목받는 연신내·불광지역도 청년층의 관심이 높아지고 있다. GTX A노선이 연신내역을 지나기 때문이다. 파주운정~킨텍스~대곡~연신내~서울역~삼성~수서~성남~용인~동탄을 지나는 GTX A노선 삼성~동탄 구간은 2017년 국가재정으로 공사가 시작됐고, 전체 구간은 2023년 개통 예정이다.

서남권의 투자 유망지역

서남권은, 영등포·여의도 도심을 기반으로 한다. 특히 여의도 지역은 국제금융 중심지로 개발되고, 가산·대림 광역 중심지는 R&D, 첨단산업 분야 도입과 융복합산업 중심지로 육성할 계획이어서 청년층

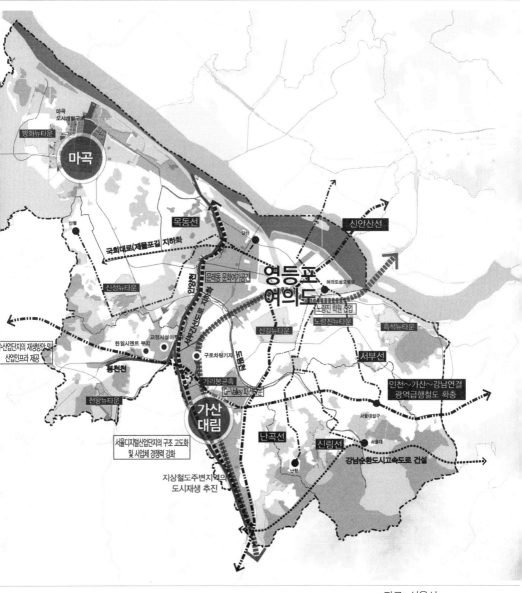

자료: 서울시

여전히 해답은 서울아파트다

의 관심이 높다. 특히 서울시가 실리콘밸리를 본떠 융복합 산업단지
로 조성한 마곡지구는 이미 부동산시장을 뜨겁게 달군 바 있지만, 앞
으로도 계속 관심이 뜨거울 것이다. 마곡지역 교통이 획기적으로 개
선되기 때문이다. 마곡산단은 축구장 100개에 이르는 81만 1,111㎡
로 판교테크노밸리(66만 1,000㎡)보다 규모가 크다. 이미 LG그룹 · 코
오롱 · 롯데그룹 등 대기업 연구소를 비롯한 중소 · 중견기업 총 149
개 기업이 입주를 확정했고, 41개 기업이 입주를 완료했다. 마곡산업
단지 D28-1 연구용지, 마곡역과 LG사이언스파크 사이에는 '귀뚜라
미' 그룹이 '마곡 냉 · 난방 R&D센터'를 2018년 말에 완공했다. 인천,
충남 아산, 경북 청도 등 전국 곳곳에 흩어져 있던 귀뚜라미, 귀뚜라
미범양냉방, 센추리 등 계열사 8개 연구소와 R&D 관련 부서들이 모
두 입주해 새로운 R&D메카로 떠오르고 있다.

　마곡산업단지에 약 150여 개 기업이 모두 입주하면 신규 일자리
5~6만 개를 포함해 총고용 규모가 10만 명에 이를 전망이다. 마곡지
구의 또 다른 장점은 편리한 교통 인프라다. 올림픽대로, 서울외곽순
환고속도로, 인천국제공항고속도로 등을 이용할 수 있고, 지하철 5
호선 마곡역과 9호선 마곡나루역을 이용할 수 있다. 2018년 말 공항
철도가 개통되었고, 부천 원종에서 서울 신월과 화곡(까치산), 강서구
청, 가양, 상암DMC를 거쳐 홍대입구까지 연결되는 서부광역철도 개
발도 예정돼 있다. 이처럼 마곡지구는 일자리와 편리한 교통으로 '직
주근접'이 우수한 지역이어서 앞으로도 마곡지역에 관한 관심은 계속
될 것이다.

　사당-이수역 복합환승센터 건립으로 사당 · 이수역 주변 지역도
청년층의 관심이 높다. 사당-이수역 복합환승센터는 2014년부터 추

진됐지만, 사업성 문제로 답보를 거듭하다가 2015년 말 환승센터가 들어설 사당주차장 부지를 서울시가 서울메트로에 현물출자 하면서 탄력을 받고 있다. 사업이 완료되면 업무 · 문화 · 상업 · 교통의 요충지로서의 발전이 기대되고, 지리적으로 강남과 인접해 청년층의 관심이 뜨거운 투자 유망지역이다.

03.

신규분양에
적극적으로 청약하라

━━━ 결론부터 말하자면?

분양가 규제로 커진 시세와 분양가 차이는
투자(내 집 마련)에 더 없는 기회다.

분양가 규제로 커지는 시세와 분양가 차이

돈 벌기 좋은 시장은 변동성이 큰 시장이다. 문재인 정부는 출범 초
부터 부동산시장과의 전쟁을 선포하고 임기 절반을 넘긴 지금까지
고강도 부동산대책을 줄기차게 쏟아냈지만 집값이 안정되기는커녕
오히려 폭등했다. 그럼 경제도 안 좋고 정부의 규제가 심한데도 왜
집값이 폭등할까? 많은 전문가가 '정부의 규제가 시장의 불쏘시개 역
할을 해 오히려 집값이 오른다'라고 한다. 규제를 집을 사라는 신호로
받아들이는 것이다. 정부 정책은 양날의 칼이다. 긍정적인 효과만큼
역효과도 있다. 풍선효과, 용수철효과가 생기고, 반대급부도 발생한
다. 이를테면 분양가를 규제하면 한쪽에선 손해를 보지만 다른 한쪽
에선 이득을 본다.

정부가 분양가를 규제하면 주변시세보다 분양가가 낮게 책정되

기 때문에 사업시행자와 건설회사는 손해를 보지만 수분양자는 이득을 본다. 따라서 청약신청에 당첨되면 한 번에 큰돈을 벌 수 있다. 이처럼 분양가 규제는 양날의 칼인 셈인데, 정부는 분양가 규제를 전가의 보도처럼 휘두른다. 심지어 분양가상한제 대상이 아닌 지역도 분양가를 규제한다. 사업계획승인 대상(20세대 이상) 주택을 선분양하려면 주택도시보증공사(HUG)의 분양보증을 받아야 하는 규정을 이용해 HUG를 통해 규제한다. HUG는 2017년부터 서울·과천 등의 지역을 '고분양가 관리지역'으로 지정해 관리해왔다.

2017년 5월 경기 하남 미사강변도시 '미사역 파라곤' 809가구 1순위 청약에 무려 8만 4,875명이 신청해 104.9 대 1을 기록했다. 3.3㎡당 분양가가 1,430만 원대로 주변시세 대비 3~4억 원가량 저렴했다. 같은 날 청약한 '평촌 어바인 퍼스트' 1,193가구 1순위 청약에도 5만 8,690명이 접수해 평균 49.2 대 1을 기록했다. 이 아파트 3.3㎡ 평균 분양가는 1,720만 원대로, 인근 '평촌 더샵 센트럴시티' 평균시세인 2,218만 원(KB국민은행 조사)보다 29%가량 저렴했다.

과도한 분양가 규제는 투자에 더 없는 기회다

이처럼 HUG의 분양가 통제만으로도 주변시세보다 분양가가 낮게 책정되기 때문에 청약신청에 당첨되면 큰 수익이 보장된다. 따라서 투자자에겐 더 없는 기회다. 실제로 서울에서 1년 이내에 분양한 신축 아파트 매매가격이 분양가보다 평균 3억 7,480만 원 오른 것으로 조사됐다. 직방은 2019년 11월 7~9월(3분기) 기준, 서울 시내 입주 1년 미만 아파트 매매가는 11억 3,420만 원, 분양가는 7억 5,578만 원으로, 분양가 대비 45.34% 상승했다고 밝혔다. 신규분양에 당첨되면 이렇게 한 번에 큰돈을 벌 수 있으니 적극적으로 청약신청을 하라는 것이다.

HUG가 '고분양가 관리지역'으로 지정한 지역은 '서울 전체, 경기 과천시, 광명시, 하남시, 성남시 분당구, 세종시, 대구 수성구, 부산 해운대구, 수영구, 동래구' 등이다. 이들 지역의 분양가격은 일반적으로 시세 대비 약 10% 정도 저렴하게 책정된다. 따라서 이들 지역의 분양에 당첨되면 큰 수익이 보장된다. 그리고 분양가상한제가 적용되는 지역 즉 '옛 성동구치소 자리와 개포동 재건마을' 등 서울시가 정부의 3차 공급대책에 따라 공공택지로 내놓은 지역의 분양에 적극적으로 청약할 것을 권한다. 그러나 수도권 3기 신도시건설 분양엔 신중한 청약이 필요하다.

수도권 3기 신도시 분양 청약은 신중하라

수도권 3기 신도시나 공공택지 아파트분양에도 당연히 분양가상한제를 적용한다. 하지만 분양가격이 주변시세와 별 차이가 없거나 오히려 더 높은 지역도 있을 수 있다. 수도권 2기 신도시건설 당시 파주 운정신도시, 김포한강신도시, 양주신도시의 분양가는 주변시세보다 높았다. 그래서 이들 지역은 한동안 '미분양의 무덤' 또는 '분양가의 무덤' 신세를 면치 못했다. 분양가를 규제하는데 왜 주변시세보다 분양가가 높을까? 택지 분양가격이 높기 때문이다.

필자의 회사가 파주·운정신도시 아파트건설에 참여해서 이 문제를 잘 안다. 당시 주변 새 아파트가격은 3.3㎡당 600~700만 원 수준이었는데, 운정신도시는 3.3㎡당 1,000만 원이나 됐다. 분양가상한제를 적용했는데도 분양가가 높은 것은 택지비가 비싸기 때문이다. 당시 LH공사의 토지 수용(협의매수) 가격은 3.3㎡당 100~120만 원 정도로 높지 않는데도 LH의 택지분양가가 3.3㎡당 600~660만 원으로 높은 것은 간선도로 건설비용을 신도시사업에 부담시켰기 때문이다. 당시 제2자유로 건설비용인 약 3조 2,000억 원을 운정신도시 사업에 부담시켰다.

인프라건설 비용을 당해 사업에 부담시키면 신도시 아파트 분양가격이 주변시세보다 높을 수 있다. 따라서 주변시세 등을 살펴보고 신중하게 청약할 것을 권한다. 그리고 신도시 완공 이후 형성될 아파트가격도 염두에 둬야 한다. 서울과 가까운 과천, 하남 교산, 남양주 왕숙, 고양 창릉 지역은 분양가보다 가격상승이 기대되기 때문에 적극적으로 청약해도 무방하다고 생각하지만, 부천 대장, 인천 계양 지역은 기존 교통로와 신설되는 교통로, 분양가와 주변시세 등을 충분히 검토하고 신중하게 청약할 것을 권한다.

청약가점이 높아야 당첨확률이 높다

정부는 청약경쟁 속에서 집이 꼭 필요한 사람들에게 먼저 공급될 수 있도록 청약 우선순위를 나누고 있다. 1순위 청약자가 분양아파트 수보다 많아서 경쟁할 경우 가산점이 높은 순서에 따라 당첨자를 선정한다. 주택청약 통장은 연령 또는 주택 소유와 상관없이 국내 거주자라면 누구나 만들 수 있고, 시중 9개 은행에서 가입할 수 있으며, 매월 2~50만 원 사이의 금액을 자유롭게 낼 수 있다. 주택청약통장의 1순위 조건은 수도권의 경우 청약통장 가입 1년, 납부 12회 이상, 그 외 지역은 가입 6개월, 납부 6회 이상이다. 단, 민영주택의 경우에는 분양되는 주택이 요구하는 예치금만 만족하게 되면 1순위로 인정된다. 주택청약 1순위 조건에 해당하면 당첨확률이 높아진다.

　그러나 최근엔 주택청약 1순위 가구들이 많아서 가점을 받아야 청약에 당첨될 확률이 높다. 청약가점제는 84점 만점으로 무주택 기간 32점, 부양가족 수 35점, 청약통장 가입기간 17점을 종합해 종합 점수가 높은 순으로 당첨자를 선정한다. 간단히 정리하면 무주택 기간이 길수록, 부양가족 수가 많을수록, 주택청약 가입기간이 길수록 가점이 높아진다. 현재 서울의 청약 1순위 요건은 무주택자, 세대주, 과거 5년 내 당첨 사실이 없어야 한다. 이런 청약 1순위 요건을 갖췄더라도 가점이 높아야 당첨확률이 높다. 따라서 자신의 청약가점을 미리 따져보고 어디에 청약할지를 고민해야 한다.

　지난해 11월 국민은행 부동산 플랫폼 'KB부동산 리브온(Liiv ON)'에 따르면 지난해 가장 높은 청약점수를 기록한 시기는 6월 초~7월 초로, 당시 분양가상한제 적용 지역의 평균가점은 58.4점, 상한제 비적용 지역의 평균가점은 53.6점으로 나타났다. 따라서 가점이 높으면 상한제 적용 지역에, 가점이 높지 않으면 상한제 비적용 지역에 신청해야 당첨확률이 높다.

04.

청약가점이 높으면
'로또분양'을 노려라

━━━ 결론부터 말하자면?

과도한 규제로 현실이 된 10억 로또분양,
청약가점이 높으면 적극적으로 청약하라.

분양가상한제로 '로또분양'이 현실화되다

HUG 분양가 통제만으로도 주변시세보다 분양가가 낮게 책정되는데 분양가상한제를 적용하면 분양가가 어떻게 책정될까? HUG 분양가 대비 10~20%, 그 이상 낮아질 가능성이 크다. 특히 '민간택지 분양가 상한제'가 적용되는 재건축아파트 일반분양가는 시세의 절반 정도일 수 있다. 그래서 강남 재건축단지의 반발이 크다. '재건축하려고 십수 년 동안 고생한 조합원들에겐 부당한 폭탄이고, 재건축에 조금도 기여하지 않은 일반분양자에겐 '대박로또'를 안기는 것'이라며 강력히 반발한다. 그런데도 정부는 강남4구를 포함한 서울의 핵심지역을 '민간택지 분양가상한제' 구역으로 지정하고 시행에 들어갔다. 실제로 최근 강남 재건축 일반분양에서 이른바 '로또아파트'가 출현해 관심을 끌었다. 2019년 11월 1일 《아시아경제》 신문기사에 따르면 서초구 잠원동에서 주변시세와 10억 원까지 차이가 나는 '강남로또' 아파트가 출현했다.

1일 금융결제원 아파트투유에 올라온 입주자모집공고에 따르면 서울 서초구 잠원동 반포우성을 재건축해 롯데건설이 공급하는 '르엘신반포센트럴'의 3.3㎡당 평균 분양가는 4,891만 원이며, 전용면적 84㎡의 분양가는 14억 5,900만~16억 9,000만 원으로 책정됐다.
이를 두고 시장에선 '10억 원짜리 로또까지 나타났다'는 반응이다. 인근 잠원동과 반포동의 가격 상승세가 뜨거운 탓이다. 이 아파트의 분양가는 현재 신고된 실거래가 기준으로만 인근 단지 대비 최대 10억 원의 가격 차이가 난다. 보수적으로 계산하더라도 7억 원의 시세차익이 예상된다. 실제 잠원동 신반포자이 전용 84㎡는 지난 8월 27억 원에 거래되며 신고가를 경신했고, 래미안신반포팰리스 전용 84㎡ 역시 지난 9월 23억 4,500만 원에 새 기록을 썼다. 한강 조망권이어서 직접적인 비교는 어렵지만 잠원동 아크로리버뷰신반포 전용 84㎡도 지난 8월 28억 8,000만 원에 신고가를 갈아치웠다. (중략)

이 외에도 강남권에서 3.3m²당 1억 원을 넘보는 아파트들이 속속 등장하고 있다. 지난 7월 강남구 대치동 래미안대치팰리스 전용 59m²가 19억 9,000만 원에 거래돼 3.3m²당 8,209만 원이었고, 지난 6월 강남구 청담동 청담자이 49m²도 17억 원에 거래돼 3.3m²당 8,029만 원을 기록했다.

10억 '로또분양' 현실이 되다

또한 최근 GS건설이 분양한 서울 서초구 서초그랑자이는 HUG 분양가 심사에 따라 3.3㎡당 분양가가 4,700만 원대로 책정됐다. 분양가상한제를 적용받으면 이보다 훨씬 낮은 3.3㎡당 3,900만 원대로 책정될 것으로 예상되는데, 서초구 새 아파트 매매가가 3.3㎡당 8,000만 원대인 점을 고려하면 반값에도 미치지 못하는 '로또아파트'다. 투자자에겐 더 없는 기회이며, 분양에 당첨되면 큰 수익이 보장된다. 그래서 청약가점이 높고 특별공급자격을 갖춘 청약대기자는 알토란 같은 단지를 골라 청약신청하라고 권하는 것이다.

투기과열지구 내 지난해 연말과 2020년 분양 예정 아파트는 총 52개 단지 6만 153가구로, 이 중 분양가상한제 적용 지역으로 지정된 분양예정 단지는 11개, 2만 6,917가구다. 이 단지 중 6개월 유예기간을 적용받지 않는 단지는 분양가상한제를 적용받아야 한다. 따라서 재건축단지 일반분양 일정을 미리 확인하고 적극적으로 청약할 것을 권한다. 다만, 앞서 본 것처럼 청약가점이 높아야 당첨확률이 높다는 점을 기억해야 한다.

청약 당첨 커트라인 70점 예상

지난해 12월 국민은행 부동산 플랫폼 'KB부동산 리브온'에 따르면 상한제 적용 지역에서 지난달 입주자 모집공고를 낸 분양단지의 청약 당첨 최저가점과 평균가점은 각각 67점, 68.5점으로 올해 두 번째로 높았다. 그리고 지난해 상한제 적용 지역에서 가장 높은 청약점수는 최저점이 68점, 평균가점이 69.7점에 달했다. 최근 서울에 1차로 지정한 민간택지 분양가상한제 적용 지역에서 청약 쏠림 현상이 나타나고 있다. 서초구 잠원동 반포우성아파트를 재건축하는 '르엘 신반포 센트럴'의 평균 당첨가점은 전 평형에서 70점을 넘겼다. 전용 59 ㎡, 84㎡ A, 84㎡ B의 청약 최고가점은 79점이었다. 사실상 만점(84점)에 가까운 점수다. 이런 점을 보면 분양가상한제가 적용되는 재건축단지 일반분양에는 청약가점 70점이 당첨 커트라인으로 예상되고, 이보다 더 높아야 당첨확률이 높다. 또 하나 주의할 점은 분양가격이 9억 원이 넘는 고가 아파트는 정부의 규제로 주택도시보증공사(HUG)의 중도금 집단대출 보증을 받을 수 없다. 계약금과 중도금을 자신의 돈으로 내야 하니 사전에 자금 준비를 철저히 해야 한다.

05.

신축아파트를
노려라

━━━ 결론부터 말하자면?

가격상승을 주도하는 건 신축아파트,
10년 이내 신축아파트를 노려라.

실수요자라면 기다리지 말고 집을 사라

앞서 필자는 '여전히 자가 소유주택은 거주와 재산증식 두 가지 목적을 달성할 수 있다'라고 내 집 마련, 특히 신규분양에 적극적으로 청약하라고 권했다. 대다수 부동산 전문가도 필자와 같은 의견이다. 최근 한국경제신문사가 부동산 전문가 40명을 대상으로 벌인 '시장 전망과 투자전략 설문조사'에서 전문가의 절반가량(47.5%)이 서울의 집값이 상승할 것이라고 예상했다. '실수요자라면 기다리지 말고 집을 사라'는 응답자가 50%로, 가격 조정을 기다려 보라는 응답자(20%)보다 많았다. 투자처를 묻는 질문에는 신규분양(45%)을 꼽는 전문가가 가장 많았으며, 청약가점이 높지 않은 실수요자는 5년 이내 신축아파트(22.5%)를 사라는 응답자가 뒤를 이었다. 김은진 부동산114 리서치팀장도 '실수요자가 매수시기를 늦추는 것은 바람직하지 않다'라며

'대책 발표 등으로 매수자 우위시장일 때 나오는 급매물 등을 노려야 한다'라고 조언한다.

실수요자가 가장 저렴한 가격에 아파트를 구입할 수 있는 방법은 신규분양에 청약해 분양받는 것이다. 하지만 청약가점이 높지 않으면 그림의 떡이다. 차선책은 기존 아파트를 구입하는 것이다. 전문가들도 '청약가점이 30~40점대로 당첨이 쉽지 않은 실수요자는 분양권·입주권이나 5년 이내의 신축아파트를 사는 것이 차선책'이라고 조언한다. 최근엔 삶의 질이 중요한 가치가 되면서 새 아파트를 선호하는 현상이 뚜렷하다. 특히 앞으로 주택시장을 주도할 청년층(에코붐 세대)의 새 아파트 선호도는 훨씬 높다. 부모세대와 달리 '가성비'를 중시하는 에코붐 세대는 같은 값이면 새 아파트를 선호한다. 심지어 새 아파트에 전세로 사는 한이 있더라도 오래된 아파트는 구매하지 않는다.

이처럼 집을 구입할 주도 계층이 새 아파트를 선호하기 때문에 결론은 새 아파트이다. 그럼 지은 지 몇 년 된 아파트를 구입하는 것이 좋을까? 전문가 대부분은 5년 이내인 신축아파트 구입을 권한다. 이유는 5년 이내 신축아파트 가격상승률이 가장 높기 때문이다. 그러나 이미 가격도 많이 올랐고, 매물도 적어 구입이 쉽지 않다. 가격상승 가능성은 5년 이내 신축아파트가 훨씬 높은 게 사실이지만, 이런 점을 생각하면 다음과 같은 차선책도 괜찮지 않을까 생각한다.

10년 이내 신축아파트를 노려라

전문가는 5년 이내 신축아파트 매매가 상승률이 가장 높으니 매수를 권한다. 부동산114 자료에 의하면 2017년 말 기준 전국의 아파트 3.3

㎡당 매매가격은 1,116만 원이었다. 연식별로 보면 1~5년 된 신축 아파트의 경우 1,345만 원인데 비해 10년을 초과한 아파트는 1,073만 원으로 거의 3백만 원 가까이 차이가 난다. 서울은 1~5년 신축아파트 3.3㎡당 매매가격이 2,723만 원이고, 10년을 초과한 아파트는 2,113만 원으로 3.3㎡당 6백만 원 넘게 차이가 난다. 5년 이내 신축아파트 매매가 상승률이 월등히 높으므로 5년 이내 신축아파트 매수를 권하는 것이다.

필자도 구축아파트보다 신축아파트를 매수하는 데는 전적으로 동의하지만, 5년 이내 신축아파트가 꼭 해답이라고는 생각하지 않는다. 5년 이내 신축아파트 매매가 10년을 초과한 아파트 매매가보다 월등히 높은 것은 사실이지만, 그 원인을 상세히 살펴보면 해답에 의문이 간다. 5년 이내 신축아파트 매매가가 그 이후 구간 매매가보다 월등히 높은 것은 전적으로 연식 차이 때문만은 아니다. 분양권 전매제한으로 거래 가능한 새 아파트(분양권)가 급감하는 것도 한 가지 원인이다. 즉 분양권 전매제한 기간이 보통 1~2년, 3~4년인데 그동안 분양권 거래가 묶이면, 거래 가능한 새 아파트(분양권) 매물이 급감하기 때문에 매매가가 상승하는 것이다.

실제로 정부의 분양권 전매제한 조치로 분양권 거래는 급격히 감소한다. 서울의 경우 2016년 분양권 거래는 1만 1,045건이었는데 2017년에는 9,893건으로 줄어들었다. 2018년(1~5월)에는 1,702건으로 급감했다. 매매거래 대비 분양권 거래 비중이 5%대에서 2018년 2.1%대로 급감한 것이다. 이처럼 실제로 거래 가능한 새 아파트(분양권)가 줄어들기 때문에 5년 이내 신축아파트 매매가가 타 구간 아파트 매매가보다 월등하게 높다. 1~5년 구간과 6~10년 구간은 겨우 5년밖에 차이가 나지 않는데 3.3㎡당 516만 원(서울 기준)이나 차이 나는 것이 이를 방증한다. 분양권 거래제한 기간이 만료돼 매물이 증가하면서 6~10년 사이에 신축아파트 매매가가 급격히 하락하는 것이다.

2017년 연식별 3.3㎡당 아파트 매매가격

지역	전체	1~5년	6~10년	10년 초과
전국	1,116만 원	1,345만 원	1,228만 원	1,073만 원
서울시	2,160만 원	2,723만 원	2,207만 원	2,113만 원

자료: 부동산114

이런 이유로 필자도 신축아파트가 해답이라는 데는 전적으로 동의하지만, 꼭 '5년 이내 신축아파트를 구입해야 한다'라는 데는 동의하기 어렵다. 5년 이내 신축아파트 가격이 전매제한의 영향을 받는다고 볼 때, 건축연한에 의해 시장에서 정상적으로 가격이 형성되는 것은 6~10년 구간부터라고 보기 때문에 10년 이내 신축아파트를 구입하는 것이 더 나을 수도 있다. 역으로 생각하면 5년 이내 신축아파트를 구입했다가 2~3년 내에 팔지 못하면 손해를 볼 수도 있다. 전매제한 기간이 만료되면 매물이 급증하기 때문이다.

차선책은 11~20년 구간 구축아파트

실수요자 역시 자금 사정 등으로 차선책이 필요하다. 아파트 매매가는 신축 후 10년 이내는 대체로 높게 형성되지만, 기간이 지나면서 서서히 매매가가 하락하다가 30년이 지나면 다시 상승세로 돌아선다.

재건축에 대한 기대감 때문이다. 부동산114가 국토교통부의 최근 3년간 실거래가 자료를 분석한 결과에 의하면 지난해 9월 말까지 거래된 서울아파트의 평균 매매가격은 다양했다. 10년 이하와 30년 초과 아파트의 평균 매매가격은 각각 9억 714만 원, 10억 725만 원으로 나타난 반면, 11~20년 이하 아파트는 7억 9,193만 원으로 평균 약 1억 6,000원 저렴했다. 21~30년 구간 아파트의 평균 매매가격은 5억 7,249만 원으로 가장 낮았지만 노후도가 심해 거래 비중이 가장 낮다.

따라서 10년 이하와 30년 초과 아파트를 구입하려면 대출 40%(LTV 고려)를 받아도 자기자금 6억 원 이상은 필요하지만, 11~20년 구간 아파트는 4억 원대로 살 수 있다. 이런 이유로 11~20년 구간 아파트 거래량이 가장 많다. 부동산114가 국토교통부의 최근 3년간 실거래가 자료를 분석한 결과에도 입주 11~20년 구간 아파트의 매매 거래 비중이 41.6%로, 타 입주연차 구간에 비해 높은 것으로 나타났다. 특히 9억 원 이상 주택에 대한 강력한 대출규제 때문에 11~20년 구간 아파트의 매수가 증가할 수 있다. 풍선효과 때문이다. 따라서 자금 사정 등으로 최선책을 선택할 수 없는 경우라면, 11~20년 구간 아파트를 구입하는 것이 차선책이 될 수 있다.

대상 못지않게 입지선택도 중요하다

입주연차에 따른 대상도 중요하지만, 그에 못지않게 중요한 것은 입지선택이다. 부동산투자는 자산(매매)시장, 운영(임대)시장 불문하고 가격의 하방경직성이 높아야 수익실현이 가능하다. 따라서 입주연차 구간을 불문하고 좋은 입지를 선택해야 투자목적을 달성할 수 있다. 입지는 앞에서 보았듯이 현재 주택 구입을 주도하는 청년층(에코붐 세대)이 선호하는 지역이 좋은 지역이다. 에코붐 세대는 '직주근접'만큼이나 가성비와 가치도 중시한다. 입지에 관한 설명은 다음 장에서 이어진다.

돈이 될 핵심 개발지역을
찾아라!

━━━ 결론부터 말하자면?

성공투자의 핵심은 입지선택,
돈이 될 핵심 개발지역 6곳.

성공투자를 위한 첫 번째 조건 입지선택

부동산투자에서 핵심지역이 주목받는 것은 핵심지역에 돈과 사람이
몰리기 때문이다. 일반적으로 학군, 교통, 주거환경 등이 좋은 지역
을 '핵심지역'이라고 한다. 투자자 입장에서 보면 개발호재까지 있는
지역이 최고의 핵심지역이다. 가격변동성이 커야 투자수익을 얻기가
수월하기 때문이다. 우리나라 부동산 50년 역사 중 두 번의 집값폭등
이 있었다. 첫 번째는 1987년 후반, 분양가 규제에 의한 심각한 공급
부족으로 집값이 폭등했다. 88~90년에 서울 아파트가격은 3배나 폭
등했다. 두 번째 폭등은 참여정부 때인 2003~2007년에 발생했는데
그때도 강남아파트는 3배나 폭등했다. 그런데 2차 폭등은 1차 때와는
다르게 아파트 품질의 혁신적인 변화가 원인이었다. 1999년 분양가
규제 전면폐지 이후 아파트 품질이 혁신적으로 변화되자, 소비자들

이 분양시장에 몰려들면서 가격이 폭등했다. 이렇게 두 번 집값이 폭등할 때 아파트에 투자했던 사람들은 떼돈을 벌었다. 그럼 앞으로는 어떨까? 필자는 과거와 같은 집값폭등 수준은 아니겠지만 한동안 집값상승은 불가피하다고 본다. 원인은 37%에 이르는 노후주택을 재개발·재건축을 해야 하기 때문이다.

주거정비사업으로 집값상승은 불가피하다

우리 부동산시장은 '낡아가는 도심과 새 아파트 공급부족'이라는 구조적인 문제점을 안고 있다. 도심의 주택이 낡아가면서 새 아파트에 대한 소비자의 열망이 대단하지만, 강남 등 도심은 택지개발이 불가능하고, 오로지 재건축·재개발을 통한 공급만 가능하다. 그래서 유일한 통로인 재개발·재건축에 투자가 몰리고, 완공 이후 아파트는 완전히 새롭게 탈바꿈하기 때문에 가격이 천정부지로 치솟는다.

주거정비(재개발/재건축)사업 이후 집값이 폭등하지만 그렇다고 주거정비사업을 안 할 수는 없다. 30년 이상 된 노후 건축물이 전체 건축물의 37%이나 되고, 전국의 주택재건축사업조합 3,296개소 중 약 80.2%인 2,642개가 서울에, 6.2%인 204개가 경기도에 위치한다. 따라서 주거정비사업은 피할 수 없고 한 번은 겪어야 한다. 투자자 입장에서 보면 주거정비사업은 더 없는 기회다. 특히 강남 재건축은 큰 수익이 보장되기 때문에 투자가 몰린다. 정부가 강남 재건축에 메가톤급 규제를 퍼붓지만 정비사업이 지연될 뿐 언젠가 한 번은 겪을 일이다. 따라서 주거정비사업 지구를 중심으로 투자수익이 높은 지역을 찾아야 한다. 강남권은 다음 장에서 별도로 설명한다. 서울의 재정비구역 중 '재정비촉진지구'로 지정된 구역은 33개 구역이다. 그중

구의·자양 등 12개 구역은 중심지형으로, 은평, 길음 등 21개 구역은 주거지형으로 개발된다. 어느 지역이 투자수익이 높은 지역인지 살펴보자.

상업·업무·주거지로 탈바꿈하는 영등포뉴타운

그동안 서울에서 대표적인 낙후지역으로 꼽혔던 영등포가 뉴타운사업으로 환골탈태 중이다. 5호선 영등포시장역에 접해 있는 영등포뉴타운은 5호선을 타고 이동하면 여의도역까지 두 정거장밖에 안 된다. 금융타운 등 많은 회사가 몰려있는 여의도와의 접근성이 마포·용산에 뒤지지 않는데도 그동안 개발이 되지 않아 낙후지라는 오명을 뒤집어쓰고 있었다. 그러던 영등포가 상업·업무·주거 등 복합기능을 갖춘 서남권의 핵심지역으로 변신 중이다. 영등포뉴타운은 이미 오래전에 재개발구역으로 지정되었지만, 26개의 구역으로 쪼개진 데다가 주민 반발로 그동안 정비사업추진이 더뎠다. 결국 2015년 18개 구역이 정비구역에서 해제됐고 1-14, 1-16구역이 통합되어 7개 구역만 남았다.

그런데 먼저 개발이 마무리된 아파트의 가격이 치솟으면서 개발기대감을 자극하고 있다. 국토교통부 실거래가 공개시스템에 따르면 영등포 아크로타워스퀘어(1-4구역)는 지난해 11월 전용 59.91㎡ 4층이 9억 7,000만 원, 전용 84㎡는 8월에 층수와 타입에 따라 12억 5,000만~12억 6,000만 원에 거래되었다. 2014년 10월 분양 당시 전용 59㎡ 분양가는 4억 5,350만~4억 9,690만 원, 전용 84㎡는 6억 1,870만~6억 8,790만 원이었던 것에 비하면 2배가량 집값이 오른 것이다.

이처럼 1-4지구 아크로타워스퀘어 아파트가격이 치솟자 이에 자극받아 다른 지구 사업추진도 탄력을 받고 있다. 1-3구역은 한화건설이 시공을 맡아 전용 29~84㎡ 아파트 185가구, 전용 18~32㎡ 오피스텔 111실 중 2017년 10월 조합원 물량을 제외한 아파트 144가구와 오피스텔 76실을 일반분양했는데 평균 분양경쟁률이 25.35 대 1이나 되었다. 사업시행인가가 임박한 1-13구역은 대우건설과 두산건설이 시공을 맡아 공동주택 5개 동 659가구와 부대 복리시설 등을 지을 예정이고, 다른 구역의 사업추진도 빨라지고 있어서 7개 구역 모두 개발되면 영등포뉴타운은 총 3,500가구 아파트와 상업·업무·주거 복합기능을 갖춘 서남부권의 핵심지역으로 탈바꿈하게 된다.

게다가 경기도 안산과 시흥을 거쳐 여의도를 연결하는 복선전철인 신안산선이 착공에 들어가 2024년에 개통되면 1호선 영등포역이 환승역이 되어 일대 주거 수요가 더욱 불어날 전망이다.

첨단업무복합지구로 개발될 구의·자양재정비촉진지구

구의·자양동은 한강변이라는 뛰어난 입지와 영동대교, 청담대교 등 우수한 교통과 접근성 때문에 일찍부터 브랜드아파트촌으로 주목받았다. 그러나 2005년에 지구 지정된 이후, 수도방위사령부 예하 중대와 우정사업정보센터(2013년 나주로 이전) 일 등으로 그동안 사업추진이 지연돼왔다. 그러나 자양동 680-81 일대 '자양5재정비구역'과 2017년 12월 '자양5재정비촉진계획 변경결정안'이 서울시 도시재정비위원회 심의를 통과했고, 구의자양 재정비촉진1구역은 서울시가 수도권 30만 가구 공급계획에 포함시키로 결정해 탄력을 받고 있다.

국토교통부가 지난 5월 수도권 30만 가구 공급계획의 마지막 11만 가구 입지를 발표하면서 이 중 1만 517가구를 서울 중소규모 택지에 공급하겠다고 밝혔는데, 구의자양 재정비촉진1구역이 이에 포함된 것이다. 구의자양 재정비촉진1구역은 자양동 680-63번지 일대 옛 KT통신시설 부지 6만㎡와 옛 동부지방법원과 검찰청 부지 1만 8,000㎡로 구성돼 있다. 게다가 서울시가 지난 4월 구의역 일대를 도시재생지역 후보지로 선정했다. 동부지법과 지검이 송파구 문정동으로 이전되면서, 구의역 일대의 관련 업종이 급격히 이탈하고 상권이 쇠퇴함에 따라 '근린재생 중심시가지형 도시재생사업' 후보지로 선정했고, KT부지에 '광진구 신청사 및 첨단업무복합단지' 사업을 본격 추진한다.

구의자양 재정비1구역에 최고 35층 높이의 호텔과 오피스텔 등 상업·업무시설과 아파트 1,363가구가 들어서고, 구의자양 재정비5구역에 30층 규모의 업무시설과 24~28층 높이의 아파트 863세대가 들어선다. 따라서 구의역 일대는 업무·상업·주거 복합단지로 탈바꿈해 명실상부 동북권 대표 중심지로 부상한다.

교통·주거환경이 좋아질 청량리역세권 개발

청량리역세권 개발사업이 늦어지면서 수요자들의 외면을 받았는데 최근 교통망 개선 효과에 힘입어 동대문 일대 재개발사업이 탄력을 받고 있다. 청량리, 이문·휘경동 일대 재개발조합 설립 또는 구역지정에 나서는 등 사업추진이 본격화하고 있다. 청량리8구역은 재개발조합 설립인가를 받아 최고 24층, 7개 동, 576가구(임대주택 100가구 포함)를 지을 예정이다. 청량리7구역은 사업시행변경인가를 받아 기존 650가구(임대 111가구 포함)를 761가구(임대 134가구 포함)로 늘렸다. 청량리7·8구역은 매물가격이 오르고 있다. 매수 수요가 많은데 매물이 드물어 인근의 공인중개사는 '웃돈이 2억 5,000만 원가량 붙었다'라고 한다.

청량리의 장점은 교통의 편리함이다. 청량리역은 지하철 1호선, 분당선과 경원선, 경춘선, 경의중앙선 등 6개 노선이 지나는 거대 환승역이다. 게다가 수도권광역급행철도(GTX)-B노선과 C노선, 면목선, 강북횡단선 등 4개 노선이 추가로 들어서는 것이 확정 또는 검토 중이다. GTX-C노선이 개통되면 강남 삼성역까지 한 정거장이면 갈 수 있다. 그뿐만 아니라 청량리역 주변 지역은 생활 인프라도 매우 편리하다. 청량리역에 롯데백화점, 롯데마트, 롯데시네마가 있고, 인근에 청량리시장, 경동시장이 있으며, 동대문구청과 성심병원도 가깝다.

청량리역 주변 지역의 주거환경이 개선되면서 미래가치가 크다 보니 인근에서 진행되는 정비사업도 성공적으로 진행되고 있다. 청량리역 인근에 들어선 래미안크레시티(2013년 4월 입주 2,397가구)는 전용 84㎡를 6억 원대에 분양했는데 현재 호가는 9억 원 중후반대에 형성돼 있고, 동대문 롯데캐슬 노블레스(2018년 6월 입주 584가구) 84㎡도 호가는 11억 원까지 올랐다. 이처럼 청량리역 주변 지역 개발 사업이 호조를 보이자 인근의 다른 재개발지구도 사업추진에 속도를 내고 있다.

동대문구에 따르면 2004년 정비예정구역으로 지정됐다가 2016년 11월 직권 해제된 전농9구역은 기존 정비구역 면적(3만 7,320㎡)을 6만 7,651㎡로 확대해 다시 지정을 신청했고, 공급 39~113㎡ 1,744가구를 지을 계획이다. 또한 지하철 1호선 외대앞역 인근 이문·휘경 뉴타운사업도 속도를 내고 있다. 이곳은 청량리 재정비촉진지구, 전농·답십리 재정비촉진지구와 함께 동대문구의 대표 재개발사업으로 꼽힌다. 청량리역세권 개발 및 주변 지역 재개발사업이 완료되면 청량리역세권 주변 지역은 동대문구의 명품 주거지로 거듭날 전망이다.

한강이남 마지막 노른자위, 노량진재정비촉진지구

고시촌, 허름한 건물 밀집지역으로 부동산시장에서 외면받았던 노량진이 재개발사업으로 활기를 띠고 있다. 노량진은 2003년 뉴타운 지역으로 지정되었지만, 토지 이해관계가 복잡하고, 수산시장, 학원가로 대표되는 낙후된 이미지 탓에 투자자들로부터 외면받아 지난 14년 동안 제자리걸음을 되풀이했다. 그런데 최근 재정비촉진지구지정 14년 만에 전 구역이 조합설립을 마무리하고 현재 시공사 선정이 활발하게 이뤄지고 있다. 사업 속도가 가장 빠른 6구역은 GS건설·SK건설 컨소시엄이 시공사로 선정되었고, 6구역과 인접한 2구역도 움직임이 활발하다. 2구역은 노량진뉴타운에서 면적이 가장 작지만 7호선 장승배기 역세권이라는 장점이 있다.

사업 면적이 가장 넓은 1구역과 그다음으로 넓은 3구역은 노량진 중심상업지인 학원가와 인접해있고, 노량진역과도 아주 가깝다. 한강이 가까운 3구역은 한강조망권이라는 이점이 있다. 노량진뉴타운 지역도 재개발 기대감으로 건물(토지)가격이 많이 오른 상태다. 수산시장 이전 문제, 입주권을 못 받는 건물소유자 보상 문제 등 아직 해결해야 할 부분도 많다. 하지만 노량진은 입지가 워낙 좋아서 개발 이후 아파트가격이 상당히 높게 형성될 것이라는 전망이 지배적이다.

노량진뉴타운은 무엇보다 뛰어난 입지가 장점이다. 용산, 여의도의 배후지이고, 강남, 광화문 등 도심 접근성이 좋아 한강이남의 마지막 노른자위로 꼽힌다. 이런 최고의 입지에 대규모 아파트단지가 들어서고 주거환경이 개선되고 게다가 종합행정타운까지 조성되면 노량진은 흑석뉴타운, 신길뉴타운 등과 함께 서울의 핵심 주거지로 자리매김할 전망이다.

낙후지에서 아파트촌으로 부활하는 신림뉴타운

노량진과 함께 서울 '양대 고시촌' 중 하나다. 대표적인 교통낙후지역으로 꼽히며 부동산시장에서 소외된 신림동 일대가 매머드급 아파트단지로 변신을 꾀하고 있다. 관악구 신림동 일대 52만 9,639㎡ 신림뉴타운은 2005년 뉴타운지역으로 지정되었고, 2008년 재정비촉진계획이 확정돼, 현재 3개 구역으로 나뉘어 재개발사업이 진행 중이다. 3개 구역 중 신림1구역 면적이 가장 넓지만 사업추진은 가장 늦다. 재정비촉진지구로 지정된 이후 조합 내분 등으로 사업추진이 계속 지연되다 2017년 조합설립추진위원회 구성 후 탄력이 붙었으며 현재 조합설립을 목전에 두고 있다.

　신림2구역은 지난해 9월 사업시행인가를 받았고 연내 관리처분계획인가를 받을 예정이며, 롯데건설·대우건설 컨소시엄이 시공사로 선정됐다. 신림3구역은 사업규모가 가장 작지만 사업추진은 가장 빠르다. 2017년 9월 사업시행인가를 받았고, 현재 관리처분인가 승인을 기다리고 있다. 2005년 뉴타운지정 후 14년 동안 사업추진이 안 돼 '일몰제'까지 몰렸던 신림뉴타운은 2021년 4월 개통 예정인 신림경전철 호재 등으로 극적으로 부활했다. 현재 현대건설과 GS건설, 대우건설, HDC현대산업개발, SK건설, 롯데건설 등이 수주에 관심을 보이고 있어서 이들 기업이 시공사로 선정될 경우 사업은 무리 없이 추진

될 것으로 보인다.

　신림뉴타운 사업 속도가 빨라지자 뉴타운 주변 새 아파트가격은 수억 원대의 프리미엄을 형성하고 있다. 2016년 11월 분양된 봉천동 'e편한세상 서울대입구' 아파트 전용 84㎡는 5억 원 중반~6억 원대 초반에 분양됐는데, 지난해 6월 입주 후 9월에는 9억 3,000만 원에 매매됐다. 서울 서남권 최대 재개발 사업장인 신림뉴타운이 완성되고, 예정된 서울 경전철 3개 노선이 신림동을 지나가 교통여건까지 개선되면, 신림뉴타운은 서남권의 새로운 핵심 주거지로 부상할 것이다.

신흥대상권으로 떠오른 합정재정비촉진지구

합정재정비촉진지구는 사업 마무리 단계라 개발이익을 얻기가 어려운데도 불구하고 소개하는 것은 합정뉴타운 지역이 신(新)홍대상권의 중심으로 떠오르면서 돈과 사람이 몰리고 있기 때문이다. 홍대를 중심으로 홍합라인(상수–연남–합정–망원)이 범홍대상권으로 확대되고 있다. 홍대상권은 젊은이의 거리를 넘어 글로벌상권으로 진화하고 있다. 젊은 여행객은 대부분 홍대부터 찾는다. 최근 신세계백화점의 화장품 편집숍 시코르가 명동에 이어 홍대에도 문을 연다고 밝혔다. 이처럼 극적인 성장을 보이는 홍대상권이 합정동 발전의 1등 공신이다.

　합정동은 지하철 2·6호선 환승역으로 하루 약 10만 명이 이용하고, 신촌과 영등포를 지나는 버스노선이 많아 대중교통이 편리하다. 게다가 한강 조망도 가능하다. 이처럼 교통, 유동인구, 주거환경 삼박자를 갖춘 합정동은 도시환경정비 중심의 재정비사업으로 합정역 주변에 주상복합아파트, 오피스텔, 오피스빌딩 등이 신축되면서 역세권 환경이 크게 개선돼 강북권 부동산시장의 맹주로 떠오르고 있다.

가재울뉴타운

가재울뉴타운은 남가좌동과 북가좌동 일원에 총 2만 가구 규모로 조성되는, 서울 서북권을 대표하는 뉴타운 사업 중 하나다. 2003년 뉴타운지정 이후 많은 어려움을 겪으며 사업이 지연돼왔으나, 인근 상암DMC 개발 등에 힘입어 현재는 뉴타운 개발이 마무리 단계에 있다. 지난 7일 발표된 분양가상한제 적용 지역에서 서대문구가 제외되자, 풍선효과에 대한 기대감으로 가재울뉴타운에 대한 관심이 높다. 입주가 임박한 아파트는 웃돈이 많이 붙었고, 분양을 앞둔 단지는 완판 기대가 높다.

국토교통부 실거래가에 의하면, 서대문구 남가좌동 가재울4구역 'DMC파크뷰자이1단지' 전용 약 85㎡가 지난 9월 10억 5,000만 원에 거래돼 분양가 대비 5억여 원이 올랐다. 북가좌동 가재울3구역의 'DMC래미안e편한세상' 전용 약 85㎡도 지난 9월 9억 5,000만 원에 거래돼 분양가와 비교하면 약 4억 원가량의 웃돈이 붙었다. 가재울뉴타운은 경의·중앙선 가좌역이 바로 앞에 있고, 지하철 6호선과 공항철도 이용이 가능한 디지털미디어시티역에도 가깝다. 가좌역 일대를 경유하는 버스노선도 다양해서 상암과 마포, 광화문, 여의도, 강남 등 주요 업무지구로 빠르게 이동할 수 있어 젊은 직장인들의 관심이 높은 지역이다.

'흑석재정비촉진지구'와 '신길재정비촉진지구'는 사업이 많이 진척되면서 이미 건축물(토지)가격이 너무 많이 올라 소개에서 제외했지만, 서울 서남권을 대표하는 핵심 주거지로 자리매김할 것이다.

꼭 고가의 강남아파트에 투자해야
돈을 벌 수 있는 것이 아니다.
자신의 자본금 규모에 맞는 다양한 지역에
투자할 수 있고, 투자를 잘하면 높은 수익도 가능하다.

4장

내 집 마련
더 미루면
평생 후회한다

내 집 마련 잘하면
평생 부자로 산다

━━━ **결론부터 말하자면?**

부동산 과잉규제는 내 집 마련의 기회이고,
내 집 마련 잘하면 평생 부자로 산다.

기성세대 부(富)의 원천은 내 집 마련이었다

우리나라 자산시장에서 부동산의 시가총액은 약 6,000조 원으로 추
산된다. 국내 가계자산에서 부동산이 차지하는 비중이 약 70%인 점
을 고려하면, 기성세대는 부동산 재테크를 통해서 부(富)를 축적했다
고 볼 수 있다. 우리 경제가 높은 경제성장을 이루면서 가계의 가처
분소득이 증가하고 부동산가격이 상승하자 가계는 부동산 매수에 열
중했다. 특히 레버리지를 적극적으로 활용해 부동산을 매수한 결과
가계의 자산이 큰 폭으로 증가했다. 2015년 기준 가구의 평균 총자산
은 3억 4,246만 원이고, 그중 실물자산(대부분이 부동산)이 2억 5,159
만 원으로 총자산의 73.4%를 차지했다. 가구주의 연령대가 높아질수
록 실물자산의 비중이 높은 점을 고려하면, 기성세대의 부(富)는 부동
산 재테크를 통해서 축적되었다고 봐도 무리가 아니다.

몇 해 전에 고위공직에서 은퇴한 필자의 지인은, 노후대책으로 최근 강서구 염창동의 중형아파트를 팔아서 고향인 춘천에 5층짜리 상가 1동을 구입하고 남은 돈으로 소형아파트를 전세 얻어 이사했다. 19세에 행정고시에 합격한 그도 수십 차례 이사를 다닌 끝에 고위공직자가 돼서 겨우 마련한 아파트 1채가 그의 노후를 지켜주는 든든한 버팀목이 된 것이다. 또 필자의 오랜 단골집인 마포의 '○○ 설농탕' 집은 지금 그 자리에 빌딩을 신축 중이다. 70년대에 허름한 주택을 구입한 후 설렁탕집을 차려서 수십 년 동안 식구들과 먹고살았다. 그런데 예전에 한적했던 곳이 마포대로변 역세권으로 바뀌자 설렁탕집을 그만두고 빌딩을 짓는 것이다. 가족들과 거주하고 먹고살기 위해서 주택을 구입했는데 나중에 집값이 많이 올라서 엄청난 재산이 된 경우가 많다.

2009년 집값폭락, 내 집 마련 욕구를 꺾었다

부모세대가 부동산투자를 통해 부(富)를 축적한 것을 잘 아는 자녀세대(20~40대)도 부동산투자에 관심이 많았는데 2009~2010년 집값폭락을 경험한 이후 2040청년세대는 내 집 마련보다 임차를 선호했다. 청년세대가 내 집 마련을 포기하고 임차로 돌아서자 전세가가 폭등했다. 2012년부터 2016년까지 5년 연속 전세가가 상승하자 전세를 이용한 '갭 투자'가 성행했다. 문재인 정부가 출범한 2017년 5월 이후 지난해 11월까지 30개월 동안 서울집값이 폭등하자 2030청년세대도 내 집 마련으로 돌아섰다. 하지만 실제로 내 집을 마련한 사람은 그다지 많지 않다. 정부의 고강도 규제 때문에 집값상승세가 이어진다는 확신이 없기 때문이다. 지금도 여전히 점점 강도를 높여가는 정부의 규제 때문에 투자를 망설인다. 특히 12·16대책 발표 이후 시중에 집값폭락 설이 난무하기 때문에 투자를 더 망설인다. 그러나 필자는 정부의 부동산 규제가 실수요자에겐 오히려 기회라고 생각한다. 그래서 서둘러 내 집을 마련하라고 권하는 것이다.

부동산 과잉규제는 내 집 마련의 기회다

문재인 정부의 역사상 최강의 부동산 규제가 계속되고 있다. 그러나 정부가 규제하려는 대상은 집값상승의 진앙지인 강남의 고가주택(재건축아파트)이고, 타깃은 '다주택자' 즉 투기적 수요다. 따라서 실수요자(무주택자)라면 오히려 내 집 마련의 기회라고 생각한다. '주거권' 보장은 국가의 책무이고, 헌법에도 '국가는 주택개발정책 등을 통하여 모든 국민이 쾌적한 주거생활을 할 수 있도록 노력해야 한다'라고 규정하고 있다. 따라서 역대 정부는 1가구1주택자를 우대(보호)하는 정책을 시행해왔다. 문재인 정부도 마찬가지다. 그리고 앞으로 정권이 진보·보수 중 어느 쪽으로 바뀌어도 1가구1주택 우대(보호)정책은 유지될 것이다. 따라서 정부의 부동산 규제가 투기적 수요에 집중되는 지금이 실수요자에겐 내 집 마련의 기회라고 봐야 한다.

앞에서 필자는 '대외변수가 발생하지 않는 것'을 전제로 집값폭락은 오지 않는다고 했다. 그런데 코로나바이러스가 출현하여 전 세계로 확산하는 초유의 사태로 세계경제가 대공황 이후 최대위기에 빠졌다. 미국, EU를 비롯한 세계 각국이 경기침체 극복을 위해 정부가 재정지출을 확대하고 미 연준 등 중앙은행이 금리인하, 유동성 공급 확대와 같은 정책을 과감하게 시행한다. 한국도 마찬가지다. 글로벌 경제가 위기상황이지만 앞에서 설명했듯이 저금리와 풍부한 유동성 기조는 쉽게 바뀌지 않으리라고 전망되기 때문에 필자는 코로나 경제위기에도 불구하고 '집값폭락' 가능성은 작다고 본다. 따라서 지금이 내 집 마련의 기회이며, 내 집 마련을 더 미루면 평생 후회한다는 생각엔 변함이 없다.

02.

과잉규제,
부작용 부메랑으로 돌아온다

━━━ 결론부터 말하자면?

과잉규제는 집값폭등이라는 부작용을 불렀고,
앞으로 서울·수도권의 집값상승 가능성은 크다.

서울집값 폭락할까? 더 상승할까?

12·16대책 이후 시중에는 '집값 대폭락' '서울집값 반토막 난다'라는
설이 난무한다. 앞으로 서울집값이 폭락할까 아니면 상승세가 이어
질까? 앞에서 필자는 문재인 정부 출범 이후 서울집값이 폭등한 원
인은, '문재인 정부가 문제의 본질을 잘못 판단(집값상승의 원인은 '신
축 공급부족'인데 '투기적 수요'로 오판)하고 규제만 강화하기 때문에 집
값이 오히려 폭등했다고 말했다. 그리고 '재건축초과이익환수제(재초
제)'와 '민간택지 분양가상한제' 같은 과도한 규제가 집값상승의 촉매
제 또는 기폭제 역할을 한다고도 했다. 그래서 문재인 정부가 정책기
조를 바꾸지 않는 한 앞으로 집값이 더 상승할 가능성이 크다고 전망
했다. 과연 집값이 폭락한다는 주장이 맞을까?

　올해 들어 전문가들의 부동산 전망은 '보유세 부담 강화에 따른

급매물이 속출하면서 수도권 집값이 하향 안정세를 나타낼 것'이라는 것과 '매물 부족과 풍선효과에 따른 급등세가 나올 것'이라는 것으로 엇갈린다. 지난 1월 한국감정원에 따르면 감정원 부동산연구원은 '2020년 부동산시장 전망 세미나'를 통해 올해 수도권 집값은 12 · 16 부동산대책에 따른 매수심리 위축을 근거로 0.8% 하락할 것으로 전망했다. 반면 주택산업연구원은 '2020년 주택시장 전망'에서 정부의 강도 높은 부동산정책에도 불구하고 '대기수요가 꾸준한 데다가 공급 부족 심리 · 학군수요 등 가격상승 요인이 적지 않다'라는 이유로 서울아파트값이 1.2% 오를 것으로 내다봤다. 소비자의 집값 전망은 어떨까?

지난 1월 네이버 '부동산스터디' 카페에 따르면 1월 3일부터 일주일간 이 카페가 진행한 설문조사에서 '전체 응답자의 절반 이상이 주택가격이 상승할 것'이라고 전망했다. 이 카페는 92만 명이 가입한 국내 최대 부동산 커뮤니티다. 설문에 응답한 3,057명은 올해 서울집값 추이를 묻는 질문엔 10명 중 6명이 상승할 것이라고 대답했으며, 문재인 정부의 부동산대책이 중장기적으로 집값을 안정시킬 것으로 보느냐는 질문에는 무려 78.1%가 '아니다'라고 답했다. 그리고 서울집값 안정을 위해 가장 필요한 대책을 묻는 질문에 전체 응답자 중 62.4%가 '원활한 공급을 위한 재건축 · 재개발 촉진'이라고 대답했다. 한편, 국내대학(부동산학과)의 모 교수님은 최근 '정부가 부동산대책을 발표할 때마다 집값이 올랐다며, 전쟁 때나 나올 법한 초강력 대책, 결국 부작용의 부메랑으로 돌아올 것'이라고 전망했다.

내 집 마련 미루지 마라. 수도권 집값 더 오른다

앞에서 여러 차례 언급했듯이 정부가 정책기조를 바꾸지 않는 한 서울 수도권 집값은 더 오를 가능성이 크다. 지난 3년간 폭발적인 상승세를 보였던 서울 부동산 트렌드는 재건축·재개발과 신축이다. 즉 서울집값이 상승하는 것은 주택의 절대량이 부족해서가 아니라 신축 공급이 부족해서다. 주택이 점점 낡아가기 때문에 신축아파트에 수요가 몰리는데, 서울은 신축할 땅이 없어 오로지 재건축·재개발을 통한 공급만 가능하다. 정부는 재건축·재개발을 촉진하는 것이 아니라 거꾸로 규제해 공급이 축소되었고, 신축이 줄어들 것이라는 우려에 서둘러 집을 사자는 'BUY' 열풍이 불어 서울집값을 폭등시켰다. 그런데도 정부가 정책기조를 바꿀 기미가 전혀 없으니 서울·수도권 집값은 더 상승할 가능성이 크다고 보는 것이다. 물론 숨 고르기도 있을 것이다. 하지만 집값상승의 원인을 해결하는 것이 쉽지 않으니 중장기적으로는 집값이 더 상승한다고 보는 것이 맞다.

9억 원 아파트가 시장의 새로운 기준점이 된다

최근 부동산시장에선 정부가 12·16대책을 내놓으면서 규제 허들로 지목한 9억 원 아파트가 새로운 시장의 기준이 되는 것이 아니냐는 이야기가 나온다. 과거(종부세 시행 당시)에 고가 아파트의 심리적 기준은 6억 원이었고, 상당히 오랫동안 조정기를 거치면서 6억 원을 넘기지 않았다. 서울집값이 폭등하면서 서울 중위 아파트 매매가격이 9억 원에 근접할 무렵에 정부가 '9억 원은 고가, 15억 원은 초고가'라는 새로운 기준을 만들었고 이때부터 9억 원이 새로운 허들이 됐다는 분석이다. '9억 원 아파트가 새로운 시장의 기준이 된다'라는 것은 상당한 의미가 있다. 벌써부터 전문가들은 '9억 원 이하 아파트를 사라'고 하는데 이는 무심코 흘려보낼 문제가 아니다. 특히 내 집 마련 계획이 있는 무주택자는 관심을 가져야 한다. 그 이유를 살펴보자.

12·16대책 대출규제의 골자는 '투기지역이나 투기과열지구 내 시세 9억 원을 초과한 주택은 주택담보대출비율(LTV)을 현행 40%에서 20%로 축소, 15억 원을 초과한 초고가 아파트는 주택담보대출 전면금지'다. 예외규정도 없어서 모든 '차주'가 대상이다. 서울은 전 지역이 투기지역이거나 투기 과열지역이고, 하남, 광명, 분당 등 경기도 주요 지역 역시 투기과열지구인 점을 보면 그야말로 초강력 대책이다.

주목할 점은 '9억 원 초과 주택에 대한 대출규제의 최대 피해자가 30대 무주택자'라는 점이다. 서울에 내 집 마련을 계획한 30대 무주택자들의 내 집 마련의 꿈이 멀어질 수 있기 때문이다. 40~50대만큼 충분한 현금을 갖추지 못한 30대는 매매시장에서 설 자리가 좁아졌고, 청약가점도 낮아서 청약은 기회조차 얻기 어렵다. 그래서 30대 무주택자들은 누구를 위한 정책이냐며 불만을 쏟아낸다. 경제적으론 빚도 자산인데, 하물며 초저금리 시대다. 정부의 대출규제로 금융기관 대출을 받지 못한다면 큰 손실이 아닐 수 없고, 내 집 마련의 소중한 기회를 잃을 수도 있다. 그래서 '전쟁 때나 나올 법한 초강력 대책'이라고 비판하는 것이다.

9억 원이 새로운 기준점이 된다는 것의 의미

그러나 '악법도 법이다'라는 말이 있듯이 대출규제는 현실이 되었으니 따를 수밖에 없다. 그런 점에서 '9억 원 아파트가 새로운 시장의 기준이 된다'라는 것은 상당한 의미가 있다. 예를 들어 주택을 구입할 때는 대부분 레버리지를 이용한다. 특히 무주택자가 내 집을 마련할 때는 '주택구입자금대출'을 받는 것이 너무 당연했다. 정부도 무주택자의 '주택구입자금대출'은 '장기저리대출'이 될 수 있도록 금융기관을 지도·감독해왔다. 참고로 미국은 주택 구입 시 80% 혹은 그 이상의 모기지론이 제공된다. 12·16대책에서는 가계, 개인사업자, 법인 등 모든 '차주'가 규제대상이기 때문에 무주택자가 내 집을 마련하는 경우에도 똑같은 규제가 적용된다. 따라서 레버리지를 이용해야 하는 경우엔 9억 원 이하 주택을 구입해야만 한다. 이런 현실적인 문제 때문에 전문가들이 '서울·수도권에 9억 원 이하의 아파트를 사라'고 조언하는 것이다. 따라서 내 집을 마련하고 싶다면 먼저 구입할 주택의 금액을 정해야 한다. 현금보유 능력에 따라 9억 원 이상, 이하를 먼저 결정해야 지역을 선택할 수 있고 적합한 물건을 물색할 수 있기 때문이다.

입지선택에 따라 결과가 극명하게 갈린다

내 집 마련은 일생에서 가장 큰 투자지만 첫 번째 투자인 경우가 대부분이라 신중해야 한다. 싸게 사는 것보다 중요한 것이 입지선택이다. 내 집 마련 투자는 차익목적의 투자와는 다르다. 차익목적의 투자는 투자기간이 2~3년에 불과하지만, 내 집 마련은 5~10년이 보통이다. 따라서 입지선택이 무엇보다 중요하다. 과거 기성세대도 강남에 내 집을 마련한 사람들은 큰 부(富)를 거머쥐었지만 강북 외곽에 마련한 사람들은 그렇지 못했다. 구입 당시의 입지선택에 따라 결과가 극명하게 갈리기 때문에 중요하다고 하는 것이다.

서울과 수도권은 부동산 트렌드와 가격대가 다르니 입지를 분석하는 기준도 달라야 한다. 60년대 말경부터 건설된 서울의 부동산 트렌드는 재건축·재개발과 신축이다. 이보다 한참 뒤인 80년대 말경부터 건설한 수도권 신도시와 위성도시의 부동산 트렌드는 직주근접과 신축이다. 가격대도 다르다. 전체적으로는 서울집값이 수도권보다 비싸지만, 지역에 따라 수도권 집값이 서울보다 비싼 곳도 많다. 그럼 어디에 내 집을 마련하는 것이 좋은지 살펴보자.

03.

어디에 내 집을 마련해야 좋을까?

━━━ 결론부터 말하자면?

서울과 수도권은 부동산 트렌드가
다르다는 점에 주목해야 한다.

내 집 마련, 서울·수도권 어디가 좋을까?

당연히 서울이 좋다. 하지만 돈이 문제다. 강남은 모든 사람의 로망
이지만 아파트값이 엄청 비싸다. 부동산114 통계에 따르면 2019년 27
일 기준, 강남구 3.3㎡당 아파트가격은 5,526만 원, 서초구 5,071만
원, 송파구 4,028만 원이다. 강남3구(강남·서초·송파구) 아파트의 평
균 매매가격은 17억 2,187만 원이나 된다. 엄청 비싸서 웬만한 경제
력으론 엄두도 내지 못한다. 그러나 서울이 대상이라면 지역별로 집
값 차이가 크기 때문에 내 집을 마련하는 게 가능하다. 부동산114 통
계(2019년 말 기준)에 따르면 노·도·강(노원·도봉·강북) 지역의 아
파트 평균 매매가격은 4억 3,218만~5억 10만 원으로 강남3구에 비하
면 4분의 1에 불과하다. 아파트 4채를 팔아야 강남3구 아파트 1채를
살 수 있다. 서울의 아파트가격 상하위 지역은 다음 표와 같다.

서울아파트 매매가 상하위 지역(2019년 12월, 단위 3.3㎡)

상위 8개 지역		하위 8개 지역	
구 명	가격(만 원)	구 명	가격(만 원)
강남구	5,526	도봉구	1,488
서초구	5,071	중랑구	1,559
송파구	4,028	강북구	1,563
용산구	3,706	금천구	1,570
성동구	3,056	노원구	1,759
강동구	3,022	구로구	1,802
마포구	3,019	관악구	1,856
광진구	2,925	은평구	1,862

자료: 부동산114

이처럼 서울은 지역별 아파트값 차이가 매우 크다. 가격이 싼 일부 지역은 경기도의 판교, 분당, 광교 아파트값의 절반 정도밖에 되지 않는다. 따라서 경제력이 부족해도 서울에 내 집을 충분히 마련할 수 있다. 하지만 자신이 가진 돈에 맞춰 가격이 저렴한 구축아파트를 구입하면 안 된다. 지금 부동산 트렌드는 '신축'이고 앞으로도 쭉 그럴 것이다. 특히 미래 주택시장의 주역인 청년층(에코붐 세대)은 '구축아파트를 살 바엔 신축아파트에 전세 산다'라고 할 정도로 신축을 절대적으로 선호한다. 최근에 집값폭등을 분석해 보면 가격상승을 주도한 것은 모두 신축이거나 신축을 위한 재건축아파트고 구축아파트는 소폭 상승에 그쳤다. 이런 트렌드는 현재뿐만 아니라 앞으로도 쭉 계속될 것이 분명하다. 따라서 내 집 마련은 입지만큼이나 물건 선택도 중요하다.

서울과 수도권(경기·인천)은 부동산 트렌드가 다르다

다만, 서울과 수도권은 부동산 트렌드가 다르다는 점을 염두에 두어야 한다. 80년대 말경부터 건설한 수도권(경기 · 인천)은 '직주근접과 신축'이 트렌드다. 대부분 서울로 출퇴근하기 때문에 '직주근접'을 중시한다. 반면 60년대 말부터 건설한 서울은 주택의 노후도가 갈수록 심화하기 때문에 '재건축 · 재개발과 신축'이 트렌드다. 서울은 재건축 · 재개발이 '신축'의 유일한 통로이기 때문이다. 결국 서울과 수도권 모두 부동산 트렌드는 '신축'이지만 수도권은 '직주근접'이, 서울은 '재건축 · 재개발'이 중요하다.

'서울이 좋다, 수도권이 좋다' 하는 선입견을 버리고 냉정한 관점에서 내 집을 마련할 지역을 찾아야 한다. 다가올 10년, 주택시장은 20~30대 에코붐 세대가 주도한다는 점을 생각하면, 입지분석에서 최우선으로 고려할 점은 '직주근접'이다. 그리고 교육, 교통, 편의시설, 환경 등의 순으로 분석하자. 1장에서 서울아파트에 관한 여러 항목(2030서울플랜, 교통로, 개발계획, 유망지역 등)을 두루 살폈으니 이번 장에선 수도권(경기 · 인천) 아파트를 중심으로 보자.

04.

수도권 권역별 입지
심층분석

결론부터 말하자면?

성공투자의 핵심은 입지분석,
수도권 권역별 입지를 심층 분석한다.

경기 동북권 입지분석

서울을 중심으로 경기 동북권은 하남, 구리, 남양주, 의정부, 양주를
말한다. 그중 수요자의 관심이 높은 하남, 구리, 남양주 순으로 입지
를 살펴보자.

하남은 1989년 1월 1일 광주군 동부읍 · 서부면과 중부면 일부를
합쳐, 하남시로 승격되었다. 하남은 전체면적이 93.07㎢로 작은 '위
성도시'다. 그러나 서울 강동구와 인접한 지리적 이점 때문에 꾸준히
성장해왔다. 특히 위례신도시(송파 · 하남 · 성남에 위치) 건설, 미사지
구 개발, 지하철 5호선 하남 연장으로 아파트가격이 급등했다. 현재
하남의 전용 84㎡ 아파트 매매가는 7억 원 후반~8억 원 초반으로 3.3
㎡당 2,400만 원 수준이다. 지난해 10월 지하철 3 · 9호선 연장계획이

발표된 이후 호가가 오르고 있다.

행정구역상 경기도인 하남은 서울 같은 느낌을 준다. 실제로도 서울 사람들이 많이 옮겨온다. 도시면적이 좁아서 독자적인 발전에 한계가 있으므로 서울의 영향이 크다. 현재도 서울지하철 연장 등의 영향으로 도시가 발전한다. 하남은 '위례신도시' 건설, '미사지구' 개발로 아파트가격이 급등한 이후 완만한 상승세를 이어왔다. 지하철 3·9호선 연장 등 호재가 많고, 강남에 인접한다는 지리적 이점과 풍선효과 등의 영향으로 상승세는 이어질 것으로 전망된다. 앞으로도 서울 아파트가격에 지속적으로 영향을 받을 것이다.

구리는 1986년 1월 1일 남양주시(당시는 군)에서 분리돼 구리시로 승격했다. 전체면적이 33.3㎢에 불과한 소도시로 서울의 주거기능 분산을 위해 만든 '위성도시'다. 서울과 인접한 지리적 이점 때문에 구리의 아파트가격도 꾸준히 상승했다. 하지만 전체면적 중 약 64%가 개발제한구역으로 묶여 있어 자체적인 요인에 의해 상승했다기보다는 서울 아파트가격 상승에 따른 갭 메우기 형태로 상승했다고 보는 것이 맞을 것이다. 면적이 원체 좁아서 자체적인 발전에는 한계가 있다. 현재 구리 아파트 3.3㎡당 매매가는 1,900만~2,000만 원 정도다. 12·16대책의 풍선효과 등으로 호가가 다소 오르고 있으며, 앞으로도 과거처럼 서울 아파트시세에 따라 가격이 변동될 것으로 예상된다. 다만 지하철 8호선이 강동구 암사동에서 구리를 거쳐 남양주 별내까지 연장되기 때문에 2022년에 개통되면 강남 접근이 훨씬 좋아져 구리의 아파트값도 재평가될 것으로 전망된다.

남양주는 서울의 동쪽지역과 경계를 이루는 인접지역이다. 면적은 458.535㎢로 하남, 구리보다 훨씬 넓다. 강남(삼성동)을 기준으로 보면 김포, 일산, 파주보다 훨씬 가깝고 인구도 70만 명이나 된다. 남양주 아파트가격은 인근 하남, 구리보다 훨씬 저렴한데 매매가가 3.3㎡당 750~1,400만 원 정도다. 왜 이렇게 저평가될까? 필자는 남양주 아파트가격 저평가 요인은 '주거지가 여러 곳에 난립해 있다는 점, 교통로가 복잡하고 모두 서울 강북 구도심으로 연결된다는 점, 강북의 구도심(낙후지역)과 인접한다는 점' 등이라고 생각한다.

남양주의 주거지구(아파트)는 덕소, 평내 · 호평, 도농, 진접, 장현, 퇴계원, 마석 등 여러 곳에 흩어져 있다. 나중에 건설된 별내신도시도 면적이 5.1㎢로 동탄신도시(33.04㎢)의 1/6.5, 운정신도시의 1/2, 한강신도시의 1/3에 불과해 도시로서의 면모를 제대로 갖추지 못했다. 이처럼 주거지가 여러 곳에 난립한 것이 남양주 아파트가격 저평가의 가장 큰 요인이라고 판단한다. 만일 남양주가 분당, 일산처럼 신도시로 개발되었다면, 남양주 아파트값은 분당에 버금갈 것이다. 남양주는 주거지 난개발로 인해 교통로가 복잡하고, 모두 서울 강북의 구도심으로 연결되기 때문에 교통이 불편하다. 남양주를 지나는 경춘선, 중앙선도 모두 강북 구도심인 망우, 상봉, 중랑, 청량리를 거치기 때문에 광화문 · 종로까지 이동하는 데 많은 시간이 걸린다.

그러나 남양주 아파트값이 빠르게 재평가될 것으로 전망된다. '다산신도시'가 완공돼 입주 2년 차를 맞이하고, 3기 신도시로 건설되는 '왕숙신도시'에는 판교테크노밸리의 2배에 가까운 140만㎡에 경제중심도시를 조성해 첨단 스마트그리드(지능형 전력망)를 중심으로 ESS(에너지저장시스템) 관련 산업, 전기장치 부품산업, 방송 · 엔터테인먼트

기업 등을 유치할 계획이다. 그리고 지하철 8호선을 남양주 별내까지 연장하고, 지난해 예비타당성조사를 끝낸 GTX-B노선을 2026년까지 완공예정이다. 여기에 강남(강동구 암사동)과 연결되는 8호선이 별내 신도시까지 연장되기 때문에 남양주의 교통이 획기적으로 개선될 거라 기대되기 때문이다. 남양주에 내 집을 마련한다면 신축과 구축의 아파트 품질격차가 너무 크니 반드시 '신축'을 구입해야 한다. 남양주의 유망지역은 '다산신도시'와 '별내신도시'다. 왕숙신도시는 분양가가 주변시세보다 높지 않다면 청약에 관심을 가져볼 만하다.

경기 동남권 입지분석

서울을 중심으로 경기 동남권은 경부라인을 따라 성남, 분당, 판교, 용인, 수원(광교), 동탄으로 이어진다. 이들 지역은 강남과 인접한 지리적 이점, 편리한 교통, 주변에 다른 도시가 배치되지 않아 공간이 널찍한 점, 자연환경이 우수한 점 등으로 자타가 인정하는 수도권 최고의 입지다. 순서대로 입지를 살펴보자.

성남은 서울의 턱밑에 위치하고 교통·접근성이 우수한데도 분당, 판교, 위례 등 신도시에 밀려 투자 관심에서 멀어진 지역이다. 분당구를 제외한 성남 구도심은 도로가 협소하고 건축물이 낙후돼 부동산시장에서 관심 밖이었다. 그랬던 성남시가 구도심 정비사업을 통해 부활을 꿈꾸고 있다. 정비사업은 재개발·재건축 두 축으로 진행되는데, 사업추진이 수월한 재건축은 벌써 진행이 많이 되었다. 대장주인 신흥주공재건축은 2017년 8월에 '산성역 포레스티아' 브랜드로 일반분양을 했다. 분양 후 즉시 입주권에 프리미엄이 붙었다. 재개발사업도 적극적으로 추진 중이다. 금광1구역, 신흥2구역, 중1구역 등이 돋보이는데 금광1구역은 5,320세대 대규모 단지로 LH공사가 시행을, 대림산업이 시공을 맡았다. 6·17대책 이전까지 투기과열지구가 아니었던 성남, 수정구는 조합원 입주권 거래가 가능해 웃돈이 붙어 거래되었다. 지난해 기준으로 금광1구역은 전용 59㎡(25평형)에 1억 4,000만 원, 4,774세대 대단지인 신흥2구역 전용 59㎡(25평형)는 2억 700만 원 정도의 웃돈이 붙었다. 하지만 인근의 '산성역 포레스티아' 동일 평형 입주권 시세가 5억 7,000만 원인 점을 생각하면 완공 이후 아파트가격은 상당히 높게 형성될 것으로 전망한다. 이처럼 성남시가 구도심 정비사업을 통해 새로운 도시로 탈바꿈하기 때문에 성남에 내 집을 마련하는 것도 나쁘지 않다. 특히 성남은 부동산가격이 주변 지역과 비교해 저렴하므로 경제력이 부족한 사람도 투자할 수 있다.

분당은 '천당 아래 분당'이라는 수식어가 붙을 정도로 수도권 최고의 입지다. 강남과 인접한 지리적 이점도 있지만 강남 못지않게 편익시설이 잘 갖춰져 있고, 교통이 편리해서 서울 접근이 쉽다. 도시의 공간이 널찍하고 자연환경도 우수해 무엇 하나 나무랄 것 없는 최고의 입지다. 그러나 내 집 마련 후보지 추천은 좀 망설여진다. '거주'에는 더없이 좋지만 장차 집값이 오른다는 확신은 부족하기 때문이다. 분당의 집값은 웬만한 서울집값보다 비싸다. 하지만 분당은 곧 30년이 돼 갈수록 아파트가 낡아가지만 재건축이 쉽지 않다. 앞서 설명했듯이 고밀도지구 재건축은 용적률과 가격을 동력으로 추진하는데 강남처럼 아파트가격이 높지 않아서 재건축요건을 충족하지 못하는 단지가 의외로 많기 때문이다. 리모델링을 대안으로 제시하는 전문가도 있지만 이 또한 어렵다. 분당에 아파트를 구입하고 싶다면 이런 점을 충분히 고려해 입지(단지)를 선택해야 한다.

판교는 '천당 아래 분당'이라고 회자되는 분당의 아성을 가볍게 제친 곳이 판교신도시다. 판교신도시는 다른 신도시에 비해 부동산가격 상승률이 높아서 12년 전 분양가격 대비 두 배 이상 올랐는데도 여전히 상승세를 이어가고 있다. 이렇게 판교신도시가 핫한 것은 강남과 인접한 지리적 이점, 편리한 교통망, 판교테크노밸리 등으로 3040 젊은 고소득·전문직 종사자들을 대거 끌어들이기 때문이다. 제2 판교테크노밸리 완공에 이은 제3 판교테크노밸리 조성을 정부가 적극적으로 지원하고, 국내외 자본투자가 줄을 잇고 있어 '한국의 실리콘밸리'로서의 발전이 기대된다. 교통도 편리하다. 신분당선, 경강선 더블역세권이다. 한 정거장 건너가 분당선 정자역이며, 2023년 GTX판교역이 개통되면 사실상 쿼트리플 역세권이다. 승용차를 이용해도 경부고속도로, 서울외곽순환도로, 분당내곡 간·분당수서 간 도시고속화도로를 통해 강남의 업무지로 30분 내 이동이 가능하다. 이처럼 도시발전 요인을 고루 갖추고 있는 판교는 젊은층의 내 집 마련 최적지라고 생각한다.

다만 아파트가격이 많이 오른 것은 부담이다. 'KB부동산 리브온' 시세통계에 따르면 2019년 12월 기준 판교의 3.3㎡당 매매가격은 3,460만 원으로 수도권 신도시 중 아파트값이 가장 비싸다. 그러나 부동산은 오르는 곳이 더 오르는 속성이 있다. 판교의 아파트값은 강남과 연동되어 움직일 것이라 여전히 미래가 밝다고 할 수 있다.

용인은 남양주처럼 여러 곳을 '택지개발지구' 형태로 개발해 주거지구(아파트)가 여러 곳에 흩어져 있고, 우수한 입지에도 불구하고 '신도시'가 없는 특이한 지역이다. 그래서 강남과 인접한 경부라인이라는 우수한 입지에도 불구하고 집값이 많이 오르지 못했다. 용인은 2000년대 초 강남과 함께 부동산 광풍을 주도했던 지역이기도 하다. 수지, 신봉, 성복, 상형, 보정, 마북, 구성, 동백, 신갈, 보라지구가 연이어 개발되면서 대형아파트 위주의 단지에 묻지마식 투자가 몰렸다. 그러나 지금은 대형아파트의 무덤이라고 할 정도로 침체를 벗어나지 못하고 있다. 수지, 신봉, 성복, 상형지구는 신분당선 개통과 광교신도시 개발호재 등에 힘입어 분양가 또는 전고점 수준까지 회복했지만, 마북, 동백, 구성, 신갈, 보라지구 대부분은 아직도 분양가 또는 전고점을 회복하지 못했다. 그러나 '썩어도 준치'라는 말처럼 용인은 수도권 최고의 입지 중 한 곳이다. 12·16대책 발표 후 수개월이 지난 지금 시중에는 '지는 마·용·성 뜨는 수·용·성'이란 말이 떠돈다. '마포·용산·성동'의 집값은 정체되고 '수원·용인·성남'의 집값은 오른다는 뜻이다. 그러나 남양주처럼 주거지가 여러 곳에 난립하고, 신도시가 없는 용인의 집값상승엔 한계가 있어 보인다. 다만 대형호재가 있는 구성역(GTX용인역) 주변 지역은 재평가(상향)될 것으로 예상된다.

용인시는 구성역(GTX용인역) 주변 보정·마북·신갈동 일대 390만㎡를 경제신도시로 추진한다. 필자가《그래도 부동산이 돈이 된다》를 집필할 때는 용인시가 이 경제신도시 계획이 담긴 '용인도시기본계획'을 경기도에 승인신청한 상태였다. 지난해에 경기도의 승인이 났고, 명칭도 '플랫폼시티'로 바꿨다. 판교 테크노밸리의 다섯 배나 되는 플랫폼시티 건설의 목적은 'GTX건설 효과 극대화 및 경제 활성화와 일자리 창출'이다. 그래서 사업부지 80%를 산업용지(40%)와 상업·업무시설용지(40)로 개발하는 계획을 수립했다. 산업용지는 정보기술(IT), 생명공학기술(BT), 문화산업기술(CT)을 융합한 4차산업 전진기지로 조성할 계획이다. 주목할 것은 용인시가 'GTX 개통 후 무계획적인 공동주택 개발을 막아 불필요한 사회·경제적 비용을 최소화하기 위해, 산업, 상업·업무시설을 확충하고 공동주택 건설을 억제'한다는 방침이어서 기존주택의 가치가 상향될 것이라는 점이다. 따라서 플랫폼시티 주변 지역의 관심은 점점 뜨거워질 것이다.

다만, 용인은 신축과 구축의 가격차가 매우 크다. 아파트 대부분이 20년에 가깝기 때문인데 구축아파트 시세는 85㎡가 4억 5,000만~6억 원 수준이지만, 지난해 6월 입주한 성복동 '성복역 롯데캐슬 골드타운' 전용 84㎡는 최근 11억 7,200만 원에 거래됐다. 이처럼 용인은 신축과 구축의 가격차가 크기 때문에 반드시 '신축'(최소한 10년 이내) 아파트를 선택해야 한다.

동탄은 무엇보다 도시면적이 넓은 것이 강점이다. 경부고속도로를 기준으로 서쪽의 제1동탄(9.03㎢), 동쪽의 제2동탄(24.01㎢)을 합한 총면적은 33.04㎢, 분당신도시(19.9㎢) 면적의 약 1.7배에 이른다. 이처럼 도시면적이 넓어서 공원과 녹지공간이 충분히 확보되고 호수공원과 수로 등이 잘 어우러져 쾌적하다. 청년세대가 많이 입주해 유아교육인프라가 잘 갖춰져 있으니 아이 키우기 좋고, 인접 기흥에 삼성전자 반도체공장이 위치해 글로벌기업 한국지사를 비롯한 관련 기업이 많아 자족도시로 발전할 가능성도 기대된다.

동탄의 부동산가격이 판교, 분당보다 저렴한 것은 대중교통이 불편하기 때문이다. M버스나 승용차를 이용할 경우 강남역 등 주요 업무지역까지 40~50분대(출퇴근 시간대는 1시간 이상)로 이동할 수 있지만, 지하철은 불편하다. 유일한 1호선 서동탄역이 도시 끝자락에 있는 데다가 용산역, 서울역까지 1시간 이상 소요돼 전철 이용이 많지 않다. 가장 먼저 공사에 착수한 GTX-A노선이 완공·개통(2023년 예정)되면 동탄에서 삼성역까지의 이동시간이 대폭 단축돼 도시발전에 탄력이 붙을 것이다. 벌써 역세권의 아파트가격은 많이 올라 전용 85㎡가 7억 원을 호가한다. 2018년 말경부터 입주를 시작한 제2동탄은 한꺼번에 수만 세대가 입주하다 보니 지난해 일부 지역에서 역전세 현상을 보였으나, 신규 입주물량 소화기간을 거치고 나면 동탄신도시의 아파트가격도 상승세를 탈것으로 전망된다.

수원은 '영통'과 '광교신도시' '권선구(호매실택지개발지구)' 등은 신도심이고, 그 외 지역은 대부분 구도심이라 차별화가 심한 지역이다. 특히 광교에 사는 사람들은 광교를 수원과 분리해달라고 할 정도다. 광교의 아파트 매매가는 구도심 아파트시세(3.3㎡당 1,200만~1,300만 원)의 약 2배나 된다. 부동산114에 따르면 입주 첫해인 2011년 1,378만 원에서 지난해 11월 2,437만 원으로 76.85%나 뛰었다. 광교신도시는 도시건설에 무려 14년이 걸렸다. 2005년 수도권 2기 신도시로 사업이 시작됐지만 이명박 정부 당시의 집값폭락 여파로 수년 동안 분양이 중단되는 아픔을 겪었다. 박근혜 정부의 경기부양책에 힘입어 부활한 광교신도시는 2011년, 아파트 입주를 시작한 이후 수원컨벤션센터, 수원고등법원, 고등검찰청 등 공공시설이 들어왔다. 2020~2021년에는 경기도청, 경기도의회, 경기도교육청, 경기도시공사, 한국은행 등이 입주할 예정이다. 그리고 광교테크노밸리, 광교비즈니스센터, R&D융복합단지인 CJ블로썸파크 등의 개발호재도 있다.

광교는 교통도 편리하다. 신분당선을 이용하면 강남역까지 17분에 이동할 수 있고, 차량을 이용해도 강남 업무지까지 약 40분이면 이동할 수 있다. 그리고 신분당선 연장사업도 차질 없이 진행된다. 신분당선 강남~용산 연장 1단계인 신사~강남 구간 공사가 현재 진행 중이고, 광교~호매실 구간도 예비타당성조사를 통과하고 경기도와 수원시가 조기착공협약을 체결했다. 예비타당성조사 통과 후, 호매실역이 들어서는 권선구(호매실택지개발지구) 일대 아파트값이 무섭게 상승했다. 이제 막 입주를 시작한 호매실택지개발지구의 아파트 분양권 프리미엄이 3~5억 원씩 붙어 거래되자, 정부가 서둘러 수원 영통·권선·장안구를 조정대상 지역으로 지정했다. 그러다가 6·17 대책에서는 투기과열지구로 지정했다. 수원은 주거지로 크게 관심받지 못했지만, 광교신도시 건설과 신분당선 개통으로 상황이 급반전됐다. 특히 광교, 영통, 권선(호매실택지개발지구), 장안구는 신도심인 데다가 공간이 넓고 광교산과 호수공원 등 자연환경도 뛰어나서 앞으로 동남권의 핵심 주거지로 발전할 것이다.

경기 서북권 입지분석

서울을 중심으로 서북권은 삼송신도시, 원흥지구, 화정·행신지구, 일산신도시, 파주 운정신도시를 말한다. '신도시'와 '주거지구'가 서울을 겹겹이 둘러싸고 있어서 여유 공간이 별로 없는 지역이다. 삼송, 일산, 운정 순으로 입지를 살펴보자.

삼송신도시는 경기도와 고양시가 '택지개발지구'로 지정해 개발했는데, 나중에 '신도시'라는 명칭이 붙었다. 2004년 사업시행인가를 받아 2007년에 분양을 시작했지만, 이명박 정부 당시 집값폭락의 영향으로 대규모 미분양이 발생해 사업추진이 중단되는 아픔을 겪었다. 박근혜 정부의 경기부양책으로 미분양이 해소됐다. 전용 84㎡ 분양가가 3억 원대(3.3㎡당 1,000만 원)에서 5억 원대까지 가파르게 상승했다. 부동산114에 따르면 지난해 7월 5일 기준, 삼송동의 아파트 3.3㎡당 매매가격은 1,769만 원으로 고양시에서 가장 높았다. 일산신도시 장항동(1,373만 원)과 백석동(1,353만 원)을 추월한 것이다. 삼송신도시가 고양시 최강자로 올라선 것은 서울과 최인접지인 데다가 생활 인프라가 잘 갖춰져 있기 때문이다. 삼송지구는 농협 하나로마트, 이케아에 이어 신세계의 초대형 쇼핑 테마파크인 '스타필드'가 개장해 신흥 쇼핑메카로 변신 중이다.

삼송지구는 공간이 넉넉해 도시가 복잡하지 않고 북한산의 아름다운 경관을 한눈에 볼 수 있으며, 산과 하천이 어우러진 아름다운 자연경관을 자랑한다. 교통은 지구 내에 지하철 3호선 원흥역과 삼송역이 있어서 강북 도심은 30분대에, 강남은 1시간대에 이동할 수 있다. 인접한 은평뉴타운에 '롯데 복합쇼핑몰'과 '가톨릭대학교 강북성모병원'이 있어서 생활이 편리하다. 삼송은 무엇보다 새로 건설된 신도시, 서울과 경계를 이루는 최인접지라는 게 최대 강점이다. 따라서 삼송신도시는 서북권의 최강자 위치를 상당 기간 유지할 것으로 전망된다.

일산신도시는 분당신도시와 함께 수도권 1기 신도시로 건설되었다. 수도권 1기 신도시 5곳 중 '천당 아래 분당' '천하제일 일산'이라고 할 정도로 분당과 일산은 쌍벽을 이뤘다. 실제로도 분당과 일산은 규모, 위치, 공간구성, 환경 등 모든 면에서 2기 신도시 중 가장 훌륭하다. 일산은 탁 트인 한강조망권, 호수공원 등 자연환경이 뛰어나다. MBC 일산 드림센터, SBS 탄현제작센터, 문화콘텐츠단지가 들어서고, 대규모 전시·컨벤션센터인 KINTEX(한국국제전시장)이 들어섰다. 2005년 4월에 개장한 KINTEX는 2011년 9월, 제2전시관을 개장해 명실상부한 국내 최대 전시·컨벤션센터가 되었다. 고양종합운동장이 있어서 전국적·국제적 행사가 자주 열린다. 롯데백화점, 홈플러스, 코스트코 등 쇼핑몰과 각종 편익시설을 두루 갖추고 있다. 교통도 비교적 편리하다. 지하철 3호선과 경의선이 지나고, 자유로, 제2자유로, 고양대로, 중앙로 등 다양한 루트로 서울 접근이 가능하다. 그래서 일산은 자타가 인정하는 '거주'하기 좋은 도시다.

그런데 집값이 문제다. 92년 동시 입주할 당시 일산과 분당의 집값은 비슷했다. 하지만 지금 일산의 아파트값은 분당의 절반 수준이다. 90년 10월 일산·분당 동시분양 가격은 전용 84㎡(32평형)가 5,800만 원 정도였는데, 90년대까지는 1억 원대로 비슷했다. 그런데 지금 일산은 동일 평형대 아파트값이 4억 원대를 겨우 유지하고 있지만, 분당의 동일 평형대 아파트값은 8억 원대 이상을 넘나들고 있다. 경기 서북권 최고의 '거주지'로 평가받는 일산의 아파트값이 왜 이렇게 상승하지 못하는 걸까? 서울과 가까운 지역에 신도시, 주거지구를 연이어 건설한 것이 가장 큰 이유다. 삼송신도시, 원흥지구가 건설되자, 30~40대 젊은 세대가 노후화된 일산을 떠나 신도시로 이주했다. 정부의 '창릉신도시' 발표에 일산 주민들이 강력하게 반발하는 이유가 여기에 있다.

일산은 인프라가 완벽하게 갖춰진 서북권 최대 도시다. 자족도시의 기능과 강남으로의 접근성이 상대적으로 떨어지기 때문에 아파트 값이 많이 오르진 못했지만, 킨텍스 주변 개발로 일자리가 증가하고 GTX-A노선이 개통되면 대중교통이 획기적으로 개선돼, 아파트값도 재평가될 것으로 전망된다. 다만, 일산도 곧 30년이 되면서 갈수록 노후 아파트가 증가하는데 재건축이 쉽지 않은 단지가 적지 않다. 따라서 일산에 내 집을 마련할 경우 '신축(10년 이내)' 아파트를 구입할 것을 권한다.

운정신도시는 참여정부 당시인 2003년에 1, 2, 3구역으로 나누어 지정되었다. 그중 1~2구역은 2007년 분양하고 2010년 입주했는데 곧바로 침체에 빠졌다. 당시 부활한 분양가상한제를 적용받아 3.3㎥ 당 1,000만 원 수준이었다. 필자의 회사도 운정신도시에 2,000세대가 넘는 아파트를 공급했다. 초기분양도 비교적 잘 됐지만 이명박 정부 당시 집값이 폭락하면서 운정신도시 아파트값도 폭락하는 바람에 대규모 미분양이 발생했다. 그 여파로 3구역은 지금까지 사업시행을 하지 못해 운정신도시는 아직도 미완성이다. 운정신도시 중소형아파트는 분양가를 회복했지만, 대형아파트는 아직이다. 운정신도시의 최대약점은 이동거리가 멀기 때문에 교통이 불편하다는 것이다. 자유로, 제2자유로를 이용해 광화문·강남까지 40~60분대에 이동할 수 있지만, 출퇴근 시간대에는 1시간 20~30분이 소요된다. 유일한 전철인 경의·중앙선을 이용하면 시청, 광화문까지 1시간, 강남까지 1시간 20~30분이 소요된다.

이처럼 운정신도시는 아직도 미완성이고, 교통이 불편하다는 약점이 있다. 그러나 LH가 3구역 건설에 착수했고, 이미 확정된 GTX-A노선과 지하철 3호선 대화~운정 간 연장공사가 완공되면 대중교통이 획기적으로 개선돼 도시발전에 탄력이 붙을 것으로 전망된다. 다른 신도시에 비해 아파트값이 저렴해서 아파트가격 상승률은 오히려 높을 것이다.

경기 서남권 입지분석

서울을 중심으로 경기 서남권은 김포, 시흥, 검단, 안산, 중동, 광명, 평촌, 과천, 산본 등을 말한다. 경기 서남권도 신도시, 위성도시가 서울을 겹겹이 둘러싸고 있는 매우 복잡한 지역이다. 그러나 일부 지역을 제외하곤 그다지 관심이 높지 않다. 김포한강신도시, 광명, 과천, 평촌 순으로 입지를 살펴보자.

김포한강신도시는 2003년 참여정부의 수도권 2기 신도시로 지정되었지만. 도시를 건설하는 동안 많은 아픔을 겪었다. 2010년 1단계 분양에서 대규모 미분양이 발생해 '미분양의 무덤'이라는 오명을 뒤집어쓰고 한동안 도시건설이 지연되었다. 2014년 전세난을 틈타 '전세금으로 내 집을 장만하자'라는 홍보가 먹히면서 미분양이 해소되었다. 그러나 건설사들이 미뤘던 분양물량을 대량 쏟아내면서 다시 미분양이 발생했다. 한강신도시의 분양가가 비교적 저렴해서 상대적으로 가성비가 좋다는 인식 덕분에 미분양이 해소되었고, 2016년에는 정부의 미분양 관리지역에서 제외되었다. 이처럼 우여곡절을 겪었지만 최대 난제인 교통문제가 남아있다. 김포는 육상교통도 불편하지만 지하철이 없는 것이 최대 약점이었다. 김포시는 이 문제해결을 위해 대한민국 최초로 시 재정을 투입해서 도시철도(경전철) 건설을 추진했고, 여러 차례 연장 끝에 2019년 9월 28일 김포(양촌)와 강서구(김포공항역)를 잇는 김포도시철도(김포 골드라인)가 개통되었다.

그러자 아파트가격도 올랐다. 김포한강신도시는 지역과 평형에 따라 가격차가 매우 크다. 3.3㎡당 매매가는 1,050만~1,300만 원대를 형성하고 있다. 그러나 다른 신도시에 비하면 저렴한 편이다. 인천–김포 고속도로 개통에 이어 김포도시철도가 개통되었고, 수도권 제2순환고속도로 상습 정체구간인 김포~서창구간 사업이 속도를 내는 등 교통이 빠르게 개선되고 있어서 한강신도시 아파트값도 상승세를 이어갈 것으로 전망된다.

광명은 서울, 인천, 수원으로 이어지는 트라이앵글 지역의 중심부에 있는 서울 위성도시다. 수도권 위성도시 중 서울특별시 도시계획에 의해 조성된 도시라서 그런지 서울특별시에 편입해야 한다는 소리도 가끔 나온다. 그런 광명이 한동안 침체기를 겪었다. 그러나 2002년 광명동, 철산동 일대가 뉴타운으로 지정되면서 사정이 달라졌다. 총 23개 구역으로 지정된 광명뉴타운은 사업추진에 어려움을 겪다가 12개 구역이 해제되고 현재는 11개 구역만 재개발이 추진 중이다. 광명뉴타운을 최대 관심지역으로 바꿔놓은 것은 고강도 부동산 규제다. 정부가 강남 재건축에 메가톤급 규제를 가하자 이른바 '풍선효과'로 광명뉴타운에 투자가 몰렸다. 특히 광명뉴타운은 1억 원대 투자도 가능해 소액투자들의 관심이 뜨겁다.

사업 속도가 가장 빠른 16구역은 GS건설과 두산건설이 시공을 맡아 2018년 1월 '광명에코자이위브'로 일반분양을 마쳤다. 지상 최고 29층, 19개 동 총 2,104세대 중 일반분양은 910가구이다. 2020년 11월 입주 예정인 16구역은 조합원 입주권 전매제한을 받지 않아 현재 조합원 입주권에 웃돈이 붙어 거래된다. 관리처분인가를 받은 15구역 입주권도 1억~1억 5,000만 원 정도 웃돈이 붙어 거래된다. 정부가 12 · 16대책에서 서울 주요 지역과 과천, 하남, 광명시 13개 동을 '민간택지 분양가상한제' 적용지역으로 지정해 사업차질이 우려되었지만 예정대로 진행되고 있다. 지난해 10월에는 5구역이, 올해 1월에는 4구역이 관리처분계획인가를 받았다.

광명뉴타운 전체가 완공되면 약 2만 5,000세대 미니급 신도시로 탈바꿈하게 된다. 안양천 · 목감천을 경계로 서울시와 맞닿아 있고 KTX 광명역, 지하철 1 · 7호선 등을 이용해 서울의 업무지역(강남, 광화문, 여의도)으로 30여 분이면 갈 수 있다. 여기에 수도권 서남부권 융복합 첨단산업 메카 조성을 목표로 2022년까지 1조 7,494억 원을 투입해 '광명시흥테크노밸리'를 건설하고, 국내 최고 동굴테마파크인 광명동굴 주변 17만 평에 자연주의 테마파크인 '광명 문화관광복합단지' 조성을 2026년까지 완료할 예정이다. 이처럼 광명시는 '문화관광복합단지' '광명시흥테크노밸리'와 역세권 지역을 연계해 관광 · 첨단산업 · 상업 클러스터 형성을 꾀하고 있어 수도권 서남부지역의 거점도시로서의 발전이 기대된다. 과천과 함께 가장 매력적인 투자대상이기도 하다.

과천은 행정구역상 경기도에 있지만 강남권과 인접한 지리적 조건 때문에 강남에 버금가는 주거 선호지역이다. 정부종합청사 이전과 아파트 노후화 때문에 한동안 침체를 겪었다. 재건축해야 하지만 경기도(과천시)가 주거지역의 용적률을 100% 이하로 관리하고 있어서 불가능했다. 그러다가 2008년에 발생한 금융위기 극복을 위한 경기 활성화 대책의 일환으로 용적률 상향 즉, 용도지역별로 200~220%까지의 용적률을 적용하면서 현재는 재건축이 활발하게 진행되고 있다. 과천 아파트는 대부분 저층이라 재건축 개발이익이 상당히 높아서 투자자의 관심도 높다. 다만, 과천 재건축 12개 단지 대부분은 조합설립인가를 받아서 조합원지위 양도 양수가 불가능하다. 그러나 '10년 보유, 5년 거주한 1가구1주택자'의 조합원지위 양도는 가능하고 청약가점이 높은 경우 일반분양에 청약할 수 있다.

과천은 첨단산업연구단지 목적의 '과천지식정보타운'을 건설하고, 지하철 4호선 정부청사역과 인덕원역 사이에 새로운 역(가칭 '과천지식정보타운역')을 신설할 예정이며, 지하철 4호선 경마공원역 인근에 쇼핑, 업무, 숙박, 문화시설로 어우러진 복합시설인 '과천복합문화관광단지'를 2021년 완공 목표로 건설할 예정이다. 따라서 과천은 자족도시로서의 발전도 기대되는데, 관악산, 청계산, 우면산, 매봉산에 둘러싸인 쾌적한 자연환경과 남태령만 넘으면 바로 강남과 맞닿는 지리적인 장점으로 지난 2년 동안 과천의 아파트값은 전국 최고 상승률을 기록했다.

서울외곽순환고속도로, 국도47호선, 지하철 4호선이 지나는 과천은 교통/접근성도 우수하다. GTX-C노선이 개통되면 교통은 더 좋아진다. 이처럼 최고의 환경과 조건을 가진 과천은 눈부시게 발전할 것이다. 따라서 과천의 아파트가격 상승세는 상당 기간 이어질 것으로 전망된다. 다만, 9억 원이 넘는 아파트가 많으니 정부의 대출규제를 염두에 두고 감당할 수 있는 물건을 선택해야 한다.

평촌신도시는 서울 도심에서 남쪽 20㎞ 지점인 안양시 동안구 평촌동, 비산동, 호계동, 관양동 일원에 건설된 1기 신도시(분당, 산본, 일산, 중동, 평촌) 중 하나다. 평촌신도시는 북쪽(관악산, 629m)과 남쪽(모락산, 385m)의 산악 지대 사이에 펼쳐진 평야 지역으로, 안양시에서 가장 넓고 평탄한 지대다. 서쪽으로는 한강의 지류인 안양천이 흐르고, 북쪽에는 학의천이 흐르며, 안양천 건너엔 수리산 도립공원이 있다. 인덕원 고개를 넘으면 과천이고, 남태령 고개만 넘으면 바로 서울이다. 지하철 4호선을 타고 사당역에서 2호선으로 환승하면 강남까지 약 20분에 갈 수 있고, 승용차를 이용해도 30~40분이면 가능하다. 이처럼 평촌은 쾌적한 자연환경과 편리한 교통으로 1기 신도시 중 분당 다음으로 비싸다. 'KB부동산 리브온' 시세통계에 따르면 분당 아파트 평균 매매가는 3.3㎡당 2,476만 원이고 그다음이 평촌신도시(1,711만 원)다. 평촌신도시 면적(5.45㎢)은 분당신도시(19.6㎢), 일산신도시(15.7㎢)의 1/4, 1/3에 불과한데도 집값이 비싼 이유는 서울 접근성이 우수하기 때문이다. 그러나 곧 30년이 다 될 정도로 아파트 노후화가 상당히 진행되었기 때문에 평촌에 내 집을 마련할 경우라면 반드시 '신축(10년 이내)' 아파트를 선택하자.

인천지역 입지분석

인천은 계양구, 부평구 등 구도심권과 연수구, 미추홀구(남구) 등 신도심권, 송도국제도시, 청라·영종신도시 등 3개 권역으로 분류된다. 구도심권으로 분류되는 계양구, 부평구 등엔 서울로 출퇴근하는 사람들이 많이 거주하고, 신도심권으로 분류되는 연수구, 미추홀구(남구)와 송도국제도시에는 원주민들이 많이 거주하는 것으로 나타났다. 인천의 전통산업인 항만·운송업, 어업·수산업 등에 종사하는 경제력 있는 원주민들은 신도심권과 송도국제도시에 많이 거주한다. 노후화가 심한 구도심권은 여러 곳에서 재개발이 진행 중이다. 따라서 인천의 구도심권인 부평구, 계양구 등에 거주를 희망할 경우라면 실물보다 입주권을 구입하는 것이 좋을 듯싶다. 인천의 교통, 발전 전망 등을 고려하면 송도국제도시가 최고의 주거지구다.

송도국제도시는 2008년 금융위기 발생으로 세계경제가 위축되면서 외국계 기업의 투자 유치 등 계획에 차질이 빚어지고, 건설사 아파트 미분양이 속출해 '불 꺼진 도시'로 전락하면서 극심한 침체를 겪었다. 그랬던 송도국제도시가 2014년경부터 국제기구와 외국계 기업을 비롯해 국내외 유수 기업체들이 대거 이주하면서 상황이 반전됐다. 송도국제신도시에 동북아무역센터, 유엔 산하 녹색기후기금(GCF) 사무국 등 국제 업무시설을 비롯해 약 60여 개 외국인 투자기업이 입주한 것이다. 셀트리온, 삼성바이오로직스 등 세계적인 바이오기업과 포스코, 코오롱, 포스코대우, 동아제약 등 국내외 유수의 대기업과 연세대학교 국제캠퍼스, 한국뉴욕주립대학교, 인천대학교 등 국내외 유수의 대학교가 개교해 국제도시로서의 위상을 갖추고 있다. 이처럼 송도가 국제도시로서의 위상을 갖추자 인구도 급속히 증가한다. 지난 2014년부터 연평균 약 1만 3,000명이 송도국제도시로 이주해 외국인 3,270명(2019년 기준) 포함한 현재 인구는 약 14만 명에 이른다. 지난해보다 약 1만 7,000명이 증가한 것이다.

이 같은 인구 유입에 대비해 송도국제도시는 국제 주거·업무, 관광·레저 등의 복합시설인 송도 랜드마크시티 개발사업을 본격화하여 브랜드아파트가 속속 들어서고 있다. 여의도 면적의 17배에 달하는 53.45㎢ 규모의 송도국제도시는 싱가포르 마리나베이샌즈를 벤치마킹한 '골든하버 프로젝트'를 추진 중이다. 골든하버 프로젝트는 인천항만공사가 지속적으로 증가하는 Car-ferry 및 크루즈 여객 수요에 대비하기 위해 송도9공구에 '통합국제여객터미널'을 건설하고, 배후 부지에 호텔, 콘도미니엄, 복합쇼핑몰, 워터파크, 마린센터, 컨벤션 등을 건설하는 관광·레저복합시설 개발사업이다. 송도는 빠르게 국제도시로서의 위상을 갖추고 있지만, 대중교통이 불편하다는 약점이 있다.

송도의 육상교통은 비교적 편리하다. 송도 제1교 개통으로 제1·2·3경인고속도로, 인천김포고속도로(제2외곽순환고속도로) 접근이 쉬워 인천공항은 30분대에, 강남은 1시간대에 갈 수 있다. 그러나 유일한 지하철인 1호선은 서울역까지 1시간 20~30분, 강남까지는 2호선, 7호선을 환승해 1시간 30~40분이나 걸린다. 그런데 GTX-B 노선이 지난해 예비타당성조사를 통과해 2022년에 착공할 예정이다. GTX가 완공되면 송도에서 서울역까지 27분에 갈 수 있어 이동 시간이 1/3로 단축된다. 대중교통이 획기적으로 개선되면 송도국제도시는 눈부시게 발전할 것으로 전망되고, 아파트값 상승세도 지속될 것이다.

05.

교통수혜가
큰 지역을 찾아라

━━━ 결론부터 말하자면?

GTX 노선과 서울지하철 연장 노선에서
교통수혜지역을 찾아라.

획기적으로 바뀌는 수도권 교통망

다가올 10년, 수도권 교통망은 획기적으로 바뀐다. 세월이 흐르고 세
대가 바뀌어도 아파트는 여전히 거주보다 투자 대상이라는 데 무게
가 실린다. 개인의 자산은 한정되어 있으므로 투자를 잘해야 생명줄
같은 돈을 잃지 않는다. 아파트는 현재가치보다 미래가치가 커야 훗
날 시세차익을 얻을 수 있다. 대부분의 전문가는 교통, 교육, 주거환
경 등이 우수한 핵심지역에 투자하라고 한다. 하지만 핵심지역은 이
미 가격이 많이 올라 시세차익을 얻기 어렵다. 따라서 현재가치보다
미래가치가 높아질 지역 즉, 개발호재나 교통호재가 있는 지역에 투
자해야 훗날 시세차익을 얻기가 수월하다. 그런 점에서 GTX(수도권광
역급행철도) 건설과 지하철 신설, 연장은 대단한 교통호재다.

GTX건설로 수도권 부동산이 요동친다

GTX는 지하 40~50m에 터널을 뚫어 전 노선을 직선화함으로써 전철, 지하철보다 3배 이상의 속도로 운행할 수 있다. GTX-A노선 동탄-삼성역 구간은 77분에서 19분으로, B노선 송도-서울역 구간은 82분에서 27분으로, C노선 의정부-삼성역 구간은 73분에서 13분으로 단축된다. 2025~2027년 GTX가 개통되면 경기·인천지역에서 서울 도심권까지 이동시간이 30분 이내로 단축된다. 이처럼 수도권 교통망이 획기적으로 바뀌기 때문에 많은 전문가는 GTX 건설로 수도권 부동산이 요동칠 것으로 전망한다. 이런 장밋빛 전망에 필자도 대체로 동의한다. 한 가지 덧붙이자면 서울은 주거지보다 상업·업무지의 수혜가 클 것이고, 경기·인천지역은 주거지의 수혜가 클 것이다.

지하 40~50m에 건설하는 GTX는 지하 6층 이상 에스컬레이터를 타고 내려가야 해서 승하차와 지하철로 환승할 때 많은 시간이 필요하다. 따라서 이동거리가 긴 경기·인천지역은 GTX를 타고 서울 도심으로 이동하는 것이 매우 효과적이지만, 이동거리가 짧은 서울은 GTX를 타고 가다가 지하철로 환승해 목적지까지 가는 것보다 지하철을 이용하는 것이 오히려 편하고 시간도 덜 든다. 따라서 서울지역 GTX역세권은 상업·업무지가, 경기·인천지역 GTX역세권은 주거지의 수혜가 클 것이다.

GTX-A노선(파주운정역~화성동탄역)

파주(운정)-킨텍스(일산)-대곡-연신내-서울역-삼성-수서-성남-용인(구성)-동탄을 잇는 구간으로 총길이는 83.3㎞이다. 2018년 정부 재정으로 착공한 A노선이 개통되면 일산-서울역은 14분, 동탄-삼성역은 19분이면 이동할 수 있다. 최대 수혜지역은 동탄신도시와 운정신도시이다. 용인(구성), 일산도 수혜지역이다.

동탄신도시는 총면적이 33.04㎢로 분당(19.9㎢)의 1.7배에 이르고, 자연친화적인 도시설계로 쾌적한 환경을 자랑한다. 유아 교육인프라가 잘 갖춰져 있고, 인근에 삼성 반도체공장이 있어서 자족도시로의 발전이 기대된다. 하지만 교통이 불편하다는 단점이 있다. 1호선 서동탄역이 도시 끝자락에 있는 데다가 용산역, 서울역까지 1시간 이상 소요된다. 광역직행버스나 승용차를 이용해도 강남까지 출퇴근 시간대에는 1시간 이상 소요된다. 그런데 GTX가 완공·개통되면 동탄에서 삼성역까지의 이동시간이 17분으로 대폭 단축돼, 도시발전에 탄력이 붙을 것이다.

운정신도시도 최대 약점이 불편한 교통이다. 그리고 운정3구역은 그동안 사업이 중단돼 아직도 미완성이다. 그런데 LH가 운정3구역 사업에 착수해 3~4년 이내에 도시가 완성될 전망이고, 여기에 GTX가 완공·개통되면 교통문제가 획기적으로 개선돼 도시발전에 탄력이 붙을 것으로 전망된다.

GTX-B노선(남양주마석역~인천송도역)

지난해 8월 예비타당성조사를 통과한 B노선은 송도-인천시청-부평-당아래-신도림-여의도-용산-서울역-청량리-망우-별내-평내호평-마석을 잇는 구간으로 총길이는 80.1㎞이다. 2025년 B노선이 개통되면 송도에서 서울역까지 87분에서 27분으로, 여의도에서 청량리까지 30분에서 10분으로 이동시간이 단축된다. 최대 수혜지역은 송도국제도시와 별내신도시이고, 평내호평, 마석지구도 수혜지역이다.

송도국제도시는 유엔 산하 녹색기후기금(GCF) 사무국 등 국제 업무시설을 비롯해 약 60여 개 외국인 투자기업이 입주하고, 셀트리온, 삼성바이오로직스 등 세계적인 바이오기업과 포스코, 코오롱, 포스코대우, 동아제약 등 국내외 유수의 대기업이 입주하고, 연세대학교 국제캠퍼스, 한국뉴욕주립대학교, 인천대학교 등 국내외 유수의 대학교가 개교해 국제도시로서의 위상을 갖추고 있으며, 인구 유입 속도도 빠르다. 하지만 교통이 불편하다는 단점이 있다. 유일한 지하철인 1호선은 서울역까지 1시간 20~30분, 강남까지는 2호선, 7호선을 환승해 1시간 30~40분이나 걸린다. GTX가 완공 · 개통되면 송도에서 서울역까지 27분에 갈 수 있으니, 출퇴근 시간이 1/3로 단축된다. 이렇게 대중교통이 획기적으로 개선되면 눈부시게 발전할 것이다.

별내신도시가 다른 2기 신도시처럼 발전하지 못한 것은 도시면적이 작고 교통이 불편하기 때문이다. 별내신도시 면적은 5.1㎢로 동탄신도시(33.4㎢)의 1/6.5, 운정신도시의 1/2, 한강신도시의 1/3에 불과해 도시의 면모를 제대로 갖추지 못했다. 대중교통이 불편하다. 별내신도시의 교통로는 강북 구도심으로 연결되고, 경춘선도 강북 구도심의 신내, 망우, 상봉, 청량리를 거치기 때문에 광화문, 종로까지 이동하는 데 많은 시간이 필요하다. GTX가 완공 · 개통되면 대중교통이 획기적으로 개선돼 도시발전에 탄력이 붙을 것으로 전망된다.

GTX-C노선(수원역~양주역)

수원-금정-과천-양재-삼성-청량리-광운대-창동-의정부-양주 덕정을 잇는 구간으로 총길이는 74.2㎞이다. 2018년 말 예비타당성조사를 통과했고, 이르면 2019년 말까지 기본계획수립을 마칠 예정이다. 2025년 C노선이 개통되면 수원에서 삼성역까지 78분에서 22분으로, 의정부에서 삼성역까지 74분에서 16분으로, 덕정에서 청량리역까지 50분에서 25분으로 이동시간이 단축된다. 최대 수혜지역은 금정(산본신도시), 창동역세권이고 광운대역세권, 과천지역도 수혜지역이다.

금정역이 있는 산본신도시는 1기 신도시로 건설된 이후 '서울 생활권' 역할 이외 자족기능을 갖추지 못했고 별다른 호재도 없어서 다른 신도시처럼 발전하지 못했다. 특히 소형아파트가 너무 많아 실수요자가 가장 선호하는 27~28평대가 적자 관심지역에서 멀어졌고, 교통도 불편하다. 강남으로 이동하려면 버스를 타거나 지하철 환승을 해야 해서 1시간이 넘게 소요된다. 그런데 산본신도시가 GTX-C노선 수혜지역으로 떠오르면서 상황이 반전됐다. 'KB부동산 리브온' 통계에 따르면 산본신도시 아파트 매매가격 상승세가 가파르다. 지난해 분양한 금정역 힐스테이트는 벌써 프리미엄이 2~3억 원씩 붙어 거래된다.

창동은 강북의 대표적 낙후지역인 '노·도·강' 지역의 중심에 위치한다. 그런데 서울시가 '창동역세권 개발사업'을 본격적으로 추진하고 있어서 창동이 동북권 신경제중심지로 거듭나게 되었다. 앞서 소개했듯이 서울시가 시유지인 창동환승주차장 부지 내(대지면적 10,746㎡)에 '창동·상계 창업 및 문화산업단지' 조성을 확정하고 이미 실행에 들어갔다. 창업·창작공간과 더불어 영화관, 도서관 등 문화·예술·여가시설이 포함된 '창동·상계 창업 및 문화산업단지' 건설과 GTX 건설이 동시에 추진되기 때문에 앞으로 창동역세권이 동북권 신경제중심지로 거듭나면서 주변 지역도 크게 발전할 것으로 전망된다.

9호선 연장과 수혜지역

9호선을 '황금노선'이라고 한다. 색깔이 노랑(황금)인 이유도 있지만, 서울 한강이남을 동서로 연결하며 노른자위 지역을 지나는 것이 더 큰 이유다. 김포공항, 국회의사당, 여의도, 노량진, 고속터미널, 강남, 코엑스, 송파 등 서울의 핵심지역을 잇고 급행노선이 있어 원거리 지역은 출퇴근이 훨씬 쉽다. 9호선은 현재 강서구 개화동에서 강동구 보훈병원까지 운행한다. 1단계로 개화~김포공항~신논현까지, 2단계로 신논현~종합운동장까지, 3단계로 종합운동장~보훈병원까지 개통한 9호선은 4단계로 보훈병원~길동생태공원~한영고~고덕역~샘터공원 구간의 공사가 진행 중이며, 5단계로 강일·미사 구간 연장도 구체적으로 추진되고 있다.

9호선에서 가장 수혜가 큰 지역은 마곡지구다. 첨단 복합도시로 개발된 마곡지구에는 LG·롯데·코오롱 등 대기업을 비롯한 150여 개 기업이 입주를 확정한 신흥 업무지구다. 마곡지구 내 주택단지에는 대규모 아파트와 오피스텔이 건설되었으며, 마곡나루역에서 공항철도를 갈아타면 청라, 인천, 강서, 마포 등으로 빠르게 이동할 수 있다. 강남 도심은 구반포~고속터미널 구간(반포)은 전통적으로 인기가 높은 강남의 대표적인 주거지역이고, 강동지역은 올림픽선수촌 아파트가 있는 올림픽공원역과 둔촌 주공 2, 3, 4단지가 있는 둔촌오륜역이 수혜지역이다.

위례신사선 건설과 수혜지역

서울 강남구 신사동과 위례신도시를 잇는 '위례~신사 간 경전철 건설사업'(위례신사선)이 가시화 단계에 있다. 위례신사선 경전철은 위례신도시와 지하철 3호선 신사역을 연결하는 사업으로 총길이는 14.83㎞이며, 6개의 환승역을 포함해 11개 역이 새로 생긴다. 신사역(3호선)을 출발해 청담역(7호선)~봉은사역(9호선)~삼성역(2호선)~학여울역(3호선)~헬리오시티역(8호선)~가락시장역(3·8호선)~위례중앙역을 잇는다. 2022년에 착공해 이르면 2023년 6월경 완공예정이다.

　위례신사선 경전철이 개통되면 위례신도시(위례중앙역)에서 삼성역(2호선)까지 약 10분에 이동할 수 있다. 강남 접근성이 좋아지기 때문에 위례신사선 역사 주변 아파트에도 관심이 높다. 최대 수혜지역은 가락시영아파트단지고, 올림픽훼미리아파트도 수혜지역이다.

신분당선 연장과 수혜지역

신분당선 연장 추진은 1단계로 강남~용산 구간이 추진되며, 길이는 7.8㎞, 정거장은 6개소다. 2단계는 광교~호매실 구간으로 길이는 9.7㎞, 정거장은 4개소다. 용산~강남 구간 중 1단계 구간인 신사~논현~신논현~강남(2.5km) 구간은 이미(2016년 8월) 착공해서 2020년 1월 개통예정이며, 나머지 용산~국립박물관~동빙고~신사 구간(5.2km)

은 용산 미군기지 이전 후 착공될 예정이다. 광교~호매실 구간 예비 타당성조사도 올해 1월 통과하여 이르면 2021년 착공예정이다. 용산 ~강남 구간 중 1단계 구간인 강남~신논현~신사 구간이 2020년 개통되면 광교신도시에서 신사역까지 40분이면 도착할 수 있고, 광교~호매실 구간이 연장되면 이 노선이 지나는 수원 영통, 권선 지역에서 서울 접근성이 획기적으로 개선된다. 최대 수혜지역은 수원 영통, 권선(호매실택지개발지구)이고 용인(수지), 분당(미금, 정자) 등도 수혜지역이다.

수원 권선구 호매실택지개발지구는 아파트 입주가 막 시작된 신축 단지인데, 신분당선이 연장 개통되면 강남까지의 이동시간이 대폭 단축되기 때문에 최대 수혜지역이다. 지난 1월 신분당선 예비타당성조사 통과 이후 호매실택지개발지구 아파트 분양권 프리미엄이 3~5억 원씩 붙어 거래되자 정부가 수원 영통 · 권선 · 장안구를 조정대상지역으로 추가 지정했다. 그러다가 이후 6 · 17대책에서는 투기과열지구로 지정했다.

소액투자의 블루오션
수익형 부동산

━━━ 결론부터 말하자면?

저금리, 고령화로 인한 운영수익의 관심증가로
수익형 부동산은 소액투자의 블루오션이다.

수익형 부동산은 소액투자의 블루오션이다

재건축·재개발이 고액투자의 대표 상품이라면 수익형 부동산은 소액투자의 블루오션이다. 최근 부동산시장의 변화는 시장 참여자가 다양하고 젊어졌다는 것이다. 과거 40대 이상 중장년층이 주류였던 부동산투자 시장에 2030세대 청년층까지 뛰어들었다. 2030세대 청년들은 '부모세대와 달리 일을 해서 돈을 벌고 저축과 이자를 통해 자산을 축적할 수 있는 시대는 완전히 지났다'라고 생각한다. 불안한 미래를 위해 젊을 때 돈을 모으고 싶은데 예금 금리가 원체 낮아서 돈을 굴리기가 쉽지 않고 주식투자는 위험이 크다 보니 부동산 재테크에 관심을 두게 되었다. 이들은 경매학원에 등록해서 경매방법을 배우거나 책을 읽고 부동산투자에 나선다.

그러나 자본력이 취약한 청년층은 겨우 2~5천만 원으로 투자에 나서기 때문에 투자할 수 있는 부동산이 많지 않다. 이런 소자본으로 투자가 가능한 상품이 수익형 부동산이다. 1~2인 가구의 폭발적인 증가로 임대(월세)주택 수요도 폭발적으로 증가하기 때문에 레버리지를 이용해 투자해도 안정적인 수익이 가능하다. 저성장·저소득·저출산과 같은 경제·사회적 변화는 대형아파트 중심시장을 소형아파트 중심시장으로 바꿔놓았고, 저금리와 고령화로 운영수익에 관심이 커지면서 수익형 부동산(다세대주택, 오피스텔, 도시형생활주택) 확장세가 가파르다.

저금리, 고령화로 운영수익에 관심이 커진다

운영수익에 관심이 커지는 것은 저금리와 1인 가구 증가, 고령화가 주된 원인이다. 2017년 국토연구원 주거실태조사에 의하면 우리나라 1인 주거 비중은 2006년 14.45%에서 27.2%로 대폭 증가했다. 서울시의 1~2인 가구는 전체 가구의 48.6%로 절반에 가깝다. 2030세대 1인 가구 대부분은 전월세 주택에 거주한다. 30대 가구주의 89%가 전월세 주택에 살고 있는데 갈수록 월세의 비중이 높아진다. 저금리로 인해 임대인이 월세를 선호하기 때문이다.

임차가구 중 전월세 가구비율(단위 %)

구분/연도	2012년	2014년	2016년
전세	49.5	45	39.5
월세	50.5	55	60.5

자료: 통계청

사회진출을 준비 중이거나 사회진출이 늦은 2030세대 1인 가구 중 절반 이상이 40~60만 원씩 내는 월세주택(다가구 원룸, 다세대주택, 오피스텔, 도시형생활주택)에 산다. 은퇴세대는 노후생활비 확보를 위해 월세를 받을 수 있는 소형주택에 투자하고, 소득감소로 미래가 불안한 가구도 소형주택을 매수하기 시작하자 수요와 공급이 맞아떨어져 임대(월세)주택시장이 갈수록 확장되고 있다.

국가가 노후복지를 책임지지 않는 우리나라에서 연금만으론 생활이 안 된다. OECD(2009)에 의하면 우리나라 남성의 연금 소득대체율, 즉 은퇴 전 소득에 대한 연금소득 비율은 42.1%에 불과해 노후생활비 충당에 턱없이 부족하다. 저금리체제에서 예금이자나 채권 투자 수익만으로 생활비를 마련하기란 어렵다. 그래서 주택을 줄여 연금처럼 월세 받는 소형주택에 투자하고, 소득감소로 미래가 불안한 가구도 월세 받는 소형주택을 매수한다. 이처럼 수요자와 공급자의 이해가 맞물려 임대(월세)주택은 투자의 연속성이 이뤄지고, 안정적인 수익창출이 가능하다.

왜 수익형 부동산이 소액투자의 블루오션인가?

여윳돈이 없는 2030세대 청년층은 허리띠를 졸라매고 저축을 해 2~5천만 원으로 투자에 나서는 경우가 허다하다. 그러나 이런 소자본으로 투자할 수 있는 부동산은 많지 않다. 경매도 어렵다. 설사 가격이 저렴한 지방의 소형주택을 낙찰받더라도 차익을 남기고 매각하기가 쉽지 않고, 임대(월세)해도 훗날 집값이 하락하면 오히려 손해를 본다. 이처럼 소액투자에는 많은 제약이 따르지만 수익형 부동산투자라면 가능하다. 수익형 부동산은 '원룸'으로 통칭하는 오피스텔, 다가구, 다세대, 도시형생활주택(도생) 등 다양하지만, 다가구는 세대 구분이 안 되는 하나의 건물이어서 소자본투자가 어렵다. 도생은 주차시설 부족, 짧은 동간거리, 화재 취약(외벽을 거의 드라이비트 공법으로 시공) 등으로 투자에 적합하지 않다. 따라서 오피스텔과 다세대주택이 적합한 상품이다.

소자본으로 부동산투자를 할 수는 있지만 투자를 잘해야 목적을 달성할 수 있다. 여기서 말하는 '투자를 잘한다'라는 것은 수익성, 지속가능성, 안전성 등을 종합적으로 고려해 투자하라는 의미다. 부동산투자는 자산(매매)시장, 운영(임대)시장 불문하고 가격의 하방경직성이 높아야 수익창출이 가능하다. 수년 동안 월세를 받아도 훗날 매매가격이 하락하면 오히려 손해를 본다. 실제로 A씨는 몇 년 전 판교의 52㎡ 오피스텔을 1억 6,000만 원에 분양받아 월세 60만 원에 60개월을 임대한 후 1억 3,500만 원에 매각했다. A씨는 월세로 3,600만 원(60×60)의 수익을 올렸지만 2,500만 원의 매각손실이 발생했으니 실제 수익은 1,100만 원에 불과하다. 운영(월세) 목적으로 건물을 샀다가 건물값 하락으로 손해볼 수도 있으니 투자할 때 입지, 건축연한 등을 종합적으로 검토해야 한다.

10년쯤 된 건물을 사라

오피스텔 등 수익형 부동산은 운영(월세)수익이 목적이지 매매차익투자가 아니다. 따라서 투자 방법도 달라야 한다. 판교는 '천당 아래 분당'이라고 회자되는 분당의 아성을 가볍게 제친 곳으로, 수도권 2기 신도시 중 아파트가격이 가장 많이 상승했다. 그런데 왜 오피스텔 가격은 하락했을까? 판교는 제2, 제3 테크노밸리 조성으로 30~40대

젊은층이 대거 몰려들면서 아파트가격이 폭등했다. 그러자 오피스텔이 대량 건설되면서 초기엔 분양경쟁도 심했다. 그러나 공급과잉으로 오피스텔 가격이 하락했다. 넓은 면적에만 지을 수 있는 아파트와 달리 오피스텔은 적은 땅에도 많은 호실을 건설할 수 있기 때문이다. 2000년대 중반 일산신도시가 이와 비슷했다. 아파트단지 사이사이에 있는 빈 땅(업무용지)에 오피스텔을 건설하자 분양에 많은 사람이 몰려들었다. 그 후 일산은 공급과잉으로 한때 오피스텔의 무덤이었다. 이런 사례에서 보듯이 새 건물 분양은 위험부담이 따른다. 따라서 소액투자자는 5~10년 된 건물을 구입하는 것이 안전하고 수익률도 더 높을 것이다.

어떤 지역에 투자해야 할까?

자본금이 적어도 수도권에 투자해야 한다. 지방보다 가격 하방경직성이 높은 수도권에 투자해야 생명줄 같은 돈을 지킬 수 있다. 5,000만 원 내외의 소자본으로 서울 핵심지역투자는 어림없지만 서울 외곽이나 수도권 투자는 가능하다. 준(準)수도권(충청, 강원)에 투자해도 무방하다. 서울 외곽인 관악구, 구로구, 금천구, 강북구, 노원구, 도봉구 등의 지역에선 선별 투자가 가능하고, 시흥시 정왕동, 안산시 고잔동, 인천시 구월동, 부천시 중동, 상동, 수원시 인계동, 수원역 주변 지역도 가능하며, 천안시 신부동, 두정동, 원주시 연세대길, 상지대길 등의 지역에 투자해도 무방하다.

이들 지역의 소형오피스텔 시세는 신축이 아닌 경우 9,000~1억 2,000만 원이다. 자기자본 4,000~5,000만 원과 레버리지 50%를 이용하면 매입할 수 있다. 이를테면 호실이 12개인 1억 원짜리 오피스텔을 보증금 500만 원/월세 55만 원을 보고 연 3.5%로 50%를 대출받는다면, 자기자본 4,500만 원으로 구입할 수 있다. 연 660만 원(55만 원×12)의 월세 수입 중 연이자로 157.5만 원을 납부하면 연 502만 원이 남는다. 연수익률이 11.1%나 되는 셈이다.

값이 비싸면 수익률이 떨어진다

수익형 부동산(다세대주택, 오피스텔) 투자는 운영수익(월세) 목적의 투자다. 따라서 수익률이 높은 물건이 좋은 투자대상이고, 수익률을 높이려면 공실률이 낮아야 한다. 그런데 공실률이 낮다고 해서 반드시 수익률이 높은 것은 아니다. 부동산 114에 따르면 공실률이 가장 낮은 지역은 서초구(2%)와 강남구(2.2%)다. 그런데 이들 지역의 수익률은 평균 이하로 그다지 높지 않다. 이들 지역의 부동산가격이 너무 비싸기 때문이다. 한국감정원의 조사 자료를 보면 매매가와 수익률의 상관관계가 잘 나타나 있다.

지역별 오피스텔 임대 수익률과 매매가격(2018년 11월 기준)

지역	연간 수익률(%)	1실당 중위 매매가격
수도권	5.22	1억 7,300만 원
서울	4.87	2억 450만 원
인천	6.5	1억 100만 원
경기	5.34	1억 5,000만 원
지방 평균	6.49	9,300만 원
부산	6.26	9,840만 원
대구	6.53	8,640만 원
광주	8.58	5,100만 원
대전	7.16	8,300만 원
울산	6.31	1억 900만 원

자료: 한국감정원

수익률이 가장 높은(8.58%) 광주지역 오피스텔 중위 평균 매매가격은 5,100만 원인데, 수익률이 가장 낮은(4.87%) 서울은 2억 450만 원이나 된다. 그러나 무조건 가격이 저렴한 부동산을 구입해선 안 된다. 너무 낡은 건물은 매매가격이 하락해서 오히려 손해를 볼 수 있다.

월세는 60만 원을 넘지 않아야 한다

월세가 비싸면 세입자를 구하기가 어렵다. 1인 가구는 혼자 사는 마당에 월세로 많은 돈을 지출하지 않는다. 따라서 아무리 풀옵션에 위치가 좋아도 월세가 비싸면 그림의 떡이다. 전문가들은 세입자의 심리적인 저항선을 월세 60~70만 원으로 본다. 가계의 총소비지출에서 전월세 비용, 대출 상환, 세금, 보험 등 주거비가 차지하는 비율을 '슈바베 지수'라고 하는데, 슈바베 지수가 30%를 넘으면 심리적으로 저항을 느낀다. 도시 근로자 평균 월급이 200~250만 원으로 조사되지만 실제로는 200만 원을 못 버는 가계도 많다. 200만 원의 30%는 60만 원, 월 주거비가 60~70만 원이 넘으면 가계가 부담을 느끼게 된다.

그 밖에도 청년세대는 젊음과 창의력으로 과감하게 새로운 시장에 도전한다. 이를테면 불과 1,000~2,000만 원으로 타인의 주택을 임대해 셰어하우스를 운영하거나 에어비앤비(도시민박업)를 운영해 매월 안정적으로 수입을 올린다. 셰어하우스와 에어비앤비(게스트하우스)는 저자의 책《그래도 부동산이 돈이 된다》에서 상세히 다루었지만, 소자본투자로 이보다 좋은 아이템이 없다고 생각돼 이번에도 간단히 소개한다.

07.

떠오르는 1인 가구 트렌드, 셰어하우스

━━━ 결론부터 말하자면?

젊은층의 새로운 주거 트렌드인 셰어하우스는
소자본 창업에 적합한 새로운 아이템이다.

젊은층의 새로운 주거 트렌드, 셰어하우스

젊은 1인 가구가 급증하면서 셰어하우스가 1인 가구의 새로운 주거
트렌드로 떠오르고 있다. 셰어하우스는 다수가 한집에서 살면서 침
실은 각자 따로 사용하지만, 거실·화장실·욕실 등은 공유하는 생
활방식이다. 1980년대부터 일본·캐나다 등의 대도시 도심에 등장한
셰어하우스는 1인 가구가 증가하는 우리나라에도 등장해 급성장세를
이어가고 있다. 셰어하우스의 장점은 편리성과 저렴한 비용이다. 셰
어하우스도 원룸과 비슷한 월세를 내지만, 보증금이 원룸보다 훨씬
적고 더 넓은 공간에서 생활할 수 있다. 운영자와 이용자가 직접 계
약하기 때문에 부동산 수수료가 없고, 거주기간을 자유롭게 설정할
수 있다.

　전월세는 대부분 2년 단위 계약이 필요한데, 셰어하우스는 6개월

단위라 거주자의 부담이 덜하고, 빌라·원룸에 비해 안전하다는 장점이 있다. 여성 혼자 거주하는 경우 안전 문제가 민감한데 셰어하우스는 아파트 또는 단독주택을 개조해 운영하기 때문에 출입문이나 게이트 등 보안 시설이 잘 되어 있다. 그래서 현재 셰어하우스 이용자의 절대다수가 여성이다. 게다가 기본적인 물품이나 가구가 구비되어 있으므로 입주자는 짐가방 하나만 들고 들어오면 되니 이사비용도 발생하지 않는다. 셰어하우스는 수요자뿐만 아니라 공급자(운영자)의 장점도 많다.

소자본 창업의 새로운 아이템, 셰어하우스

셰어하우스는 집이 없어도 타인의 주택을 임대해 서브리스(전대) 방식으로 운영할 수 있어 소자본 창업이 가능하다. 여러 사람으로부터 월세를 받기 때문에 수익률(월세수입)도 높다. 일본의 셰어하우스 대부분도 서브리스 방식으로 운영된다. 전체의 90%가 기존 주택을 리모델링해서 활용하기 때문에 빠르게 성장했다. 이처럼 셰어하우스는 수요자와 공급자 모두에게 장점이 많아 앞으로도 가파른 성장세가 예상된다. 셰어하우스는 안정성, 지속가능성, 수익성 모두 양호한 사업이다. 저렴한 보증금과 짧은 계약기간(6개월) 등 장점이 많아서 대학생, 취업준비생, 직장 초년생 등이 몰린다. 특히 여성고객이 많다. 젊은 1인 가구가 증가함에 따라 셰어하우스 수요도 증가할 것이며, 여러 사람으로부터 월세를 받기 때문에 통째로 월세를 주는 것보다 월세수입이 배로 늘어난다.

특히 주택을 임대해 서브리스 방식으로 운영하는 경우 초기투자비가 많지 않아 투자 대비 수익률이 더 높다. 예를 들어 전용 85㎡(33

평형) 방 3개짜리 빌라를 보증금 2,000만 원/월세 115만 원에 임대해서 1,000만 원으로 인테리어를 한다. 방 하나는 1인실로 보증금 100만 원/월세 55만 원, 방 둘은 2인실로 보증금 90만 원/월세 45만 원으로 세를 주면 월 235만 원이라는 월세가 들어온다. 그중 115만 원을 집주인 월세로 지불하면 월 120만 원의 수익이 발생한다. 이처럼 셰어하우스는 안정성, 지속가능성, 수익성 모두 양호해서 소자본 창업에 적합한 아이템이다.

셰어하우스 성공도 입지선정에 달렸다

셰어하우스도 입지선정이 성패를 가른다. 초보 투자자라면 우선 방향부터 정해야 한다. 현재 셰어하우스가 몰려있는 지역과 미개척지 중 어디가 더 나을까? 각각 장단점이 있지만 초보자라면 현재 셰어하우스가 몰려있는 지역을 선택하는 게 좋을 것이다. 무엇보다 안전한 운영이 중요하기 때문이다. 최소 3호점까지는 셰어하우스가 몰려있는 지역을 선택해 안정적으로 운영하고, 그다음부터 미개척지를 선택하는 것이 포트폴리오 차원에서도 좋다.

20대, 특히 20대 여성고객이 주로 이용하는 셰어하우스는 대학교 인근과 역세권에 많다. 따라서 대학생을 타깃으로 한다면 대학교 인근 지역을, 직장인을 타깃으로 한다면 역세권을 선택하면 된다. 현재는 대학교가 많은 마포구(홍대인근, 합정)와 서대문구(신촌)에 가장 많이 몰려있다. 관악구(신림동)와 동대문구(외대, 경희대), 성북구(고려대) 등의 지역에도 많으며, 20대 여성 직장인이 많은 강남에도 많다. 이들 지역에 셰어하우스를 창업해도 한동안은 경쟁 없이 운영할 수 있을 것이다. 아직 우리나라는 경쟁할 정도로 셰어하우스가 많지 않기 때문이다. 다만 기존 셰어하우스 못지않게 시설을 고루 갖춰야 한다.

아파트, 단독, 빌라 모두 괜찮다

셰어하우스는 아파트, 단독주택, 다세대빌라 모두 괜찮다. 주택을 매입해 운영한다면 매입가격이 높은 경우 수익률이 문제가 될 수 있지만, 주택을 임대해 서브리스 방식으로 운영한다면 괜찮다. 임대료(월세)가 저렴하고 다인(5~7인)실로 구성하기 좋은 주택이면 된다. 예를 들어 적당한 크기의 거실과 주방, 화장실과 베란다가 있고 방 숫자가 많은 주택이 적합하다. 큰방은 2~3인실로, 작은방은 1인실로 구성하고 베란다를 유용하게 활용할 수 있기 때문이다. 단, 너무 오래된 주택은 피해야 한다. 오래된 주택은 수리비가 많이 들기 때문에 손익분기점을 맞추기 어렵다. 셰어하우스 플랫폼 컴앤스테이 조사에 의하면 서울의 셰어하우스 평균 보증금은 138만 원/월세 42만 원으로 나타났다.

보증금과 월세는 어떻게 책정할까?

셰어하우스의 장점은 무엇보다 저렴한 비용이다. 특히 20대가 주 고객이니 보증금이 저렴해야 한다. 월세는 대략 원룸과 고시원의 중간 정도를 받으면 되지만 보증금은 원룸보다 아주 적게 받아야 한다. 주변에 셰어하우스가 있으면 그들이 받는 금액과 자신의 셰어하우스 위치, 시설 등을 고려해 적당한 금액을 책정하면 되겠지만, 비교대상이 없는 지역은 대체재인 원룸, 오피스텔, 고시원 등이 받는 금액을 고려해 책정한다. 예를 들면 원룸은 대략 500~1,000만 원 이상의 보증금을 받지만 셰어하우스 1인실은 100만 원, 2인실은 70~80만 원을 받는다. 계약기간이 1~2년인 원룸은 최소 월세의 5~10달 치를 보증금으로 받지만, 계약기간이 6개월 이하로 짧은 셰어하우스는 월세 2 달 치만 보증금으로 받으면 충분하다.

셰어하우스 운영 전에 사업자등록을 해라

주택임대(전대)는 면세 대상인데도 운영 전에 사업자등록을 하라고 하는 이유는, 셰어하우스 운영에 필요하고 도움도 되기 때문이다. 특히 주택을 임대해 서브리스 방식으로 운영하는 경우엔 꼭 해야 한다. 입주자 전입신고에 필요하지만 셰어하우스 신뢰도를 높이기 때문이다. 일반주택은 임대차계약서에 의해 전입신고를 하는데, 셰어하우스는 입주자가 운영자와 계약하기 때문에 임대차계약서에 여러 명이 함께 산다는 내용이 기재되어야 1인 가구 다수가 한 집에 전입할 수 있다. 사업자등록증이 이를 대신한다. 서브리스 방식으로 셰어하우스를 운영하는 경우 집주인의 전대동의 내용이 기재된 임대차계약서를 지참하고, 해당 소재지 관할세무서에 신청해야 사업자등록증이 발급된다.

셰어하우스는 소자본투자로 비교적 높은 수익을 얻을 수 있고, 안정성과 지속가능성이 담보되는 사업이다. 2,000~3,000만 원을 투자해 1년에 순수익 1,200만 원 정도를 얻을 수 있다. 매년 1호점씩 늘려 가면 10년 후엔 연 1억 2,000만 원이라는 순수익을 얻을 수 있다. 소자본투자로 이보다 좋은 아이템을 찾기 어려우므로, 소득감소로 미래가 불안한 청춘들이 허리띠를 졸라매고 2,000만~3,000만 원을 모아 적극적으로 투자에 나서라고 권한다. 부업으로 시작해서 매년 1호점씩 늘려 가다가 셰어하우스 전업 운영자가 되기를 바란다.

필자는 코로나 경제위기에도 불구하고
'집값폭락' 가능성은 작다고 본다.
따라서 지금이 내 집 마련의 기회이며,
내 집 마련을 더 미루면
평생 후회한다는 생각엔 변함이 없다.

5장

규제와 압박에도
부동산 강남불패는
계속된다

01.

강남아파트
지금 구입해도 될까?

▬▬▬ 결론부터 말하자면?

강남아파트값은 상승 가능성이 커
오히려 올해와 내년이 투자 적기다.

집값이 폭락한다는데 강남아파트 사도 될까?

요즘 시중에는 '집값 대폭락' 설이 난무한다. 유튜브에는 집값이 대폭락한다는 동영상이 줄을 잇는다. 이런 현상은 부동산 상황이 극도로 불안정하다는 의미다. 이렇게 시장이 불안정할 때는 부동산 흐름을 예측하기 어려우니 아파트를 사야 할지 팔아야 할지 고민하게 된다. 특히 아파트 구입에 관심이 많거나 구입 계획을 세웠던 사람들은 더 고심이 클 것이다. 그러나 필자는 거주목적의 수요자라면 오히려 올해와 내년이 강남아파트를 구입할 수 있는 적기라고 생각한다. 정책 이기는 투자자가 없다지만 시장 이기는 정부도 없다. 정부의 고강도 부동산대책이 계속되고 서울집값이 사상 처음 6년 연속 상승했음에도 올해와 내년이 강남아파트 투자 적기라고 보는 것은 통상적인 경기변동에 의한 부동산 흐름이 아니기 때문이다.

통상적인 경기변동이었다면 2018년에 5년 상승 주기가 끝나고, 2019년에는 서울집값이 하락세로 바뀌어야 했다. 그러나 경제가 지지부진한 상황에서도 사상 처음 서울집값이 6년 연속 상승한 것은 문재인 정부의 역사상 최강의 부동산 규제의 역작용 또는 '시장의 역습' 외에 다른 이유를 찾기 어렵다. 9·13대책 이후 잠시 수개월 동안 주춤했던 집값은 다시 상승세로 돌아섰고, 문재인 정부가 '전가의 보도' 처럼 여기는 '민간택지 분양가상한제'를 전격 시행했음에도 서울집값은 오히려 폭등했다. 문재인 정부는 여러 차례에 걸쳐 고강도 부동산 대책을 발표하며 시장을 압박했지만, 서울 평균 집값은 40%, 강남은 45%나 폭등했다. 역사상 세 번째 집값 폭등이다.

경제정의실천시민연합(경실련)이 지난해 11월, 국민은행 아파트 시세 자료를 바탕으로 서울 소재 34개 주요 아파트단지를 분석한 결과에 의하면, '문재인 정부가 출범한 2017년 5월 서울아파트값은 평당 3,415만 원이었는데, 30개월이 지난 지난해 11월 현재 5,051만 원이 됐다'라며, '25평 기준으로 8억 5,000만 원에서 12억 6,000만 원으로 약 4억 원이 올랐다'라고 밝히면서 '부동산가격이 안정됐다는 대통령의 인식과 발언이 개탄스럽다'라는 논평을 냈다. 강남의 일반 아파트 3.3㎡당 매매가가 1억 원에 이르는 등 서울집값이 폭등하는 상황을 대통령이 인지하지 못하는 것에 대한 통렬한 비판이다.

실제로 국토교통부 실거래가 공개시스템에 의하면, 지난해 8월 반포동 아크로리버파크 전용 59㎡(24평형)가 23억 9,800만 원에 팔린 것으로 확인돼 3.3㎡당 1억 원을 기록했으며, 강남에는 3.3㎡당 1억 원을 넘보는 아파트가 속속 등장하고 있고, 신고가를 쓰는 단지도 많다. 지금 경제는 경기침체(recession)와 디플레이션(deflation)을 걱정할 정도로 좋지 않다. 한국은행은 지난해 9월 소비자 동향조사 결과에서 지난해 9월 기대 인플레이션율이 1.8%를 기록했다고 밝혔는데, 이 수치는 사상 첫 1%대로 한국은행의 물가안정 목표였던 2% 아래로 내려간 것이다. 통계청이 지난해 10월 1일 공표한 '9월 소비자물가 동향' 역시 전년 동월 대비 0.4% 떨어졌는데, 이 또한 통계작성 이후 54년 만에 최저치다.

소비자 불안심리가 'BUY' 열풍을 불렀다

경제가 추락하는 상황인데도 집값은 왜 오를까?

첫 번째 원인은 '저금리'와 '유동성'이다. 우리나라 기준금리가 역사상 최저인 1.25%로 낮아서 은행의 예금금리 역시 1~2%대로 매우 낮다. 수시입출금통장의 금리는 0.1%로 물가상승률을 고려하면 마이너스 금리다. 그런데 시중에는 1,100조 원이 넘는 유동자금이 떠돌아다니고, 이 엄청난 돈이 글로벌경제 불안과 국내 경기침체로 갈 곳이 없어 부동산으로 몰린다. 그래서 집값이 상승하는 것이다. '저금리'와 '유동성'으로 집값이 상승하는 것은 전 세계적인 현상이다. 앞서 본 것처럼 지난해 유럽의 주요 도시 집값이 가장 많이 올랐는데 1%대 저금리로 갈 곳 없는 돈이 부동산으로 몰린 결과다.

두 번째 집값상승의 원인은 많은 사람이 안전자산을 선택하기 때문이다. 지방의 현금 부자들이 강남 등 핵심지역의 아파트를 사들이는 것이 이런 맥락이다. 글로벌경제가 불안할 때 달러·금 등 안전자산에 투자가 몰리는 것처럼, 한국인들은 안전자산으로 부동산을 선택한다. 그래서 경제가 지지부진한데도 부동산투자가 증가한다. 부동산은 당장 활용(거주)할 수도 있고, 안 오르면 오를 때까지 눌러앉아 살면 된다.

　세 번째 집값상승의 원인은 정부의 과도한 시장 개입이다. 문재인 정부가 다주택자에게 '세금폭탄' 등 압박을 가하자, 이를 피하려는 방편으로 서울의 '똘똘한 한 채'에 투자한다. 경제가 안 좋은 상황에서 '내 집밖에 믿을 것 없다'라는 불안 심리가 강남 등 핵심지역의 아파트를 사들이는 것이다. 문재인 정부의 전방위적인 부동산 규제가 오히려 불쏘시개 역할을 한다. 정부의 규제발표를 집값상승 신호로 인식하고 서둘러 주택을 구입하기 때문이다. 이에 관해서는 뒤에서 상세히 설명한다.

문재인 정부 남은 임기 동안 집값은 더 오른다

지금 집값이 상승하는 것은 주택의 절대량이 부족해서가 아니라, 새 아파트가 부족해서다. 도심의 주택이 점점 낡아가기 때문에 새 아파트에 대한 소비자들의 열망이 크지만 강남 등 도심은 신축할 땅이 없고, 재건축·재개발을 통한 신축 공급만 가능하다. 그래서 재건축·재개발에 묻지마식 투자가 몰리면서 가격이 상승한다. 많은 전문가는 '재개발·재건축만 풀어줘도 정부는 돈 들이지 않고 서울 요지에 공급을 확대할 수 있다'라고 조언하지만, 정부는 전혀 그럴 생각이 없다. 재건축에 대한 메가톤급 규제인 재건축초과이익환수제를 2018년 1월 시행했지만 재건축 아파트가격은 오히려 폭등했다. 또 정부가 최종병기로 남겨뒀던 '민간택지 분양가상한제'를 전격 시행했음에도 집값이 안정되기는커녕 오히려 폭등했다.

　이처럼 규제를 하면 할수록 집값이 뛰었다. 사상 처음 서울집값이 6년 연속 상승한 것은 통상적인 경기변동에 의한 것이 아니라, 문재인 정부의 역사상 최강의 부동산 규제책의 '역작용' 또는 '시장의 역습' 때문이다. 그런데도 문재인 정부는 여전히 규제에만 몰두하면서 더 강력한 규제를 예고한다. 대출규제와 세금증세(보유세 증세)가 핵심인 12·16대책 발표 이후 집값상승폭이 둔화하고 일부 재건축아파트는 호가를 2~3억 원 낮춘 급매물이 나오고는 있지만, 집값 안정은 쉽지 않아 보인다. 정책기조가 바뀌지 않는 한 문재인 정부의 남은 임기 동안 강남 아파트가격은 상승할 가능성이 크다. 그래서 거주목적의 실수요자라면 올해와 내년이 강남아파트에 투자할 적기라고 생각한다. 그 이유를 좀 더 꼼꼼히 살펴보자.

02.

왜 강남집값은
때릴수록 치솟을까?

━━━ **결론부터 말하자면?**

정부의 과도한 부동산 규제가
집값폭등의 촉매제 역할을 한다.

때릴수록 천정부지 치솟는 강남집값

강남집값은 때릴수록 천정부지로 치솟는다. 2007년 고점을 찍은 후 2009~2010년에 급락했던 강남아파트는 10여 년 넘게 소폭의 등락을 거듭하다가 2016년부터 상승세로 돌아섰고, 문재인 정부의 역사상 최강의 부동산 규제책에도 불구하고 서울(강남) 집값은 폭등했다. 문재인 정부가 출범한 2017년 5월부터 지난해 11월까지 30개월 동안 강남 아파트가격은 무려 45%나 폭등했다. 부동산114가 국토교통부 실거래가 통계를 분석한 자료에 의하면 같은 기간 서울의 평균 아파트 매매가격은 40.8% 상승했다. KB부동산이 매월 실거래된 아파트 매매가를 기준으로 하는 서울아파트 중위매매가격도 지난 30개월 동안 45.2% 상승한 것으로 나타났다. 문재인 정부 출범 이후 서울(강남) 집값 폭등은 역사상 세 번째로 높은 상승률이다.

문재인 정부의 '재건축초과이익환수제(재초제)'와 '민간택지 분양가상한제' 같은 초강력 규제책에도 불구하고 재건축 아파트가격도 폭등했다. 정부가 정비사업(재건축·재개발)에 대한 거래제한 조치를 시행하자 매물이 자취를 감추고 부르는 게 값일 정도로 호가가 계속 뛰었다. 8·2대책 전에 27억 원 수준에서 거래되던 서울 반포 주공1단지(1·2·4주구) 전용 107㎡ 호가는 42~43억 원으로, 6개월 만에 16억 원으로 수직으로 상승했다. 정부가 규제의 칼날을 세울수록 가격은 더 뛴다. 정부의 초강력 규제책에도 불구하고 집값은 왜 폭등하는 것일까?

문제의 본질을 잘못 판단하기 때문이다

정부가 문제의 본질을 잘못 판단하기 때문이다. 지금 집값이 상승하는 것은 주택의 절대량이 부족해서가 아니라 신축아파트가 부족한 것이 이유다. 도심의 주택이 점점 낡아가기 때문에 신축아파트에 수요가 몰리지만, 강남을 비롯한 도심은 신축할 땅이 없고 오로지 정비사업(재건축·재개발)을 통한 신축만 가능하므로 재건축·재개발에 수요가 몰린다. 재건축 완공 이후 아파트는 완전히 새롭게 탈바꿈하기 때문에 아파트값이 천정부지로 치솟는다. 이런 구조적인 문제가 집값상승의 가장 큰 원인이다. 그런데 정부가 이런 시장의 구조적인 문제를 도외시하고 오로지 '투기가 집값상승의 원인'이라고 잘못 판단하고 규제만 강화하기 때문에 집값이 잡히지 않고 오히려 폭등하고 있다.

　　자유민주주의 경제의 핵심은 '시장경제'다. 시장은 '경쟁'이라는 핵심 메커니즘을 통해 사회가 원하는 상품을 사회가 원하는 양만큼 생산, 조정, 통제, 분배하는 기능을 가졌다. 그런데 정부가 '시장체제'를 무시하고 규제로 집값을 억누르는 '반(反)시장정책'을 시행하기 때문에 집값이 오히려 상승한다. 규제의 역습이다. 정부의 규제발표를 집값상승 신호로 인식하고 매수에 나선다. 정부 정책이 불쏘시개 역할을 하는 것이다.

과도한 부동산 규제가 집값폭등을 불렀다

그럼 실제로 정부의 과도한 부동산 규제가 집값폭등의 원인인지를 살펴보자. 문재인 정부의 부동산대책 중 '재초제'와 '민간택지 분양가 상한제'는 가히 핵폭탄급으로 불리는 최강의 부동산 규제책이다. 문재인 정부가 이런 최강의 부동산 규제책을 쓰는데도 집값은 왜 폭등할까? 정부가 주거정책이 아니라 부동산 규제책으로 일관하기 때문이며, 그 규제책이 부동산시장 메커니즘에 역행하기 때문이다. 즉 정부가 국민의 주거안정을 위한 주거정책을 하는 것이 아니라, 특정 지역의 집값을 억누르기 위한 규제책만 고집하기 때문에 그 부작용으로 집값이 오히려 폭등한다. 어떤 부작용이 발생하는지 살펴보자.

먼저 '재건축초과이익환수제'를 살펴보자. 정부는 2018년 1월 강남 재건축단지들의 극렬한 반대에도 불구하고 '재초제'를 전격 시행했다. 하지만 재건축 아파트가격은 폭등했다. '재초제'는 재건축으로 조합원이 얻은 이익이 인근 지역 집값상승분과 비용(건축비 등 모든 비용) 등을 빼고 1인당 평균 3,000만 원이 넘으면 초과 금액의 최고 50%를 부담금으로 환수하는 제도다. 준공과 동시에 환수금이 결정된다. 납부의무자는 조합이며 양도와 관계없이 부과하기 때문에 '미실현 이득'에 대해 부과한다. 2018년 1월 국토교통부가 서울 강남4구(강남구,

서초구, 송파구, 강동구) 15개 단지 조합원 1인당 부담금을 추정한 결과를 발표했는데 강남4구 15개 단지는 평균 4억 3,900만 원, 가장 많은 곳은 8억 4,000만 원에 달했다.

그럼 이렇게 어마무시한 정책 시행에도 불구하고 재건축 아파트 가격이 폭등하는 이유는 뭘까? 재건축 완공 이후 아파트가격이 '재건축부담금'보다 훨씬 많이 오른다는 확신이 있기 때문이다. 이미 재건축을 완료한 아파트단지들이 그런 확신을 준다. 신반포1차아파트를 재건축한 반포동 '아크로리버파크'는 2016년 완공·입주 후 3.3㎡당 평균 6,534만 원에 실거래돼 평균 분양가 대비 170% 상승했다. 3년 후인 지난해 8월에는 전용 59㎡(24평형)가 23억 9,800만 원에 실거래돼 3.3㎡당 1억 원을 넘어섰다. 또한 2015년 완공·입주한 대치동 '래미안대치팰리스'도 평균 분양가 대비 180% 상승한 3.3㎡당 5,800만 원에 실거래되었고, 지난해 11월 전용 84㎡가 29억 5,000만 원에 실거래돼 3.3㎡당 8,939만 원을 기록했다. 이처럼 재건축이 완료된 단지의 아파트값이 천정부지로 치솟기 때문에 현재 재건축을 진행하는 단지들도 완공 이후 아파트값이 최소한 그만큼은 오른다고 확신하는 것이다. 그럼 왜 재건축 완공 이후 아파트값이 치솟을까?

재건축 완공 이후 아파트는 새롭게 탈바꿈한다

재건축 후 아파트가 완전히 새롭게 탈바꿈하기 때문이다. 특히 커뮤니티 시설은 상상을 초월한다. 헬스클럽은 기본이고, 자연채광을 도입한 높은 천장을 갖춘 실내체육관에 농구장, 러닝트랙, 클라이밍 시설, 수영장, 스크린과 스윙 분석시스템을 갖춘 실내골프연습장, 악기연주실, 독서실, 시네마룸 등 다양한 시설을 갖췄다. 아파트주민 전용(주민만 출입이 가능한) 카페를 갖춘 아파트단지도 있다. 마치 영화에서나 보던 '서양의 초호화 저택' 같은 느낌이다. 재초제를 적용받지 않은 단지도 이처럼 고급화된 아파트에 다양하고 격조 높은 커뮤니티 시설을 갖췄는데, 재초제를 적용받는 재건축단지의 아파트 품질과 커뮤니티 시설은 과연 어떻게 바뀔까?

재초제가 집값폭등의 촉매제 역할을 한다

2018년 1월 정부가 재초제를 강행하자 강남 재건축단지들이 강력하게 반발하면서, '초과이익으로 거액을 환수당할 바엔 차라리 그 돈으로 아파트 설계를 특화하고 고급 외장·마감재 등을 적용해 최고급 재건축을 하겠다'라고 선언했다. 심지어 일대일 재건축을 하겠다는 단지도 있다. 실제로도 이런 움직임들이 포착된다. 재건축 추진위원장 선거, 조합장 선거에서 공개적으로 이런 공약을 한다. 따라서 '재건축초과이익금'이 부과되는 재건축단지는 이미 재건축을 완료한 단지보다 아파트 품질을 더 고급화하고 커뮤니티 시설도 더 다양하게 갖출 것으로 예상된다. 따라서 아파트가격도 이미 완공한 재건축아파트보다 더 높게 형성될 게 거의 분명하다. 결국 정부의 과도한 규제가 집값 폭등의 촉매제 역할을 하는 것이다.

분양가상한제도 집값폭등의 촉매제 역할을 했다

'민간택지 분양가상한제' 역시 집값 폭등의 촉매제 역할을 했다. 앞서 보았듯이 정부가 '민간택지 분양가상한제' 구역을 지정하자 곧바로 집값이 폭등했다. 분양가상한제 지역지정 후 보름 만에 강남4구 아파트값은 0.14% 상승해 9·13대책 이후 가장 큰 폭으로 상승했고, 신고가를 경신하는 단지도 많다. 분양시장 열기도 뜨겁다. '로또분양'에 대한 기대감 때문이다. 실제로 지난해 11월 강남 재건축 일반분양에서 주변시세보다 10억 원이나 차이 나는 '로또아파트'가 출현했다. 거래 가능한 분양권 몸값도 천정부지로 뛴다. 7억 7,800만~8억 4,700만 원에 분양한 신촌그랑자이 84㎡ 분양권 호가는 최근 15억 원이 넘은 가격에 거래돼 2배 이상 뛰었다. 롯데캐슬 골든포레 84㎡ 분양권 호가도 12억 원대로 분양가의 2배 수준으로 뛰었다. 이처럼 분양가상한제 시행 이후 서울 전역으로 집값상승세가 확산된 것은 신축공급이 줄어들 것이라는 우려에 서둘러 집을 구입한 결과다. 서울 도심에 신축할 땅이 없는 상황에서 사실상 신축공급의 유일한 수단인 정비사업이 막힐 것 같다는 우려에 '집을 사자'는 'BUY' 열풍이 분 것이다. 이처럼 정부의 과잉규제가 집값폭등의 촉매제 역할을 한다.

초양극화 현상이 발생한다

이처럼 정부의 과도한 규제가 집값폭등의 촉매제 또는 기폭제 역할을 한다. 물건의 값은 가치에 의해 결정되는 것이 만고불변의 이치다. 따라서 '재건축부담금'을 부과받는 재건축아파트는 완공 이후 더 혁신적으로 탈바꿈할 것이고, 가격도 지금보다 훨씬 높게 형성될 것이 거의 분명하다. 많은 전문가가 재건축단지 주변의 구축아파트도 따라 오를 것이라고 하지만, 필자는 꼭 그렇게 될 것이라고 보지 않는다. 물건의 값은 가치만큼 매겨지는 것이 만고불변의 이치다. 그런데 가치에 특별한 변화가 없는 구축아파트도 재건축아파트처럼 가격이 상승한다고 보는 것은 무리다. 다소 오르겠지만 가격상승에 한계가 있다는 말이다. 따라서 신축과 구축아파트의 가격차이는 더 크게 벌어지는 초양극화 현상이 발생할 것이다. 이 말은 재건축 아파트가격이 폭등한다고 주변의 구축아파트까지 많이 오른다고 판단해 매수하면 안 된다는 뜻이다.

아무튼, 정부의 과도한 부동산 규제가 집값폭등의 촉매제 또는 기폭제 역할을 하는 것은 부인할 수 없으며, 문재인 정부가 정책기조를 바꾸지 않는 한 서울(강남) 집값 안정은 어려울 것이다. 올해에는 입주물량이 완전히 소진되기 때문에 입주물량이 거의 없는 내년쯤이면 전세가가 더 상승할 가능성이 있다. 전세가가 높아지면 집값의 하방경직성이 높아지기 때문에 올해보다 내년이(2021년) 집값상승 가능성이 클 것으로 전망된다.

03.

2020년 강남 아파트값
폭락설의 진실은?

━━━ 결론부터 말하자면?

초강력 규제와 코로나 경제위기에도 불구하고
2020년 강남아파트값 폭락은 없다.

12·16대책 이후 난무하는 강남집값 폭락설

정부가 최종병기로 남겨뒀던 '민간택지 분양가상한제'를 전격 시행했음에도 서울집값은 오히려 폭등했다. 조금 잠잠했던 서울 전 지역 집값이 동시에 튀어 오른 것이다. 그런데도 정부는 또다시 고강도 대책을 발표했다. 대출규제와 세금증세(보유세 강화)를 핵심으로 하는 12·16대책으로 집값상승폭이 둔화하고 재건축아파트 호가가 2~3억 원 낮아지자 시중에는 '집값 대폭락' 설이 난무한다. 요즘 유튜브에는 강남집값이 폭락한다는 동영상이 줄을 잇는다. '한국경제 침몰 중, 2020년 IMF 위기가 온다, 2020년 아파트 폭락한다, 버블붕괴' 등 내용도 구체적이다. 그럼 실제로 올해에 이런 일들이 발생할 수 있을지를 살펴보자.

경제(한국 및 글로벌경제)에 관해서는 7장에서 상세히 다룰 예정이니 이번 장에선 '집값폭락과 버블붕괴'에 대해 먼저 살펴보자. 어떤 유튜버는 '12·16대책 발표 후 압구정 재건축아파트 호가가 3~5억 원 낮아졌고, 실제로 2~3억 원 낮은 가격에 실거래됐다'라며 이렇게 강남 대장주 가격이 하락하는 것은 대폭락 예고와 다름없으니 올해 집값이 대폭락한다고 주장한다. 실제로 인근 중개업소에 의하면 압구정 현대아파트 전용 144㎡가 35억 원대 급매물이 나왔는데 이는 12·16대책 전 시세 37억 원보다 2억 원 낮아진 금액이다. 대형평형 호가는 이보다 더 낮다고 한다. 다른 재건축단지들도 시세보다 2~3억 원, 3~5억 원 낮춘 금액에 급매물이 나오고 있다. 하지만 필자는 '올해에 집값이 대폭락한다'라는 주장에 동의하기 어렵다. 강남의 아파트 매매가는 문재인 정부 출범 전보다 대부분 10억 원 이상 상승했는데 오른 가격에서 10~20% 떨어진 것을 근거로 집값이 폭락한다는 주장은 어불성설이다.

2020년 강남집값 폭락은 없다 - 집값상승의 원인

필자는 다음과 같은 이유로 '강남집값 폭락은 없다'라고 단정한다.

집값상승의 첫 번째 원인은 공급부족이다.

물건값은 수요공급에 의해 결정되기 때문에 수요·공급의 균형이 맞지 않으면 가격은 상승·하락한다. 따라서 가격이 상승하는 것은 공급이 부족하다는 것을 나타내는 것이다. 그리고 지금 집값이 상승하는 것은 주택의 절대량이 부족해서가 아니라 신축아파트가 부족한 것이 원인이다. 그런데 정부가 신축 공급의 유일한 수단인 정비사업(재건축·재개발)에 대한 규제를 강화하기 때문에 신축 공급이 축소되고, 신축 공급축소로 집값이 오를 것을 우려한 소비자들이 서둘러 주택 구입에 나서기 때문에 집값이 상승하는 것이다. 이런 소비자의 불안심리 때문에 그동안 관망하던(전세로 살던) 사람들조차 주택을 구입하는 쪽으로 돌아섰다. 결과적으로 정부의 강력한 규제로 신축공급이 대폭 축소돼 집값이 상승하는 것이다.

두 번째 원인은 1,000조 원이 넘는 '유동성'과 '저금리'다.

지난해 세계 주요 56개국의 집값상승 원인은 '저금리'였다. 최근 1년간 집값이 많이 상승한 56개국 중 한국은 29위다. 유럽 국가의 집값상승률은 높았다. 헝가리가 15.4%로 가장 높았고, 룩셈부르크 11.4%, 크로아티아 10.4%, 슬로바키아 9.7%, 라트비아 9.0%, 체코 8.7%로 상승률 상위 6개가 유럽 국가들이다. 유럽의 대도시 집값이 상승한 가장 큰 원인은 '저금리'다. 지난해 12월 《뉴욕타임스》는 프랑스, 독일 등에서 20년 만기 모기지(주택담보대출) 금리가 1%를 밑돌자 시중의 자금이 부동산으로 몰려 집값이 상승했다며, 집값상승의 원인을 '저금리'로 진단했다. 우리나라도 2020년 6월 기준 기준금리가 0.50%로 역대 최저치다. 불경기로 갈 곳 없는 1,000조 원 넘는 유동성이 부동산으로 몰렸다고 봐야 한다.

세 번째 원인은 수요가 항상 차고 넘친다는 점이다.

정부가 12·16대책에서 9억 원 이상 고가주택에 대한 대출을 규제하자 강남 재건축아파트 호가가 하락하면서 집값폭락설이 등장했다. 필자는 강남아파트값 폭락은 없다고 본다. 강남은 자체 수요뿐만 아니라 대기수요가 차고 넘치기 때문에 정부의 과잉규제에도 불구하고 강남아파트값 폭락은 없다고 보는 것이다. 강남 사람들은 강남 외 지역은 안중에도 없고 오로지 강남이다. 서울, 수도권, 전국에서 강남 입성을 노리는 사람들은 너무나 많다. 최고 인프라의 영향도 있지만 가장 큰 이유는 압도적으로 많은 일자리다. 강남구의 일자리는 약 70만 개로 강남구 인구 53만 명보다 많다. 그래서 전국의 부자들이 강남 입성을 노리며, 특히 젊은층이 적극적이다. 이들은 경제력이 있어 대출규제에 구애받지 않는다. 이처럼 강남은 수요가 항상 차고 넘치기 때문에 정부의 과잉규제에도 불구하고 강남 아파트가격 폭락은 없고 오히려 장기적으로는 상승할 가능성이 훨씬 크다.

우리나라 부동산 50년 역사에서 집값이 폭락한 적은 딱 두 번이다. 1997년 외환위기 때와 2008년 금융위기 때로, 금융위기 등 대외변수가 발생하지 않는 한 부동산가격폭락은 없었다는 얘기다. 그런데 올해 초 중국 우한지역에서 발생한 코로나바이러스가 전 세계로 확산하면서 글로벌경제가 추락하는 중대한 변수가 발생했다. 코로나19의 확산으로 전 세계의 생산, 소비활동이 중단되고 하늘길마저 끊기는 초유의 사태가 발생했다. 글로벌경제가 대공황 이후 최대위기에 빠지자 미국, EU 등 세계 주요 국가들이 재정지출 확대, 금리인하, 유동성 공급 등 경기부양책을 과감하게 시행한다. 미국은 국민생계지원을 위해 엄청난 돈을 풀고, 미 연준은 금리를 0~0.25%(제로금리)로 인하하고, 무제한 양적완화를 다시 시행한다. 한국도 정부가 국민생계지원을 위해 재정지출을 크게 확대하고, 한국은행도 금리를 0.75%로 인하했으며, 기업도산 방지를 위해 유동성 공급을 대폭 확대한다. 하지만 코로나19 확산세가 여전하므로 2020년 글로벌경제

위축은 불가피하며, 그에 따라 부동산도 약세시장이 예상된다.

집값 하락론자들은 더 강하게 집값이 폭락한다고 주장하지만, 필자는 여전히 '집값폭락은 없다'라는 생각에 변함이 없다. 코로나 경제위기의 영향으로 부동산시장이 위축되고 상당 기간 가격조정장세가 이어질 것이라는 데는 동의하지만, 강남 아파트가격 폭락사태는 발생하지 않는다고 본다. 코로나 경제위기에도 불구하고 필자가 집값 폭락 가능성을 매우 낮게 보는 이유는 2008년 금융위기 이후 미국, 일본, EU 등 세계 주요 국가들이 경기부양을 위해 엄청난 돈을 풀었지만, 지난 10년간 실물경제 성장은 미미했고 물가도 인플레이션보다 디플레이션 현상이 나타난 반면 자산(주식, 부동산) 가격은 폭등해서 빈부격차가 더 크게 확대되었기 때문이다.

이번에도 전 세계는 경제위기에 대응하여 금리인하, 유동성 공급 확대 같은 종전의 정책을 반복한다. 다만, 과거에는 유동성 공급과 구조조정을 병행했는데 이번에는 구조조정보다 고용유지에 정책의 초점이 맞춰지고 있다. 이런 전 세계의 경제위기 대응책에 비추어 보면 저금리와 풍부한 유동성 기조는 바뀌지 않을 것이고, 따라서 코로나 이후에도 실물경제 회복은 미미할 것으로 전망되는 반면, 자산(주식, 부동산) 가격은 상승할 가능성이 클 것으로 전망된다. 그래서 필자는 코로나19 경제위기에도 불구하고 '집값폭락' 가능성은 작다고 본다.

버블붕괴도 발생하지 않는다

'버블붕괴' 또한 발생하지 않는다. 유튜브 등 일부에서 '강남아파트값은 버블이며, 우리나라도 일본처럼 인구가 감소하기 때문에 일본처럼 버블붕괴가 발생할 것'이라고 주장한다. 하지만 필자는 '강남 아파트가격은 버블이 아니다. 따라서 버블붕괴란 있을 수 없다'라고 단정한다. 필자의 책《그래도 부동산이 돈이 된다》에서 상세하게 설명했으니 여기서는 간략하게 설명한다. 이유는 크게 세 가지다.

첫째, 과거 일본의 버블과 붕괴는 인구절벽에 의한 것이 아니라 플라자합의가 근본 원인이다. 일부 전문가는 '일본은 출산율이 감소하고 고령인구가 증가하면서 제조업 가동률이 떨어지고 내수경기가 침체되었다. 그러자 부동산경기가 침체했고, 젊은층이 일자리를 찾아 대도시로 썰물처럼 빠져나가면서 경기 팽창 시기에 건설한 신도시 중 불 꺼진 도시가 점차 늘어났다'라고 하면서 일본의 '잃어버린 20년'은 인구절벽이 원인이었다며 반면교사로 삼아야 한다고 주장한다.

하지만 이는 사실과 다르다. 플라자합의가 근본 원인이었다. 플라자합의 이후 일본은 엔고불황에 빠졌고 일본이 금융완화를 하자 금융시장에서 남아돌던 돈이 부동산시장과 주식시장으로 흘러 들어가 버블이 발생했다. 1985년부터 1991년까지 토지는 4배, 1985년부터 1989년까지 주식은 3배의 버블이 발생했다. 당시 일본의 지가총액이 미국 지가의 3배나 되었으니 일본의 토지버블이 얼마나 심각했는지를 짐작할 수 있을 것이다. 따라서 지금 강남의 일부 아파트가격이 3.3㎡당 1억 원을 넘어서긴 했지만 과거 일본 같은 버블은 분명히 아니다.

둘째, 2000년대 중반 강남아파트값에 대한 버블논쟁이 벌어졌을 때 강남아파트 최고가는 3.3㎡ 5,000만 원 정도였다. 그런데 그로부터 10여 년이 지난 지금 강남 아파트가격은 오히려 상승했고, 최고가도 3.3㎡당 7,000~8,000만 원대(최근엔 1억 원)로 높아졌다.

셋째, 강남 아파트가격이 일본이나 중국에 비해 비싸지 않다는 것이다. 일본 도쿄의 주택가격이 서울보다 싸다고 생각하면 오산이다.

강남의 핵심인 압구정·청담동에 해당하는 롯본기는 지금의 강남 아파트가격을 10년 전에 갈아치웠다. 중국도 그렇다. 상해, 북경, 선전 등은 지금의 강남 아파트가격을 대략 3년 전쯤 넘어섰다. 국가·도시 비교 사이트인 넘베오 통계의 도시별 도심 아파트가격 순위(2017년 기준)를 보면 1위 홍콩, 2위 런던, 3위 싱가포르, 4위 베이징(중국), 5위 상하이(중국), 6위 선전(중국)이고, 그다음 7위가 서울이다. 이런 이유로 필자는 강남 아파트가격은 버블이 아니며, 따라서 버블붕괴는 발생하지 않는다고 단정한다.

04。

여전히 강남은
최고의 투자 유망지역이다

━━━ 결론부터 말하자면?

대한민국 최초의 계획도시인 강남은
대체 불가능하며, 부촌 지위는
영원할 것이다.

강남은 대체 불가능한 대한민국 최고의 주거지

정부가 강남집값을 잡겠다고 메가톤급 규제를 퍼붓고 있지만, 강남
집값은 오히려 상승했다. 정부는 투기수요 때문에 강남집값이 상승
한다고 주장하지만, 강남에 살고 싶어 하는 사람이 차고 넘치는 것이
라 집값이 상승한다. 물론 투기 수요도 있을 것이다. 하지만 투기수
요만으론 강남집값을 좌지우지할 수 없다. 강남은 일자리, 교통, 교
육, 편익시설, 환경, 조망권 등 모든 조건을 거의 완벽하게 갖춘 유일
무이한 곳이다. 집값상승률도 월등하다. 최고의 주거환경에다 재산
증식도 수월해 항상 돈과 사람이 몰린다. 따라서 정부가 아무리 규제
를 강화해도 강남집값을 잡기는 어렵다. 강남은 대한민국 최초의 신
도시(계획도시)로 그 어떤 지역으로도 대체할 수 없기 때문이다.

대한민국 최초의 계획도시(신도시) 강남

70년대 초 박정희 정부는 과밀화된 강북 구도심을 벗어나 주변부 신시가지 건설을 통한 다핵도시 개발에 주목했다. 그리고 그 첫 대상지가 바로 영등포 동쪽인 영동(지금의 강남)이다. 당시 재정이 극히 열악했던 정부는 한강변에 제방을 쌓고, 그 위에 도로를 건설한 후 공유수면을 메워 택지를 개발했다. 일거양득의 전략인 셈이다. 상습침수지역인 반포동, 흑석동, 동부이촌동, 서빙고동, 뚝섬 · 자양동, 구의동 일대를 매립해서 아파트단지와 도시 토지로 탈바꿈시켰고, 여의도, 잠실도, 부리도를 메워 수백만 평을 도시 토지로 만들었다. 여의도가 섬이었다는 것을 아는 사람은 많지만, 잠실도 섬이었다는 것을 아는 사람은 그다지 많지 않다. 당시 잠실지역은 '잠실도'와 '부리도'라는 2개의 섬으로 이뤄져 있었고, 두 개의 섬 사이로 '신천강'과 '송파강'이 흐르고 있었으며, 잠실도를 중심으로 남쪽으로는 한강 본류인 '송파강'이 북쪽으로는 지천인 '신천강'이 흘렀다. 그런데 정부가 강남개발을 하면서 지류인 '신천강'의 폭을 확장해서 물길을 그리로 돌리고, 한강 본류인 '송파강'을 메워서 본류인 송파강이 매립되었다. 그때 일부를 남긴 것이 '석촌호수'다.

남산에 터널을 뚫고 한강에 다리를 건설해서 강북도심과 강남을 연결하는 교통로를 개설했다. 제일 먼저 한남대교(69년)를 완공하고, 1970년에 남산 1~2호선 터널을 완공했으며, 1970년에 마포대교, 1972년에 잠실대교, 1973년에 영동대교를 완공했다. 이렇게 교통로가 확보되자 강남개발에 가속도가 붙었다. 강남대로를 따라 고층빌딩이 즐비하게 들어서고 서초동에 법조타운이 건설되었으며, 압구정동, 반포동, 잠원동, 서초동, 방배동 일대가 아파트단지로 탈바꿈했다. 테헤란로에 관광호텔과 고층빌딩이 즐비하게 들어서고 청담·삼성동, 대치·개포동에 아파트와 고급빌라가 건설되면서 우리나라 최고의 주거지로 탈바꿈했다.

'말죽거리 호박밭'이라고 불렸던 강남이 기적처럼 개발될 수 있었던 것은 당시 강남지역이 새로 도시를 건설할 수 있는 천혜의 조건을 가지고 있었기 때문이다. 서울도심과 강남 사이를 남산과 한강이 가로막고 있었고, 한강에는 용산과 노량진을 연결하는 한강대교(제1한강교)가 유일한 교통로였다. 당시 강북지역에 즐비했던 판자촌이 전혀 없었고, 대부분의 토지가 농지나 모래자갈밭 같은 불모지였기 때문에 정부가 토지구획정리사업을 시행해 확보한 체비지 매각대금으로 개발비용을 충당하고도 많은 공공용지를 확보할 수 있었다. 그리고 당시 '강북 억제, 강남개발' 정책의지가 대단히 강했던 '유신정권'이 강북의 명문 고등학교를 강남으로 이전시켜 8학군을 조성하자 학부모들이 강남지역으로 대거 이주하면서 강남인구가 급증했다.

1970년부터 1999년까지 30년 동안 서울인구는 550만에서 1,030만으로 증가했는데, 이 기간 증가한 서울인구 480만 중 81%인 390만 명이 강남에서 증가했다. 강남인구가 급증하면서 1980년경 3.3㎡당 40~50만 원에 불과하던 강남 땅값은 3.3㎡당 5,000만 원으로 100배 넘게 뛰었다. 1988년 아파트가격도(전용 85㎡ 기준) 7,000만 원에서 2017년 8월 12억 원으로 17배 뛰었다. 하지만 시간이 한참 흐른 뒤에 보면 이런 금액도 작아 보일 것이다. 특히 일부 지역의 아파트값은 3.3㎡당 1억 원을 넘어섰지만, 다가올 10년 안에 강남 주요지역(반포, 압구정, 청담·삼성, 대치·개포)의 아파트가격은 3.3㎡당 1억 원이 넘을 것으로 전망된다.

강남의 최고 부촌 지위는 영원할 것이다

현재 강남은 최고의 주거환경과 경제활동 조건을 갖춘, 대한민국의 유일한 지역으로 최고의 부자들이 사는 곳이다. 하지만 앞으로 강남 같은 대규모 개발이 이루어지기는 현실적으로 어렵다. 아파트와 인 프라를 건설할 수 있을지는 몰라도 일자리, 학군, 교통, 편익시설 등 을 모두 갖추기란 사실상 불가능하다. 더구나 70년대 강남개발 같은 국가적 차원의 전폭적인 지원이 불가능해 제2의 강남은 있을 수 없 다. 따라서 강남은 대체할 수 없다. 더구나 지금도 계속 발전하고 있 다. 민간과 정부의 개발이 동시에 진행되기 때문인데 모두 메가톤급 이다. 민간개발은 재개발 · 재건축이고, 정부개발 중 대표적인 것은 영동대로 지하도시 복합환승센터 건설이다. 재건축 · 재개발로 아파 트단지와 품질이 혁신적으로 탈바꿈하고, 강남(삼성동) 복합환승센터 가 건설되면 강남은 교통허브가 될 것이다.

강남(삼성역)은 교통허브로 바뀐다

정부(서울시)가 영동대로에 지하도시를 건설하는데 핵심은 복합환승 센터 건설이다. 국내 최대 규모(총면적 약 15만㎡)로 건설되는 영동대 로 지하도시에 복합환승센터가 2023년에 완공되면 강남(삼성동)은 모 든 길이 통하는 교통허브가 된다. 삼성역 복합환승센터에서 버스와 지하철은 물론이고 광역급행철도(GTX)와 KTX까지 모두 탈 수 있다. 삼성역에는 KTX와 지하철 2호선, 9호선, 신설되는 위례신사선이 지 나고, GTX A노선(킨텍스~삼성역)과 C노선(금정~의정부)이 지나게 되 며, 부천 당아래~잠실을 잇는 남북광역급행철도 건설이 확정되면 삼성역을 지나는 철도노선은 7개로 늘어난다. 지상에는 광화문광장 같은 보행광장이 조성되고, 지하(6층)에는 철도 역사와 연계한 환승센터, 도심공항터미널, 주차장, 상업·공공문화시설이 들어선다. 코엑스몰과 새로 건립되는 현대차 GBC(글로벌 비지니스센터) 쇼핑몰이 연결되면 잠실야구장 30배 크기(42만㎡)의 거대 지하도시가 생긴다. 이런 영동대로 통합환승센터가 완공되면 강남(삼성동)은 프랑스 라데팡스 같은 미래도시가 될 것이고, GBC 건설이 완료되면 1만 개가 넘는 일자리가 생길 것이다. 지하쇼핑몰, 역사 등을 합치면 약 2만 개 이상의 일자리가 생길 것으로 예상된다.

이처럼 일자리, 학군, 교통, 편익시설, 환경 등 모든 것이 완벽하게 갖춰진 대체 불가능한 강남은 지금도 민간과 공공의 메가톤급 개발이 계속되고 있으니 정부가 어떤 규제와 압박을 가하더라도 대한민국 최고라는 부촌 지위는 영원할 것이다. 따라서 강남은 여전히 최고의 투자 유망지역이다.

실수요자, 올해와 내년이
강남아파트 투자기회다

━━━ 결론부터 말하자면?

실수요자에겐 부동산 과잉규제가 기회고,
올해와 내년이 강남아파트를
구입할 수 있는 기회다.

노년세대 부(富)의 원천은 '내 집 마련'이었다

한국도 일본처럼 60대 이상 노년세대가 부를 거머쥐고 있는데, 이들의 부(富)는 부동산투자를 통해 축적되었다고 해도 무리가 아니다. 그런데 과거에 지금의 노년세대가 부동산을 구입할 당시는 재테크 목적보다는 가족들과 거주하기 위해 주택을 구입하고, 돈을 모아 주택규모를 조금씩 늘린 것이 나중에 큰 재산이 되었다. 한마디로 내 집마련이 부의 원천이었던 셈이다. 그러나 어디에 내 집을 마련했느냐에 따라 결과는 극명하게 갈렸다. 강남에 내 집을 마련한 사람들은 큰 부(富)를 거머쥐었지만 강북의 외곽에 내 집을 마련한 사람들은 큰부를 얻지 못했다. 이처럼 부동산투자는 입지와 물건 선택에 따라 결과가 극명하게 갈리기 때문에 내 집을 어디에 마련하느냐가 대단히 중요하다. 부모세대의 부(富)의 원천이 내 집 마련이었기 때문에 자녀

세대도 부동산에 관심이 많지만, 정부의 고강도 부동산 규제 때문에 투자를 망설인다. 그러나 필자는 정부의 부동산 규제가 실수요자에 겐 오히려 기회라고 생각한다.

부동산 과잉규제가 실수요자에겐 기회다

문재인 정부의 역사상 최강의 부동산 규제가 계속되고 있지만 정부의 규제대상은 강남의 고가주택(재건축아파트)이고, 타깃은 다주택자 즉 투기수요다. 따라서 '투자목적'과 '다주택자'는 강남아파트 투자를 포기하는 것이 옳지만, 실수요자(무주택자, 1가구1주택자)는 오히려 내 집을 마련할 수 있는 기회라고 생각한다. '주거권' 보장은 국가의 책무다. 헌법에도 '국가는 주택개발정책 등을 통해 모든 국민이 쾌적한 주거생활을 할 수 있도록 노력해야 한다'라고 규정하고 있다. 역대 정부는 1가구1주택자(실수요자)를 우대(보호)하는 정책을 시행해왔고, 문재인 정부에서도 마찬가지다.

그런데 6·17대책의 주택담보대출 및 전세자금대출 규제강화로, 무주택자와 1주택자의 내 집 마련에 문제가 생겼다. 주택담보대출을 받아 집을 사면 6개월 안에 기존 주택을 팔고 새로 산 집에 입주해야 한다. 또 전세자금대출을 받은 후 서울 및 수도권(일부 지역 제외)에서 3억 원을 초과한 집을 사면 대출금이 즉시 회수된다. 이런 역사상 초유의 대책으로 저금리 시대에 대출을 이용해 내 집을 마련하려는 무주택자와 1주택자 등 실수요자까지 피해를 보게 되자 곧바로 불만의 소리가 쏟아지고 있다. 여당에서조차 무리한 정책이라는 비판이 일고, 풍선효과 등 부작용이 큰 것도 사실이다. '주거권' 보장이 국가의 책무라는 점을 고려하면 나와선 안 될 정책이 나왔으니 머지않아 보완책이 나올 것이라 예상된다. 실제로 보완책이 나온다면 더 늦기 전에 올해와 내년에 내 집을 마련하라고 권하고 싶다.

실수요자, 올해와 내년에 강남아파트를 구입하라

문재인 정부가 고강도 부동산 규제를 계속하고는 있지만, '다주택자'와 '고가주택'에 규제가 집중될 뿐 6·17대책 이전까지는 실소유자(무주택자, 1주택자)의 내 집 마련을 우대(보호)하는 정책을 유지해왔다. 그러던 것이 이번 6·17대책에서 무주택자, 1주택자를 불문하고 주택담보대출 및 전세자금대출 규제를 강화하면서 시장을 요동치게 했다. 필자는 정부가 큰 실수를 했다고 생각한다. 아마 머지않아 보완책을 마련해야만 할 것이다. 이대로 밀고 간다면 걷잡을 수 없는 부작용이 발생할 것이기 때문이다.

　12·16대책과 코로나19 경제위기의 영향으로 강남 아파트가격이 하향세(조정장세)를 보인다. 코로나19가 언제 종식될지 모르니 내년에도 이 상태가 이어질 가능성은 크다. 상황이 이런데도 일부에서는 '지금 강남권은 완전한 매도자 우위 시장, 토지거래허가구역 지정으로 희소성만 높아져 수요자들의 매수 욕구만 강해졌다, 강남은 6·17 부동산 대책에 아랑곳하지 않고 가격이 더 오른다' 등의 주장이 나오고 있다. 필자는 이런 전망에 동의하지 않는다. 코로나19 이후 글로벌경제는 대공황 이후 최대의 경기침체에 빠졌고, 언제 종식될지도 모르는데 어떻게 강남집값만 계속 상승할 수 있겠는가? 6·17대책의 충격과 여파로 집값이 일시적으로 상승하고는 있지만 머지않아 조정장세로 돌아설 수밖에 없다. 그래서 '올해와 내년이 강남아파트 구입 기회'라고 말하는 것이다.

실수요자(무주택자, 1가구1주택자)가 어떻게 내 집을 마련하는 게 좋을까? 투 자를 논하기 전에 1가구1주택자에 대한 양도소득세 면제규정부터 살펴보자. 양도소득세 면제혜택이 있는 1가구1주택자는 '일시적인 2주택자'를 포함하는데 많은 사람이 여기에 해당하기 때문이다. 1세대가 1주택을 2년 동안 보유하거나 거주(조정지역) 조건을 충족하면 주택을 팔았을 때 생기는 차익에 대한 양도소득세를 면제해주는데, 일시적으로 2주택자가 되는 경우도 일정기간 1주택과 마찬가지로 양도소득세를 면제해주는 조건(일시적 1가구 2주택 면세조건)이 있다. 그런데 12 · 16대책에서는 서울 등 조정지역에서 1가구 2주택자가 양도세 비과세 혜택을 받기 위한 요건을 강화했다.

　이전까지 양도세 비과세 규정은, 1주택을 취득한 시점부터 1년이 지난 후에 새로운 주택을 취득하여 2주택이 된 경우에는 조정지역에서 신규주택을 산 날로부터 2년 이내, 그 외 지역에서는 3년 안에 기존주택을 팔면 양도세를 면제받을 수 있었다. 그러나 12·16대책으로 2019년 12월 17일 이후에 조정대상지역에 새 주택을 구입하여 일시적 2주택자가 된 경우 기존주택처분 기간이 2년에서 1년으로 줄어들었다. 즉 바뀐 비과세 법령은 '2019년 12월 17일 이후 취득한 주택부터는 비과세 혜택을 취득일로부터 1년 이내에 전입신고하고, 기존주택을 1년 이내에 양도할 때만' 주기로 한 것이다. (※ 신규주택에 기존 임차인이 있는 경우에는 임대차계약 종료 시점을 고려해 전입 의무기간이 최대 2년까지로 연장된다.)

1가구1주택자는 강남 블루칩지역에 투자하라

이런 조건이 충족되는 1가구1주택자의 내 집 마련은 강남 블루칩지역의 아파트를 구입하는 것이 최상책이라고 생각한다. 다만, 경제력이 뒷받침되는 것을 전제로 한다. 필자의 책 《그래도 부동산이 돈이 된다》에서 압구정동, 삼성·청담동, 반포·방배동, 대치·도곡동 등을 블루칩지역으로 꼽았고, 그중에서도 재건축이 진행·추진되는 아파트단지에 투자할 것을 권했다. 이번에도 마찬가지다. 간단히 말하면 압구정동 현대아파트 같은 강남의 핵심지역 재건축아파트를 구입해 재건축이 될 때까지 눌러앉아 살라는 뜻이다. 압구정동 현대아파트 같은 경우는 재건축이 일찍 되든 늦게 되든 상관없이 항상 제값을 지니고 있을 것이고, 재건축 완료 이후엔 상상을 초월할 정도로 상승할 게 자명하다. 따라서 경제력이 뒷받침되는 경우라면 내 집 마련으로 이런 방법이 최상책이라고 생각한다. 또 다른 방법은 핵심지역 재건축단지 주변의 5년 이내 신축아파트를 구입하는 것인데, 가격이 너무 많이 오른 것이 부담된다.

경제력이 부족한 중간계층 수요자는 강남 핵심지역(집값 강세지역)의 10년 이내 신축아파트를 구입하라고 권한다. 서초구는 반포동·방배동·잠원동이, 강남구는 대치동·압구정동·청담·삼성동이, 송파구는 잠실·송파·문정동이, 강동구는 둔촌·고덕·상일동이 전통적인 집값 강세지역이다. 재건축이 많다는 공통점도 있다. 따라서 재건축 완료 또는 추진 중인 아파트단지 주변의 10년 이내 신축아파트를 구입하거나, 지하철 역세권(9호선, 7호선, 2호선, 3호선 등) 주변지역의 10년 이내 신축아파트를 구입하는 것이 좋아 보인다. 5년 이내 신축아파트가 가격상승 가능성은 더 크지만 가격이 너무 많이 오른 것이 부담이다.

무주택자는 강남 '로또분양'을 노려라

무주택자의 내 집 마련은 주택 구입보다 아파트분양에 청약하는 것이 유리하다. 물론 당첨된다는 보장은 없지만 당첨되면 한 번에 큰돈을 벌 수 있기 때문이다. 정부의 분양가 규제로 분양가는 주변시세보다 낮게 책정된다. 분양가상한제를 적용받을 경우 분양가는 주변시세의 절반 정도에 책정되는 이른바 '로또분양'이고, 분양가상한제를 적용받지 않는 지역도 정부가 HUG(주택도시보증공사)를 통해 분양가를 관리하기 때문에 시세보다 낮게 책정된다. 특히 문재인 정부 출범 후 HUG는 서울 전 자치구와 과천, 광명, 분당 등의 지역을 '고분양가 관리지역'으로 지정해 집중 관리하기 때문에 특히 이들 지역의 분양가는 시세보다 낮게 책정된다. 실제로 서울에서 지난 1년 분양한 신축아파트 매매가격은 분양가보다 평균 3억 7,480만 원 오른 것으로 조사됐다. 직방은 2019년 11월, 7~9월(3분기) 기준 서울 시내 입주 1년 미만 아파트 매매가는 11억 3,420만 원, 분양가는 7억 5,578만 원으로 분양가 대비 45.34% 상승했다고 밝혔다.

2019년 11월 1일 자 《아시아경제》 신문기사(요약)

1일 금융결제원 아파트투유에 올라온 입주자모집공고에 따르면 서울 서초구 잠원동 반포우성을 재건축해 롯데건설이 공급하는 '르엘신반포 센트럴'의 3.3㎡당 평균 분양가는 4,891만 원이며, 전용면적 84㎡의 분양가는 14억 5,900만~16억 9,000만 원으로 책정됐다. (중략) 이 아파트의 분양가는 현재 신고된 실거래가 기준으로만 인근 단지 대비 최대 10억 원의 가격 차이가 난다. (중략) 잠원동 아크로리버뷰신반포 전용 84㎡가 지난 8월 28억 8,000만 원에 신고가를 갈아치웠다.

정부의 분양가 규제로 분양가가 시세보다 매우 낮게 책정되기 때문에 투자자(수분양자)에겐 더 없는 기회다. 청약이 당첨되면 큰 수익이 보장되기 때문에 주택 구입보다 청약이 유리하다고 말하는 것이다. 다만, 청약가점이 높은 점은 고려해야 한다. 재건축아파트도 분양가상한제가 적용되는 단지도 있고 비켜 간 단지도 있다.

일반분양이 4,700여 가구로 가장 많은 둔촌주공아파트는 분양가상한제를 비켜 갔지만 HUG의 분양가 규제로 주변시세보다 상당히 낮은 가격으로 책정될 것이 분명하다. 청약가점은 70점 이상으로 예상되며, 가점이 높아야 당첨 가능성이 크다. 일반분양이 3,000세대가 넘는 반포 주공1단지(1 · 2 · 4주구)는 일부 조합원이 제기한 '관리처분계획 무효확인 소송'에서 조합이 패소함에 따라 인가받은 관리처분계획이 취소될 것으로 보여, 분양가상한제를 적용받을 가능성이 커졌다. 건국 이래 최대의 재건축으로 불리는 만큼 높은 청약경쟁이 예상되며, 청약가점은 80점 이상으로 만점(84점)에 가까워야 당첨 가능성이 있어 보인다. 신반포3차 · 경남아파트를 재건축하는 '래미안 원베일리'는 조합이 일반분양 통매각을 추진하는데 관할 서초구청이 불허하자 조합이 서초구청을 상대로 소송을 제기해서 결과를 지켜봐야한다. 일반분양이 2,000세대가 넘는 잠실주공5단지도 강남 최초 50층 재건축이어서 관심이 높다. 청약가점은 70점 이상으로 예상되며, 청약가점이 높아야 당첨 가능성이 크다. 그 외 재건축단지는 일반분양물량이 수백 세대 정도다. 많진 않지만 꾸준히 청약신청을 할 필요가있다.

2030 실소유자,
제2의 강남에 투자하라

━━━ **결론부터 말하자면?**

강남아파트 구입이 어려운 2030세대,
제2의 강남이 될 만한 지역에 투자하라.

2030세대는 강남아파트 구입이 어렵다

앞서 본 것처럼 2030세대(에코붐 세대)가 주택시장에 본격 등장했다. 얼마 전까지 관망세(임차 선호)를 보이던 2030세대가 집값 폭등에 자극받아 주택을 구입하는 쪽으로 돌아섰다. 2019년 한국감정원에 따르면 서울아파트 매수자 연령별 분포에서 30대가 30.4%를 차지해 40대(29.1%)를 제쳤으며, 고가주택을 서슴없이 구입하는 것으로 나타났다. 지난해 8월 반포동 아크로리버파크 전용 59㎡를 23억 9,800만 원(3.3㎡당 9,878원)에 매입한 매수자도 강남에 사는 37세 K씨였다. 그러나 정부의 강력한 대출규제와 고강도 세무조사(자금출처 조사) 등으로 2030세대의 강남아파트 구입은 어렵고, 청약가점도 높지 않아 신규분양 청약도 쉽지 않으니 2030세대의 강남아파트 구입 방법은 사실상 막혔다고 봐야 한다.

2030세대, 제2의 강남이 될 지역에 투자하라

2030세대의 강남아파트 구입이 어려우므로 차선책으로 제2의 강남에 투자하라는 것이다. 그럼 제2의 강남이 될 만한 지역은 어딜까? 많은 전문가는 제2의 강남으로 '마포·용산·성동(마·용·성)' 지역을 꼽는다. 이들 지역은 강남 못지않게 집값이 오르고 대규모 개발이 진행되기 때문에 발전 가능성도 크다. 따라서 충분히 제2의 강남이라고 할 수 있다. 그러나 필자가 말하는 제2의 강남은 아니다. 마·용·성 지역은 이미 가격이 너무 많이 올라 투자해도 실익이 크지 않고, 강남 못지않게 규제(고가주택에 대한 규제)가 심하기 때문이다. 에코붐 세대인 2030세대는 다가올 10년, 주택시장을 이끌고 갈 미래의 주역이다. '거주'만큼 '가치'도 중시하는 세대다. 이들이 끌고 갈 미래의 주택시장은 '직주근접'이 무엇보다 강력한 투자요인이기 때문에 이런 조건을 갖춘 지역이 발전할 것이다. 이런 관점에서 필자는 여의도, 영등포뉴타운, 신림뉴타운, 노량진뉴타운, 구의·자양뉴타운 등을 제2의 강남이 될 만한 지역으로 소개한다.

마천루가 즐비한 주거·업무·상업 복합지역인 여의도

여의도는 주거·업무·상업 복합지역으로 일자리가 흘러넘친다. 강남, 광화문·종로 다음으로 일자리가 많은 지역이어서 젊은이들이 선호한다. 여의도는 70년대 초 국내 최초로 복부인이 등장해 정부가 '분양가상한제'를 시행하는 단초를 제공할 정도로 부동산 광풍이 불었던 지역이다. 그러나 여의도아파트는 예전 모습 그대로다. 재건축이 지지부진하기 때문이다. 건설한 지 40년이 넘은 여의도아파트 재건축은 일찍부터 관심을 받았다. 그러나 16개 단지 7,746세대 중 시범아파트

(1,790세대)를 제외하곤 모두 1,000세대 미만의 소규모 단지라 재건축 추진에 어려움이 많았다. 그런데 서울, 수정, 공작아파트는 '일반상업' 지역에 위치하는 데다가 서울시 2030플랜(서울시 2030도시기본계획)에 여의도가 3대 도심 중 하나로 지정되면서 '일반주거' 지역도 초고층 재건축이 가능해 여의도 재건축이 활발하게 추진됐었다.

그러나 2018년 7월 박원순 시장이 '여의도 전체를 새로운 업무·주택지로 바꿔 활력을 불어넣겠다'라며 여의도·용산 통개발을 발표하자 일대 아파트가격이 2~3억 원씩 급등하면서 여론의 호된 비판이 쏟아졌다. 이에 2018년 8월 박원순 시장은 '여의도·용산 마스터플랜 추진보류'를 발표했고, 그 이후 여의도 재건축은 지지부진한 상태에 있다. 그런데도 여의도를 제2의 강남으로 제일 먼저 추천하는 것은 재건축이 지지부진한 것이 오히려 투자기회이기 때문이다. 재건축이 지지부진한 덕에 아파트가격이 많이 오르지 않았다. 지금은 집값 폭등에 따른 규제에 얽혀 재건축이 답보상태지만 40년이 넘은 여의도아파트 재건축은 결국 할 수밖에 없고, 재건축 완료 이후에는 강남 재건축아파트에 버금갈 정도로 높을 게 자명하므로 오히려 기회라고 본다.

상업·업무·주거지로 탈바꿈하는 영등포뉴타운

앞서 4장에서 본 것처럼 서울의 대표적인 낙후지역으로 꼽혔던 영등포(영등포역 주변 지역)가 뉴타운사업으로 상업·업무·주거 등 복합기능을 갖춘 서남권의 핵심지역으로 변신 중이다. 이미 오래전에 재개발구역으로 지정된 영등포뉴타운은 주민 반발 등으로 난항을 거듭하다가 총 26개 구역 중 18개 구역이 정비구역에서 해제되고 1-14,

1–16구역이 통합돼 7개 구역 재건축이 추진 중이다. 먼저 개발이 마무리된 '아크로타워스퀘어' 아파트가격이 치솟으며 다른 구역의 개발 기대감을 자극하고 있다. 국토교통부 실거래가 공개시스템에 따르면 아크로타워스퀘어(1–4구역)는 지난해 11월 전용 59.91㎡가 9억 7,000만 원, 전용 84㎡는 층수와 타입에 따라 12억 5,000만~12억 6,000만 원에 각각 거래되었다. 2014년 10월 분양 당시 전용 59㎡ 분양가 4억 5,350만~4억 9,690만 원, 전용 84㎡ 6억 1,870만~6억 8,790만 원의 2배가량 뛰었다.

이처럼 아크로타워스퀘어 아파트가격이 치솟자 이에 자극받아 다른 지구 사업추진도 빨라지고 있다. 영등포는 5호선을 타고 이동하면 금융타운 등 많은 회사가 몰려있는 여의도역까지 두 정거장밖에 안 되는데도 그동안 개발되지 않아 낙후지라는 오명을 뒤집어쓰고 있었지만, 뉴타운사업으로 상업·업무·주거 등 복합기능을 갖춘 서남권의 핵심지역으로 탈바꿈하고 있다.

낙후지에서 아파트촌으로 부활하는 신림뉴타운

앞서 3장에서 소개했듯이 노량진과 함께 서울 '양대 고시촌'이고, 대표적인 교통낙후지역으로 꼽히며 부동산시장에서 소외받아 온 신림동 일대가 매머드급 아파트단지로 변신을 꾀하고 있다. 관악구 신림동 일대 52만 9,639㎡ 신림뉴타운은 2005년 뉴타운지역으로, 2008년 재정비촉진구역으로 지정된 후, 14년 동안 사업추진이 되지 않아 '일몰제'까지 몰려 재개발 무산 위기까지 몰렸으나, 2021년 4월 개통 예정인 신림경전철 호재 등으로 극적으로 부활했다. 현재 현대건설과 GS건설, 대우건설, HDC현대산업개발, SK건설, 롯데건설 등이 수주에 관심을 보이고 있어서, 이들 기업이 사업자로 선정될 경우 사업은 무리 없이 추진될 것으로 보인다. 신림뉴타운 사업 속도가 빨라지자 뉴타운 주변 새 아파트가격은 수억 원대 프리미엄을 형성하고 있다. 서울 서남권 최대 재개발 사업장인 신림뉴타운이 완성되고, 예정된 서울 경전철 3개 노선이 신림동을 지나가면서 교통여건이 개선되면 서남권의 새로운 핵심 주거지로 부상할 것이다.

한강이남 마지막 노른자위, 노량진재정비촉진지구

고시촌과 허름한 건물 밀집지역으로 부동산시장에서 외면받았던 노량진이 재개발(뉴타운)사업으로 활기를 띠고 있다. 2003년 뉴타운 지정된 후 수산시장, 학원가로 대표되는 낙후된 이미지 탓에 투자자들로부터 외면받았고 지난 14년 동안 제자리걸음을 되풀이하던 노량진뉴타운이 최근 전 구역이 조합설립을 마무리하고 현재 시공사 선정이 활발하게 이뤄지고 있다. 노량진뉴타운도 재개발 기대감으로 건물(토지)가격이 많이 올랐고, 수산시장 이전문제, 입주권을 못 받는 건물소유자 보상문제 등 아직 해결할 부분이 많지만, 입지가 워낙 좋아서 개발 이후 아파트가격이 상당히 높게 형성될 것이라는 전망이 지배적이다. 노량진뉴타운은 무엇보다 뛰어난 입지가 장점이다. 용산, 여의도의 배후지고, 강남, 광화문 등 도심 접근성이 좋아 한강이남의 마지막 노른자위로 꼽힌다.

첨단업무복합지구로 개발될 구의·자양뉴타운

구의·자양동은 한강변의 뛰어난 입지와 영동대교, 청담대교 등 우수한 교통, 접근성 때문에 일찍부터 브랜드아파트촌으로 주목받았다.

2005년에 지구지정 이후 수방사 예하 중대와 우정사업정보센터(2013년 나주로 이전) 등으로 사업추진이 지연되었으나, 2017년 12월 재정비촉진구역으로 지정돼 다시 탄력을 받고 있다. 송파구 문정동으로 이전한 동부지법·지검 자리와 KT부지 일대를 첨단업무복합단지로 개발한다. 구의자양 재정비1구역에 최고 35층 높이의 호텔과 오피스텔 등 상업·업무시설과 아파트 1,363가구가 들어서고, 구의자양 재정비5구역에 30층 규모의 업무시설과 24~28층 높이의 아파트 863세대가 들어서면 구의역 일대는 업무·상업·주거, 복합단지로 탈바꿈해 명실상부 동북권 대표 중심지로 부상할 것이다.

정책기조가 바뀌지 않는 한
문재인 정부의 남은 임기 동안 강남 아파트가격은
상승할 가능성이 크다.
그래서 거주목적의 실수요자라면
올해와 내년이 강남아파트에 투자할 적기라고 생각한다.

6장

규제폭탄에도
재건축·재개발
투자는
여전히 유망하다

01.

정부의
과잉규제 부작용이 크다

━━━ 결론부터 말하자면?

정부가 재건축·재개발을 철저하게 막아놓고
신도시를 건설해도 서울 집값안정은 되지 않을
것이다.

'재초환' 합헌판결로 재건축이 패닉상태에 빠졌지만?

헌법재판소가 2019년 12월 27일 재건축사업의 초과이익에 부담금을
징수하는 「재건축초과이익 환수에 관한 법률」 조항에 대해 합헌 결정
을 내리자 강남권 재건축단지들은 패닉에 빠졌다. 2012년 용산구 한
남연립재건축조합이 '용산구가 조합원 1인당 5,500만 원씩 총 17억 2
천만 원의 재건축부담금을 통보한 것은 재건축조합의 사유재산권을
침해한 것'이라는 이유로 2014년 9월 헌법소원을 청구한 사건을 헌재
가 6년 만에 '합헌' 결정한 것이다. 그럼 헌재의 합헌 결정으로 '재건
축초과이익환수(재초환)' 문제가 매듭지어질까? 필자는 절대 그렇지
않고 오히려 문제해결이 더 어려워졌다고 생각한다. 우선 합헌 결정
이후 강남 재건축단지들은 '재건축을 포기하고 사는 데까지 그냥 살
겠다'라는 입장으로 돌아서는 것으로 알려졌다. 선택의 여지가 없는

것이다. 실제로 압구정 재건축 등 대형 재건축단지들은 조합설립인 가를 계속 미루고 있다. 이렇게 되면 어떻게 될까?

신축 공급부족 현상이 심화하고 장기화하면서 집값안정 문제는 더 어려워질 것이고, 희소성이 높아져 신축 아파트가격은 더 상승할 것이다. 이처럼 정부가 재건축·재개발은 철저하게 막아놓고 수도권에 새로운 도시(3기 신도시)를 건설하면 서울집값이 안정될까? 필자는 어려울 것이라 본다. 2007년 '대한민국 건설 서미트 2007'에 참석한 미국 펜실베이니아대 도시계획대학장인 '게리 핵' 교수는 '노후한 도심 주택가 재개발이나 아파트 재건축 사업을 신도시 개발과 동시에 추진해야 부동산가격이 안정될 수 있다'라고 지적했다. 서울에 새 아파트가 부족해서 집값이 상승하는데 유일한 공급수단인 재건축·재개발을 하지 못하게 막아놓고, 신도시를 건설해도 서울집값 안정은 어려울 것이다. 이 판결로 재건축초과이익환수 문제가 다 매듭지어졌다고 생각하면 오산이다. '재건축초과이익 환수에 관한 법률'은 불합리하고 형평의 원칙에 반하는 내용이 많아서, 현재나 미래에 재건축을 해야 하는 수많은 당사자가 그냥 승복할 리 만무하다.

02。

재초제에 대한 저항,
끝날 때까지 끝난 게 아니다

━━━ 결론부터 말하자면?

재초제 합헌 결정에도 불구하고
당사자들의 저항은 계속될 것이다.

'재초제' 합헌결정으로 문제가 매듭지어질까?

'재건축초과이익환수제(재초제)'는 재건축사업으로 평균 집값상승률을 넘는 개발이익이 발생하면 최고 절반까지 정부가 부담금으로 환수하는 제도다. 초과이익은 재건축사업으로 오른 집값에서 개발비용과 해당 지역 평균 집값상승분을 제한 금액이다. 참여정부가 이 법을 추진할 때부터 '위헌' 소지가 있다는 논란이 일면서 재건축을 추진하는 아파트단지의 거센 반발이 있었다. 이명박 정부, 박근혜 정부 때는 이 법의 시행을 계속 보류했는데 문재인 정부가 전격 부활시켰다. 8·2대책에서 재초제를 전격 시행하자 강남 재건축단지들이 크게 반발하면서 '위헌' 논쟁에 다시 불이 붙었다. 일부 재건축단지가 '위헌' 소송을 제기했지만 '각하' 결정을 내렸다. 그런데 헌재가 지난해 12월 2014년 9월 용산구 한남연립재건축조합이 청구한 헌법소원을 6년 만에 '합헌' 결정했다. 헌재가 합헌 결정을 내린 이유는 '공적 과제' '공익 대비 재산권 침해 미비' 등으로 알려졌으나 구체적인 내용은 알려지지 않았다. 헌재의 합헌 결정으로 강남의 재건축단지들은 패닉에 빠졌다. 그럼 헌재의 이번 판결로 모든 문제가 매듭지어졌을까? 필자는 절대로 그렇지 않고 저항이 더 거세질 것으로 본다. 이유는 이 법률은 불합리한 데다가 형평의 원칙에 반하는 내용이 많기 때문이다.

'재초제' 법은 불합리하고 형평의 원칙에 반한다

법률가가 아닌 필자가 '위헌'에 관한 내용은 논하고 싶지 않지만 부동산 전문가로서 다음과 같은 점을 지적하지 않을 수 없다. 이 법률의 내용은 첫째로 부담금 산정방식이 불합리하고, 둘째로 부담금 부과 이후 집값이 하락했을 때 구제방법이 없다. 셋째로 종료시점 조합원이 부담금을 모두 납부해야 하는 점도 불합리하다. 넷째로 1가구1주택에 부담금을 부과하는 것은 '헌법'과 '주거기본법'의 주거권 보장에 반한다.

【재건축초과이익 환수에 관한 법률】의 관련 내용을 요약하면 '제6조 조합이 재건축부담금을 납부할 의무가 있고, 종료시점 부과대상 주택을 공급받은 조합원이 재건축부담금을 납부하여야 한다. 제8조 부과개시시점은 조합설립추진위원회가 승인된 날로 한다. 제9조 제①항 개시시점 주택가액은 「부동산가격공시에 관한 법률」에 따라 공시된 공시가격으로 한다. 제②항 종료시점 주택가액은 대통령령이 정하는 바에 따라 종료시점 현재의 주택가격 총액을 조사·산정한 가액으로 한다'라고 규정하고 있다. 따라서 종료시점 주택가격은 사실상 시세를 기준으로 한다.

과연 이런 법률 규정이 합리적인지 살펴보자.

첫째, 부과개시시점을 재건축사업이 실질적으로 시작되는 조합설립승인일보다 훨씬 전인 조합설립추진위원회승인일로 하고(최장 10년으로 한다) 주택가액은 공시가격으로 하는 반면, 종료시점 주택가액은 감정가격(시세)을 기준으로 초과이익을 산정하는 것은 불합리하고 형평의 원칙에도 어긋난다. '10년 후 주택가격(시세)에서 10년 전 공시가격을 뺀 금액'을 초과이익금으로 산정하는 것이 합리적이고 공평하다고 생각하는 사람이 과연 얼마나 될까?

둘째, 재건축초과이익환수는 미실현이익에 대해 부과하는데 부담금 부과·납부 이후 갑자기 주택가격이 하락할 경우 구제할 방법이 전혀 없는 것도 불합리하다.

셋째, 재건축추진 중 거액의 차익을 챙기고 중도에 빠져나가는 조합원이 많을 텐데 최종소유자가 부담금을 모두 납부하는 것도 불합리하다.

넷째, 1가구1주택에 부담금을 부과하는 것은 '헌법'이나 '주거기본법'의 '주거권' 보장에 반하는 것이다. 【헌법】제35조 제3항에는 '국가는 주택개발정책 등을 통해 모든 국민이 쾌적한 주거생활을 할 수 있도록 노력해야 한다'라고 규정하고 있고【주거기본법】에도 '국가는 국민의 주거권 보장을 위해 노력해야 한다'라고 규정하고 있다. 이에 따라 국민의 '주거권 보장'을 위해 역대 정부는 1가구1주택을 우대(보호)하는 정책을 흔들림 없이 시행해왔는데, 1가구1주택에도 거액의 부담금을 부과하는 것은 '주거권 보장'에 반하는 것이라 아니할 수 없다.

예를 한번 들어보자. 소득이 없는, 은퇴한 고령의 1가구1주택자에게 거액의 부담금을 부과할 경우 그 돈을 마련할 수 없으니 집을 팔

수밖에 없다면 이는 '주거권 보장'에 반하는 것이라고 아니할 수 없다. 70~80년대 강남개발이 한창 진행될 때 강남의 어느 땅 부자가 거액의 세금을 부과받고 이를 납부하지 못해 극단적인 선택을 한 사건이 발생해서 사회적으로 큰 이슈가 된 적이 있었다. 강남 재건축아파트 소유자는 고령의 은퇴세대가 많다. 그런데 만일 이런 사건이 다시 발생한다면 사회적인 이슈가 되면서 걷잡을 수 없는 논란에 휩싸이게 될 것이다.

재초제 시행으로 주택소비가 과도하게 증가하는 부작용 발생도 우려된다. 부담금 산정은 재건축으로 오른 집값에서 개발비용과 해당 지역 평균 집값상승분을 공제하여 산정하기 때문에 개발비가 증가하면 초과이익이 축소된다. 그러므로 재건축조합이 초과이익을 줄이려고 일부러 개발비를 증가시킬 수 있다. 예컨대 조합이 초과이익으로 환수당할 바엔 차라리 아파트 시설을 고급화하고 커뮤니티 시설을 대폭 확장하는 부작용이 발생하는 것이다.

실제로 이런 현상은 이미 벌어지고 있다. 압구정 3구역 재건축 추진위원장 당선자는 일대일 재건축을 검토하겠다고 하면서, 거액을 초과이익으로 환수당할 바엔 차라리 아파트 설계를 특화하고 내·외장재를 고급화하는 방법으로 초과이익을 최소화하겠다고 밝힌 바 있다. 이런 현상은 다른 재건축단지도 마찬가지일 것이다. 초과이익환수제 때문에 과도하게 주택소비가 증가하는 부작용이 발생할 수 있는 것이다. 우리나라는 경제력과 비교해 주택소비가 크다. 그런데 재초제 시행으로 주택소비가 과도하게 증가한다면 빈대 잡으려다 초가삼간 태우는 꼴이다. 불합리하고, 형평의 원칙에도 어긋난다.

그런데도 정부는 법률개정을 통해 이런 문제를 바로잡는 것보다 그냥 밀어붙여 문제를 더 키운다는 느낌이다. 특히 국토교통부가 강남·서초·송파·강동 등 강남4구 15개 단지의 조합원 1인당 부담금을 추정한 결과 평균 4억 3,900만 원, 최고 8억 4,000만 원이라고 공개한 것은 무리수였다고 생각한다. 이런 발표로 재건축단지의 반발을 부른 것도 그렇지만, 역으로 보면 재건축아파트 1채면 16억 원이 넘는 큰돈을 벌 수 있다고 정부가 홍보한 꼴이 되는 것이다. 재초제 법은 불합리하고 형평의 원칙에도 반하는 내용이 많아서 그냥 논쟁으로 끝일 일이 아니다. 재건축부담금은 엄밀히 말하면 세금은 아니다. 그러나 세금에 준하여 국가가 징수하는 부담금이다. 그런데 대규모 불복 사태가 벌어진다면 정권 차원에서 부담이 아닐 수 없다. 사회적으로도 큰 이슈가 되어 국론은 심각하게 분열될 것이다. 따라서 정부가 현행 재건축초과이익환수제를 그냥 강행할 것이 아니라, 합리적으로 법률의 내용을 개정해서 시행하는 것이 바람직하지 않나 싶다.

과잉규제가 재건축 · 재개발
흐름을 바꿔놓았다

결론부터 말하자면?

정부의 과잉규제로 흐름이 바뀌었지만,
장기적으론 재건축 · 재개발이 부동산시장을
주도한다.

재건축·재개발 부동산시장 주도는 계속된다

앞에서 여러 차례 얘기했듯이 정부의 고강도 규제에도 불구하고 다가올 10~15년은 재건축 · 재개발이 부동산시장을 주도할 것이다. 서울(강남)은 신축할 땅이 없고 오로지 재건축 · 재개발을 통해 새 아파트가 공급된다. 실제로 서울은 90%에 가까운 분양물량이 재건축 · 재개발사업을 통해 공급되기 때문에 서울에선 재건축 · 재개발을 통하지 않고는 다른 방법이 없으니 앞으로도 부동산시장은 재건축 · 재개발이 주도한다는 것이다. 사람들이 낡고 불편한 것보다는 깨끗한 새 것을 좋아하는 것은 당연하다. 고급 주거공간인 새 아파트를 구입할 수 있는 유일한 통로가 재건축 · 재개발이니, 여기에 투자가 몰리는 것인데 정부가 이런 본질인 문제를 도외시하고 규제만 강화하기 때문에 문제가 해결되지 않는다. 다만, 연장될 뿐이다. 따라서 정부가 아무리 규제를 강화해도 재건축·재개발이 부동산시장을 주도하는 대세는 막을 수 없다.

전쟁 때나 나올 법한 초강력 규제로 흐름이 바뀌었다

문재인 정부는 출범 초부터 8·2대책 등 수많은 부동산대책을 쏟아냈다. 특히 재건축·재개발을 타깃으로 정부가 동원할 수 있는 모든 수단을 동원했다. 8·2대책에서 '재건축초과이익환수제(재초제)'를 전격 시행했지만, 집값은 오히려 급등하고 재건축 아파트가격은 폭등했다. 정부가 역사상 최강의 대책으로 불리는 9·13대책을 발표하자 잠시 주춤했던 서울집값이 다시 폭등세를 이어갔고, 이에 정부가 '민간택지 분양가상한제'를 전격 시행했지만 서울집값은 오히려 폭등했다. 그러자 정부는 12·16대책을 내놓았는데 이는 전쟁 때나 나올 법한 초강력 규제로, 전 세계에서 유일하다.

핵심은 대출규제다. '투기지역이나 투기과열지구 내 시세 9억 원 초과 주택은 주택담보대출비율(LTV)을 현행 40%에서 20%로 축소하고, 15억 원을 초과하는 초고가 아파트는 주택담보대출을 전면금지한다는 내용이다. 예외규정도 없어서 모든 '차주'가 대상이다. 이런 초강력 대책이 나오자 고가의 강남아파트 재건축은 일시에 얼어붙었다. 그리고 시장은 정부가 규제 허들로 지목한 9억 원을 주목하기 시작했다. 즉 9억 원을 새로운 집값의 기준점으로 인식하고 발 빠른 움직임이 나타나면서 9억 원 이하 주택에 투자가 몰리는 풍선효과가 나타나 불과 1~2개월 만에 부동산시장에 많은 변화가 생겼다. 마포·용산·성동 지역 등의 집값은 주춤하고 수원·용인·성남 지역 등의 집값이 급등하자 정부가 또다시 수원, 안양, 의왕 등 5곳을 조정대상

지역으로 추가 지정했다. 그러다가 6·17대책에서는 투기과열지구로 지정했다.

재건축시장 변화로 투자전략 전환이 필요하다

강남 등 재건축시장에도 많은 변화가 생겼다. 정부의 초강력 대출규제로 재건축시장도 수요 · 공급이 모두 감소하는 이른바 동결현상이 발생한다. 부동산114가 국토교통부 실거래가를 분석(1월 30일 기준)한 자료에 의하면 서울아파트 매매 수량이 대폭 감소한 것으로 나타났다. 지난해 10월 1만 1,515건, 11월 1만 1,479건으로 매월 1만 건 이상이던 매매건수가 12 · 16대책이 발표된 지난해 12월 7,532건, 올해 1월에는 1,439건으로 급감했다.

대출규제를 하면 수요가 감소하는 것이 당연하다. 그런데 공급은 왜 감소할까? 기존 주택을 팔면 다른 주택을 구입해야 하는데 15억 원 이상 고가주택의 대출 전면금지로 레버리지를 전혀 이용할 수 없으니 주택을 팔지 않는 것이다. 재건축은 이런 동결현상에다가 '재건축 안전진단 강화', '민간택지 분양가상한제', '재건축초과이익환수제' 등 트리플 악재로 앞으로 1~2년 소강(횡보) 상태를 보일 것으로 전망된다. 하지만 장기적으론 재건축 · 재개발이 부동산시장을 주도할 것은 분명하다. 강남의 재건축아파트 일반분양을 할 때마다 구름떼같이 인파가 몰려들면서 아파트가격을 자극할 것이고, 재건축아파트 완공 · 입주 이후엔 아파트값이 천정부지 치솟아 또다시 아파트값을 자극할 게 너무나 자명하기 때문이다.

반면 재개발은 뒤에서 설명하겠지만, 【도시 및 주거환경 정비법】 규정 자체가 재건축과 상당한 차이가 있는 데다가 정부의 규제도 재건축보다 훨씬 덜하므로 투자에 유리한 점이 많다. 따라서 다가올 1~2년은 재개발투자가 유리할 것이다.

재건축·재개발투자는 여전히 유망하다

문재인 정부의 역사상 최강의 부동산 규제가 재건축·재개발에 집중되는데도 투자가 몰리는 것은 재건축·재개발투자가 여전히 유망하기 때문이다. 주택가격 대세 상승기가 지난 지금은 부동산투자로 높은 수익실현이 어렵다. 실제로 지난 10여 년 동안 집값은 소폭의 등락을 거듭했기 때문에 매매시장, 운영시장을 불문하고 쉽지 않았다. 그러나 재건축·재개발투자는 여전히 높은 수익실현이 가능하다. 과거 저밀도지구 재건축 같은 높은 개발이익이 불가능하다는 것을 충분히 알면서도 여전히 투자가 몰리는 것은 높은 미래가치 때문이다. 조합원지위를 가졌거나 조합원지위를 양도받은 사람은 원하는 평형과 층고를 선택할 수 있고, 이전보다 더 넓은 평형을 배정받을 수도 있다. 게다가 재건축 완공 이후 아파트는 완전히 새롭게 탈바꿈하기 때문에 아파트값이 천정부지로 치솟아 엄청난 양도차익을 덤으로 안겨주니 그야말로 '꿩 먹고 알 먹고'다. 지금은 정부 규제로 높은 수익실현이 쉽지 않다. 그러나 한쪽이 길면 한쪽이 짧은 것이 세상의 이치다. 문재인 정부가 모든 수단을 동원해 초강력 규제를 퍼부어도 투자할 방법은 있다는 얘기다.

규정을 많이 알아야
투자에 성공한다

결론부터 말하자면?

정비사업(재건축 · 재개발)에 관한 규정은 매우
복잡해서 규정을 많이 알아야 투자에 성공한다.

주택재개발사업과 주택재건축사업의 비교

재개발 · 재건축은 【도시 및 주거환경 정비법】의 규정에 의해 진행되는 '공익', '민간' 사업으로, 법률의 규정이 엄격 · 복잡하고 사업 절차도 매우 복잡하다. 여기에 정부의 강도 높은 규제가 시행되기 때문에 반드시 관련 규정을 알고 투자해야 실패를 줄일 수 있다. 주택재개발사업은 '정비기반시설이 열악하고 노후 · 불량건축물이 밀집한 지역에서 주거환경을 개선하기 위하여 시행하는 사업'이다. 주택재건축사업은 '정비기반시설은 양호하나 노후 · 불량건축물이 밀집한 지역에서 주거환경을 개선하기 위하여 시행하는 사업'으로 정의된다. 재건축사업의 대상이 되는 아파트의 경우는 집합건물로서 조합원의 자산이 평형에 따라 완전히 동일하지만, 재개발사업 조합원의 종전자산은 각각 다를 수밖에 없기 때문에 규정이 다르다.

재건축사업은 추진위원회가 조합설립을 위해 받는 동의서에 재건축결의에 해당되는 서류, 즉 ① 건설되는 건축물 설계의 개요, ② 공사비 등 정비사업에 드는 비용 및 비용의 분담에 관한 사항, ③ 사업완료 후 소유권의 귀속에 관한 사항, ④ 조합정관 등을 명시하여 서면동의서(인감증명서 첨부)를 받기 때문에 조합원은 이 단계에서 개략적인 비용분담 내용과 사업완료 후 자신에게 귀속되는 재산의 내용을 알 수 있다. 그러나 재개발사업은 조합설립승인 후 사업시행인가를 신청하여 승인·고시 후 60일 이내에 법령에 따라 관리처분계획을 한다. 조합은 관계서류를 문서로 통지하고, 사본을 30일 이상 토지 등 소유자에게 공람하게 하는데, 조합원은 이 단계에서 자신의 자산평가금액(종전재산)과 자기부담금을 알 수 있다. 따라서 재건축은 조합설립인가 후부터 조합원지위 양도가 금지되고, 재개발은 관리처분계획승인 후부터 조합원지위가 금지된다.

거래제한에 관한 규정

따라서 재건축사업은 조합설립 단계를 거치기 전까지는 실물(아파트)이 거래대상이지만, 그 이후에는 조합원지위가 거래대상이다. 재개발사업은 관리처분 단계를 거치기 전에는 실물(토지·건축물)이 거래대상이지만, 그 이후에는 조합원지위(입주권)가 거래대상이다. 정부는 투기과열지구에서 시행하는 재건축사업은 조합설립인가를 받은 조합원지위 양도를 금지하고, 재개발사업은 관리처분인가를 받은 조합원지위(입주권) 양도를 금지하는 규제를 시행하고 있다. 지금까지는 재개발사업의 조합원지위(입주권)에 대한 규제는 없었는데, 문재인 정부가 【도시 및 주거환경 정비법】을 개정해 역사상 처음으로 '재개발사업 조합원지위 양도금지'가 시행되었다. 여기서 주목할 점이 있다. 현재 조합설립인가를 받은 대부분의 재건축단지 조합원지위는 양도금지 대상인 반면, 현재 관리처분인가를 받은 대부분의 재개발 단지 조합원지위는 양도금지 대상이 아니다. 이런 내용을 모르는 투자자가 의외로 많다.

재개발사업 조합원지위 양도금지 대상이 훨씬 적다

문재인 정부는, 8·2대책에서 발표한 '재개발사업 조합원지위 양도금지' 시행을 위해 【도시 및 주거환경 정비법】의 관련규정을 개정해 2017년 10월 24일에 공표했다. 그런데 3개월 경과규정을 두었기 때문에 2018년 1월 24일 이후 사업시행인가 접수 구역부터 적용된다. 따라서 2018년 1월 24일 이전에 사업시행인가를 신청한 재개발구역은 조합원지위(입주권) 양도 양수가 가능하다.

【도시 및 주거환경 정비법】 제39조 ②항은 「주택법」 제63조제1항에 따른 투기과열지구(이하 '투기과열지구'라 한다)로 지정된 지역에서 재건축사업을 시행하는 경우에는 조합설립인가 후, 재개발사업을 시행하는 경우에는 관리처분계획의 인가 후, 해당 정비사업의 건축물 또는 토지를 양수한 자는 제1항에도 불구하고 조합원이 될 수 없다. 〈개정 2017. 10. 24.〉

부칙 〈법률 제14943호, 2017. 10. 24.〉 제1조(시행일) 이 법은 공포한 날부터 시행한다. 다만, 제48조제2항제7호의 개정규정은 2017년 11월 10일부터 시행하고, **제19조제2항의 개정규정은 공포 후 3개월이 경과한 날부터 시행하며, (중략) 제19조제2항 본문의 개정규정은 같은 개정규정 시행 후 최초로 사업시행인가를 신청하는 경우부터 적용한다**

재개발사업은 소액투자도 가능하다

또 재건축사업의 대상이 되는 아파트는 집합건물로서 조합원의 자산이 평형에 따라 완전히 동일하지만, 재개발사업 조합원의 종전자산은 동일한 기준 없이 모두 다른 특징을 가지고 있어서 이 규정에도 차이가 있다. 재건축·재개발사업의 개발이익은 개발사업을 통하여 공급되는 아파트 및 부대·복지시설의 총분양가격에서 건립에 필요한 제반비용을 제외하고 남는 비용을 의미한다. 일반적인 부동산 개발사업과는 달리 재건축·재개발사업의 개발이익은 조합에 귀속되고, 조합이 토지·건물 등을 소유하고 있는 조합원에게 분배한다. 재건축 대상인 아파트는 평형에 따라 완전히 동일하기 때문에 '무상지분율' 방식으로 개발이익을 배분하지만, 재건축 대상이 '다세대·단독·상가' 등 조합원의 종전자산이 동일하지 않고 각각 다를 경우 '비례율' 방식으로 개발이익을 분배한다. 여기서 주목할 점은 재건축은 아파트가 투자대상이라 거액의 자금이 필요하지만, 재개발은 다세대 등이 투자대상이라 소액투자도 얼마든지 가능하다는 것이다.

다가올 1~2년, 재개발투자가 유리한 이유

필자가 다가올 1~2년은 재건축보다 재개발투자가 유리하다고 한 것은, 앞에서 본 것처럼 현재 조합설립인가를 받은 대부분의 재건축단지가 조합원지위 양도금지 대상이지만, 현재 관리처분계획승인을 받은 대부분의 재개발단지는 조합원지위(입주권) 양도금지 대상이 아니기 때문이다. 따라서 투자대상이 재건축보다 광범위하다.

　재건축은 고가의 아파트가 투자대상이라 거액의 자금이 필요하지만, 재개발은 다세대 등 소형주택이 투자대상이라 소액투자도 얼마든지 가능하다. 더 중요한 것은 재건축은 핵폭탄급 규제라 불리는 '초과이익환수'가 적용되지만, 재개발에는 적용되지 않는다. 또한 재건축은 '분양가상한제'가 거의 모든 지역에 적용되지만, 재개발은 일부 지역만 적용된다. 9억 원 이상의 대출규제도 거의 모든 재건축단지에 적용되지만, 재개발은 한남뉴타운, 성수전략정비구역 등 일부 지역만 해당되고, 다른 재개발구역은 9억 원 이상 대출규제에 해당되지 않는다. 물론 재건축이 대장주이고, 투자 수익률도 월등히 높은 것이 사실이다. 하지만 앞서 본 것처럼 정부의 고강도 규제가 재건축에 집중되기 때문에 재건축사업은 당분간 소강(횡보) 상태를 보일 가능성이 크니 다가올 1~2년은 재개발투자가 유리하다고 보는 것이다.

05.

재개발투자, 규정과 절차를
알면 길이 보인다

결론부터 말하자면?

재개발사업 매우 복잡하지만,
규정과 절차를 알면 성공투자의 길이 보인다.

재건축·재개발사업 규정과 절차, 무엇이 다른가?

재건축 · 재개발사업은 모두 노후 · 불량건축물이 밀집한 지역에서
주거환경을 개선하기 위하여 시행하는 사업이지만, 관련 규정과 절
차가 매우 다르다. 낡은 아파트를 허물고 새로 짓는 재건축사업은 '민
간사업'으로 분류되지만, 낡은 다세대 · 단독 · 상가 등을 헐어내고 새
로운 주택(아파트)을 짓는 재개발사업은 '공익사업'으로 분류된다. 따
라서【도시 및 주거환경 정비법】의 규정도 다르다. 민간사업으로 분
류되는 재건축사업은 조합설립에 동의하지 않는 소유자를 대상으로
매도청구소송을 진행해야 하지만, 공익사업으로 분류되는 재개발사
업에 동의하지 않는 소유자에 대해서는 그 권리를 수용할 수 있다.
재건축사업은 이주대책이나 손실보상에 대한 규정이 없지만, 재개발
사업은 주거이전비를 지급해야 한다. 이처럼 규정과 절차가 다르니

가장 먼저 관련규정을 숙지해야 한다. 관련규정을 비교해보자.

주택재개발사업과 주택재건축사업 비교

구분		주택재개발사업	주택재건축사업
사업 성격		공익사업	민간사업
사업 방식		관리처분 방식	좌동
건축 규모		전용 85㎡ 이하: 80% 이상	전용 85㎡ 이하: 60% 이상
분양 대상		토지 등 소유자 잔여분: 일반분양	조합원 (건물 및 부속 토지 소유자) 잔여분: 일반분양
세입자보호 대책		세입자용 임대주택 건설· 공급. 주거이전비 지급	없음
미동의자 대책		수용(시행인가 후)	매도청구(조합설립 이후)
분양자격	건축물 및 부속 토지	토지 및 주택 면적 상관없이 분양대상자	토지 및 주택의 면적 상관없이 분양대상자
	대지권 없는 주택만 소유한 자	주택면적 상관없이 분양대상자	분양자격 없음
	무허가주택 소유자	기존 무허가주택 소유자는 분양대상자	분양자격 없음
	토지만 소유 한 자	90㎡ 이상을 소유한 경우 주택 소유 여부 관계없이 분양대상자	분양자격 없음

이처럼 규정과 절차가 다른데 여기서 주목할 점은 투자자 입장에서는 재개발투자가 장점이 많다.

첫째, 재개발은 소액투자가 가능하다

재개발은 '다세대 · 단독 · 상가' 등이 대상이고, 전용 85㎥ 이하 80%

이상 건립의무 법률 때문에 전용 60㎥, 전용 72㎥, 전용 84㎥ 등 중소형아파트를 80% 이상 건립해야 한다. 다세대 같은 소형주택은 대부분 자신의 권리가액(분양기준가액)보다 큰 평형을 분양받기 때문에 추가분담금을 내야 하는데 일반분양처럼 분할납부한다. 따라서 집값을 한꺼번에 내지 않아도 되니 소액투자도 얼마든지 가능하다. 즉 먼저 프리미엄을 주고 조합원 권리(건물이 멸실된 토지)를 양도받은 후, 조합에 가서 조합원지위 변경 및 조합원 아파트분양계약서 명의변경을 하고 승계조합원으로서 추가분담금을 분할납부하면 된다.

둘째, 입주권투자는 12·16대책에도 불구하고 각종 대출이 가능하다
12·16대책은 15억 원 초과 주택에 대한 대출금지뿐만 아니라 9억 원 초과 주택 소유자의 전세대출도 제한한다. 향후 고가주택을 취득하면 전세대출금을 즉각 반납해야 하고, 정부 적발 시 2주 내 반납해야 한다. 하지만 입주권 상태에선 주택으로 간주하지 않기 때문에 전세대출이 가능하다. '주택 매매계약만 체결되었거나 분양권·입주권 상태라면 실제 주택취득 전까지는 주택 매입이나 보유로 보지 않는다'라는 규정 때문이다. 또한 12·16대책에서 아파트 매입뿐만 아니라 재건축·재개발 조합원 이주비, 추가분담금 대출에 대해서도 15억 원이 넘으면 대출을 0으로 제한하는 규제를 포함시킨 바 있으나, 12·16대책 발표 이전에 관리처분인가를 받은 사업장은 종전 규정을 적용하는 '예외'를 인정하기로 함에 따라 1가구1주택자는 종전자산 평가액의 40%까지 이주비 대출이 가능하고, 조합원 분양가에서 종전자산 평가액을 뺀 나머지 금액인 추가분담금도 40%까지 대출할 수 있다.

셋째, 재개발은 투자대상 물건이 다양하고 많다

현재 진행 중인 재건축은 거의 강남3구의 고가 아파트다. 투자대상 물건이 많지 않고 10억 원 이상의 자금이 필요하지만, 재개발은 서울 강북 전역 특히 성남, 광명 등의 지역에서 광범위하게 진행되기 때문에 물건이 많고 가격대도 다양하다. 소액투자도 가능하고, 다양한 계층이 다양한 지역에 투자할 수 있다. 자금 여유가 있는 계층은 한남뉴타운, 성수전략정비구역 같은 지역에 투자할 수 있고, 자금 여유가 없는 계층은 가격대가 저렴한 상계뉴타운 같은 지역에 투자할 수 있다. 앞서 본 것처럼 법률은 85㎡ 이하 80% 이상 건립을 의무화하고 있어서 아파트 평형이 다양하다. 다양한 계층이 자신의 자금규모에 맞춰 투자할 수 있다는 뜻이다.

넷째, 재개발입주권은 주변의 인기 신축보다 상대적으로 투자금은 적고 수익률은 높다

재개발입주권은 주변의 인기 신축보다 투자금이 적다. 주변의 인기 있는 신축 시세가 10억 원이라면, 재개발입주권은 조합원 분양가에 프리미엄을 더해 8억 원 수준에서 형성된다. 입주권은 당장 거주할 수 있는 주택이 아니기 때문이다. 그러나 재개발 완료·입주 이후엔 주변의 인기 신축 시세 이상으로 가격이 상승할 가능성이 크다. 지난해 하반기 기준 수도권 입주 1년 미만 아파트의 매매가는 분양가 대비 20.22%(1억 2,857만 원) 상승한 것으로 나타났다. 서울만 따지면 훨씬 높다. 신촌그랑자이는 2016년 분양 당시 전용 59㎡의 가격이 5억 8,000만~6억 3,000만 원이었다. 그런데 지금은 14억~15억 5,000만 원에 매물이 나와 있다. 재개발입주권의 투자금은 상대적으로 적고 수익률이 높으므로 무주택자의 내 집 마련 또는 1주택자의 갈아타기 대상으로 대단히 유망하다.

재개발투자, 어떻게 어디에 투자해야 돈이 될까?

결론부터 말하자면?

성공적인 재개발투자를 하려면
무엇을, 어디에 어떻게 투자해야 할까?

재개발, 실물투자보다 입주권투자를 하라

재개발사업은 초기 단계보다 후반기 단계가 상대적으로 안전하고 정확한 투자수익 예측이 가능하다. 재건축투자도 그렇지만 재개발투자는 더욱더 그렇다. 【도시 및 주거환경 정비법】의 규정상 사업 초기 단계엔 실물(토지 등 건물)이 거래대상이지만, 후반기 단계엔 조합원입주권이 거래대상이다. 재개발사업은 ① 추진위원회승인 → ② 조합설립인가 → ③ 시공사 선정 → ④ 사업시행인가 → ⑤ 관리처분계획인가 → ⑥ 분양 → ⑦ 공사 → ⑧ 준공 및 이전 순으로 진행된다. ⑤ 관리처분계획인가 이전까지는 실물(토지 등 건물) 투자를 해야 하지만 이후부턴 입주권투자를 한다. 물론 초기 단계 실물투자가 수익률이 높긴 하지만, 재개발사업에는 수많은 위험이 도사리고 있다. 사업이 장기화하거나 중단될 수 있고, 사업이 취소되는 일도 있다. 그러나 후반기 단계에 이르면 위험이 대폭 감소하기 때문에 실물투자보다 입주권투자를 하라고 권하는 것이다.

시공사 브랜드 인지도가 높은 지역에 투자하라

투자 수익률을 높이려면 개발이익이 높아야 하고, 재개발 완공·입주 이후 아파트값이 높게 형성돼야 한다. 재개발사업의 개발이익은 개발사업을 통해 공급되는 아파트 및 부대·복지시설의 총분양가격에서 건립에 필요한 제반비용을 제외하고 남는 비용을 의미하는데, 개발이익을 높이려면 일반분양 가격이 높아야 한다. 정부가 주택도시보증공사(HUG)를 통해 분양가를 통제하고 분양가상한제를 적용하는 단지도 있어서 높은 개발이익을 기대하기는 어렵지만, 재개발 완공·입주 이후 아파트가격이 높게 형성될 수 있다. 시공사의 브랜드 인지도가 높은 재개발단지 아파트값이 더 많이 상승하는 경향이 있으니 참고하자.

어느 지역의 재개발단지에 투자해야 할까?

한남뉴타운, 성수전략정비구역 등의 지역이 자타가 인정하는 최고의 재개발구역이다. 하지만 가격이 엄청 비싸다. 따라서 투자자의 자금규모에 맞는 지역에 투자할 수밖에 없는데, 직주근접과 교통로, 교육, 인프라, 환경 등을 고려하여 발전 가능성이 있는 지역에 투자하면 된다. 현재 서울·수도권 지역에서 관리처분인가를 받은 주요 재개발단지는 필자의 책《그래도 부동산이 돈이 된다》에서 '재개발투자 유망지역 빅6'로 소개했던 수색증산뉴타운 6구역·2구역과 광명뉴타운 15·14·2·1구역, 성남시 신흥2구역이 유망하다. 동대문구 용두

6구역, 이문1 · 3구역, 동작구 흑석3구역, 성북구 장위4 · 10구역 등도 주목받고 있다.

7장

격변기에
진입한 경제와
부동산

01.

뉴 노멀 시대에
진입한 한국경제

결론부터 말하자면?

한국경제가 위기에 빠졌다기보다는
뉴 노멀 시대에 진입했다고 봐야 한다.

잇따르는 경제위기, 집값폭락설

문재인 정권 출범 이후 경제가 추락하고, 역사상 최강의 부동산 규제에도 불구하고 서울·수도권의 집값은 오히려 폭등했다. 매우 이례적이다. 여기에 미·중 무역갈등 격화, 한·일 무역갈등 부각, 미국 우선주의를 앞세운 트럼프의 외교정책으로 글로벌 경제환경이 요동친다. 이런 초유의 상황에도 정부의 정책이 유연하지 않으니 소비자는 불안하기만 하다. 특히 12·16대책 발표 이후 집값상승세가 주춤하자 시중에는 '경제위기, 집값폭락' 설이 난무한다. 하지만 필자는 한국경제가 '위기'인 것이 아니라 '뉴 노멀' 시대에 진입했다고 보는 것이 합당하다고 생각한다.

한국경제 위기인가?

'한국경제 위기'라고 주장하는 사람들은 '올해 한국경제 성장률이 사상 처음 1%대로 추락해 심리적인 마지노선인 2%마저 무너졌다'라고 말한다. 한국경제의 실상을 제대로 살펴보자. 문재인 정권의 경제정책은 '소득주도성장'이 핵심이다. 문재인 대통령은 선거에서 자신이 집권하면 3년 후 최저임금 1만 원을 달성하겠다고 공약했고, 그 공약을 지키기 위해 2017년 7.3%, 2018년 16.4%로 최저임금을 인상하면서 '소득주도성장' 정책을 밀어붙였지만 임기 절반을 넘긴 지난해 말까지의 경제성적은 너무나 초라하다. 2017년 3.1%를 기록한 경제성장률은 2019년엔 겨우 2%에 턱걸이했다. 한편 2017년 5월 100.7을 기록한 경기동행지수 순환변동치도 2019년 8개월 연속 경기동행·선행지수가 하락한 것으로 나타났다. 경기동행지수 순환변동치가 100 이상이면 경기가 호황국면, 100 이하면 불황국면을 의미한다. 고용상황도 악화되었고, 가계의 소득감소와 소득 양극화도 확대되었다. 지난해 취업자가 28만 명 증가한 것으로 나타났지만 경제의 허리인 40대의 일자리는 계속 줄어들었다. 통계청에 따르면 지난해(1~11월) 월평균 취업자 수는 28만 1,000명으로 당초 연간 증가폭 전망치인 20만 명을 상회한 것으로 나타났지만, 경제의 허리인 30~40대의 고용은 감소했다.

설비투자와 수출도 큰 폭으로 감소했다. 산업은행에 따르면 설비투자 금액은 2017년 189조 8,000억 원으로 전년대비 4.9% 증가했으나 2018년에는 전년대비 11.6% 감소했고, 2019년에도 약 1.4% 감소했다. 수출도 큰 폭으로 감소했다. 산업통상자원부에 따르면 지난해 수출은 5,424억 1,300만 달러로 전년대비 10.3% 감소했다. 수출이 두 자릿수 감소율을 기록한 것은 2009년 13.9% 하락한 이후 10년 만이다.

문재인 정권 집권 이후 경제성장률, 경기동행·선행지수, 고용, 가계소득, 소득 양극화, 설비투자, 수출 등 모든 경제지표가 추락 또는 확대된 것으로 나타났다. 이것을 근거로 '한국경제가 위기'라고 주장한다. 그리고 다음과 같은 이유로 '2020년, IMF 금융위기가 온다'라고 주장한다.

2020년, IMF 금융위기설

'2020년, 한국에 IMF 외환위기가 온다'라고 주장하는 근거는 크게 두 가지다.

첫째는 한국경제가 문재인 정부의 '소득주도성장' 정책으로 사상 처음 1%대 성장에 그쳐, 심리적 마지노선인 2%가 무너졌다는 것이다. 뱅크오브아메리카-매리린치 등 해외 IB는 2020년 한국경제성장 전망치를 평균 1.8%로 예상했고, LG경제연구원도 성장률 전망치를 1.8%로 예상해 한국경제의 전망이 암울하다고 했다.

둘째는 지난해 8월 국제통화기금(IMF) 평가단이 한국을 방문해서 한국경제와 금융평가를 진행했으며, 7월에는 국제자금세탁방지기구(FATF) 평가단이 한국을 방문해서 3주간 현장실사를 진행했다. FATF는 자금세탁 방지와 테러자금 조달 금지를 위해 활동하는 UN안보리 산하 국제기구다. FATF가 부정적으로 평가하면 해당 국가와 금융회사는 국제금융시장에서 완전히 왕따를 당하면서 충격적인 금융위기로 발전할 수 있다.

FATF 평가단이 한국을 방문한 것은 2009년 이후 처음인데, 한국은 과거에도 자금세탁방지를 지키지 않아 미국 금융당국에 거액의 벌금을 문 전력이 있다. 한국 금융시스템에 대한, IMF와 FATF 평가단의 이번 점검 결과가 부정적으로 나오면 당장 금융위기로 빠져들 가능성이 크다고 주장한다.

필자는 이런 주장에 동의하지 않는다. 조사 결과가 부정적이면 한국경제에 악영향을 주는 건 사실이겠지만, 1997년처럼 IMF 외환위기가 발생할 가능성은 크지 않다. 그 당시 한국의 금융시스템은 선진화되지 못했고, 특히 외환관리는 엉망이었다. 그러나 두 차례의 금융위기를 겪으면서 국제금융시스템과 보조를 맞추고 있고, 국제결제은행의 자기자본비율(BIS) 기준 역시 준수하고 있다. 외환관리도 철저하고, 외환보유고는 4,088억 달러(2019년 말 기준)로 세계 9위 수준을 유지하고 있으니 IMF 외환위기 발생 가능성은 매우 낮다고 본다.

따라서 필자는 한국경제가 위기인 것이 아니라 '뉴 노멀' 시대에 진입했다고 보는 것이 합당하다고 생각한다. 뉴 노멀(New Normal)은 2008년 글로벌 금융위기 이후 경제학자들이 만들어낸 용어로, 성장이 멈춘 새로운 시대와 기준을 뉴 노멀 시대로 구분해 부른다. 저성장, 저물가, 저금리(3저)와 규제강화, 소비위축 등의 특징이 있다. 한국의 경제상황이 이 모든 요건을 충족하기 때문에 한국이 '뉴 노멀' 시대에 진입했다고 보는 것이며 이는 '한국경제 위기'와는 구별된다.

정책실패가 '뉴 노멀' 시대로 이끌었다

앞서 본 것처럼 문재인 정부의 경제정책은 성공하지 못했다. 경제학자들은 문재인 정부의 정책실패 원인을 '소득주도성장' 정책 때문이라고 규정하면서, 우리나라처럼 시장 규모가 작은 나라에는 적합하지 않다고 지적한다. 필자는 시장 주도의 '신자유주의'에서 정부 주도의 '소득주도성장'으로 정책을 바꾼 것이 실패의 원인이며, 한국경제를 '뉴 노멀' 시대로 이끌었다고 생각한다. 우리나라는 국민 국가체제의 막을 연 이후 국가체제를 위한 제도·정책 등을 미국으로부터 배우면서 미국을 따라 '자본주의와 시장경제'를 채택했다.

자유주의경제의 핵심은 '시장경제'이고, 시장경제의 핵심은 '경쟁'이다. 시장은 '경쟁'이라는 핵심 메커니즘을 통해 사회가 원하는 상품을 사회가 원하는 양만큼 생산하도록 조정하고 통제하고 분배하는 기능을 가졌다. 따라서 자유방임주의가 기본 철학이다. 그러나 자유방임주의로 대변되던 '시장경제'는 1차 대전 이후 발생한 대공황으로 영향력을 상실하고 케인스 이론에 따라 국가가 개입하는 '수정자본주의'가 등장했지만, 1970년대 석유파동과 함께 스태그플레이션이 발생하면서 케인스적 개입주의가 약화되었고 '작은 국가와 시장경쟁의 확대'를 표방하는 '신자유주의'가 등장했다. 신자유주의는 시장 기능을 중시하는 이론으로, 개방을 통한 무역 확대(세계화), 규제완화, 공기업의 민영화, 작은 정부를 지향하기 때문에 오늘날 서방 국가 대부분이 경제정책으로 채택하고 있다.

우리나라도 1997년 외환위기 발생 이후 IMF 체제하에서 신자유주의 질서로 재편되었고 금융시장 규제완화, 노동시장 유연화, 공공부문 민영화 등을 시행했다. 이명박 정부에서는 신자유주의가 경제정책의 핵심이었다. 그러나 신자유주의는 사회 계층 간 양극화와 빈부격차를 초래한다는 비판을 받아왔다. 문재인 정부가 경제정책을 바꾼 이유는 신자유주의 경제에서 나타나는 '사회 계층 간 양극화, 빈부격차'를 해소하는 것이 목적이었을 것이다. 그러나 지난 3년의 결과는 정반대로 나타났다. 정부 주도의 '최저임금 인상'과 '주 52시간 근

무제' 시행의 심각한 부작용 때문이다. 경제학자들의 분석처럼 임금을 인위적으로 인상하면 기업의 비용 경쟁력이 떨어지기 때문에 높아진 임금을 감당하기 어려운 기업은 인원감축 또는 폐업을 할 수밖에 없다. 이러한 이유로 지난 3년 동안 수많은 자영업자가 인원을 감축하거나 폐업했다. 제조업도 마찬가지다. 임금이 높은 대기업을 제외한 중소·중견기업에서는 임금인상으로 경쟁력이 떨어지면 회사 존립이 어려우므로 인원감축 또는 자동화기계로 대체하거나 임금이 저렴한 해외로 공장을 이전할 수밖에 없었다.

여기에 정부의 전방위적인 부동산 규제가 한몫했다. 세계 주요국의 GDP 대비 수출 비중을 보면 미국 8%, 일본 15%, 중국 20% 정도인데, 우리나라는 40%나 된다. 전 세계에서 독일과 함께 GDP 대비 수출 비중이 가장 높다. 이처럼 수출산업 비중이 높은 나라는 수출이 저조할 땐 내수산업이 뒷받침돼야 경제를 유지할 수 있는데 우리나라는 정반대로 움직였다. 문재인 정부의 전방위적인 부동산 규제로 인한 거래단절로 얼어붙은 부동산시장은 가뜩이나 어려운 내수경기 침체를 가중시켰다. 이런 정부의 경제정책 실패가 한국을 '뉴 노멀' 시대로 이끌었고, 따라서 필자는 '한국경제 위기'라는 주장에 동의하지 않으며 '집값이 폭락한다'라는 주장에도 동의할 수 없다. 이 문제도 살펴보자.

집값폭락설은 신빙성이 있을까?

집값폭락을 주장하는 사람들은 '한국경제가 위기'라는 점과 '집값이 너무 많이 오른 점' 등을 근거로 2020년에 집값이 폭락한다고 주장한다. 하지만 앞서 본 것처럼 '경제위기'라는 주장은 맞지 않고, '집값이 많이 올라서 폭락한다'라는 주장도 근거가 부족하다. 경제와 부동산 흐름이 반드시 동행하는 것도 아니다. 지난해 한국만 집값이 오른 것이 아닌 것이 증거다. 2019년 12월 23일 자 《더팩트》의 보도에 의하면 최근 1년간 한국의 집값상승률은 주요 56개국 중 29위다. 유럽 국가의 집값상승률이 더 높았다. 헝가리가 15.4%로 가장 높았고, 룩셈부르크 11.4%, 크로아티아 10.4%, 슬로바키아 9.7%, 라트비아 9.0%, 체코 8.7%로 상승률 상위 6개가 모두 유럽 국가다. 아시아 주요 국가의 집값도 상승했는데 중국이 8.5%로 전체 7위다. 여기서 주목할 것은 집값상승의 주된 원인이 '저금리'라는 점이다.

지난해 12월 17일 《뉴욕타임스》는 프랑스, 독일 등에서는 20년 만기 모기지(주택담보대출) 금리가 1%를 밑도는 등 초저금리 상황을 맞아 시중 자금이 부동산시장으로 몰리면서 부작용을 낳고 있다고 보도했다. 유럽중앙은행(ECB)이 마이너스 금리 정책에 돌입하면서 지난 5년간 독일 프랑크푸르트, 네덜란드 암스테르담, 스웨덴 스톡홀름, 스페인 마드리드 등 주요 대도시 부동산가격은 최소 30% 이상 올랐다. 특히 포르투갈, 룩셈부르크, 슬로바키아 등의 국가에서는 평균 40% 넘게 상승했다. 원인은 '1%대의 저금리로 갈 곳 없는 돈이 부동산으로 몰렸기 때문'이라는 것이다. 2020년 6월 기준, 우리나라 기준금리도 역대 최저인 0.50%다. 경기불황과 저금리로 갈 곳 없는 돈이 부동산으로 몰렸다고 봐야 한다.

한국은 경제성장과 궤를 같이하며 부동산가격도 천문학적으로 상승했지만, 경제와 부동산 흐름이 반드시 동행하는 것은 아니다. 역사상 집값이 폭락한 적은 딱 두 번이었다. 1997년 외환위기와 2008년 글로벌 금융위기 때였다. 바꿔 말하면 글로벌 금융위기가 오지 않는

한 폭락은 없었다는 얘기다. 따라서 필자는 '한국경제가 위기라 집값이 폭락한다'라는 주장에는 절대로 동의하지 않는다. 하지만 한국경제가 장기불황에 빠질까 봐 우려되고, 글로벌 경제환경도 걱정되는 건 사실이다.

02.

우려되는 장기불황과
글로벌 경제환경

━━━ 결론부터 말하자면?

글로벌 경제환경이 너무나 안 좋아서
한국경제가 장기불황에 빠질까 우려된다.

그러나 한국경제가 장기불황에 빠질까 우려된다

1985년 플라자합의의 영향으로 일본은 대규모 버블이 발생했다. 1985년부터 1991년까지 토지는 4배, 1985년부터 1989년까지 주식은 3배의 버블이 발생했다. 일본 대장성이 토지버블 억제 조치를 하자 버블이 급격하게 붕괴되면서 주가폭락, 금융기관 파산, 수출 감소로 이어지고 일본경제는 불황에 빠졌다. 그런데 경제학자들은 당시 일본이 '경기부양 타이밍을 놓쳐서 장기불황에 빠졌다'라고 진단한다. 즉 처음엔 일본 정부가 긴축정책을 시행했는데 경기가 회복되지 않자 금리를 인하하고, 대공황 당시 미국의 뉴딜정책처럼 65조 엔이 넘는 공공사업 중심의 재정지출을 시행했지만 결국 경기회복에 실패해 20년 장기불황에 빠졌다는 것이다. 이런 일본의 사례를 보면 우리나라도 경기부양 타이밍을 놓쳐 장기불황에 빠질까 우려된다.

지금 한국경제는 성장률이 1%대로 추락할 수도 있어 경기부양이 필요하다. 한국은 내수산업에서 주택산업 비중이 크기 때문에 역대 정부는 경기가 과열되면 규제를 강화해 경기를 안정시키고, 경기가 침체되면 규제를 완화해 경기를 부양시켰다. 진보정권인 김대중 정부도 외환위기 발생으로 극도로 침체된 경기를 되살리기 위해 대대적인 주택경기 활성화 대책을 실시했고 불과 1~2년 만에 경제위기를 극복했다. 따라서 경기가 하락하고 소비자물가 상승률이 마이너스를 기록하면서 디플레이션이 우려되는 상황에선 부동산 규제를 완화해 경기를 부양해야 한다. 그런데 문재인 정부는 '경기활성화 목적으로 주택경기를 부양하는 일은 절대 없을 것'이라고 선을 긋고 있으니 이러다가 자칫 경기부양 타이밍을 놓쳐 일본처럼 장기불황에 빠질까봐 우려된다.

글로벌 환경이 좋지 않은 상황

한국경제의 대외 여건은 그 어느 때보다 좋지 않다. 미국의 트럼프 대통령이 미국 우선주의(America First)를 선거 공약으로 내걸고, 미국의 국익이 보호되도록 환태평양경제동반자협정(TPP)을 탈퇴했다. 북미자유무역협정(NAFTA)을 비롯한 다자간 무역협정의 수정이 필요하다고 주장해 우리나라도 2018년 3월 26일 미국과의 재협상을 통해 자유무역협정 개정에 합의했다. 트럼프가 미국의 무역수지 적자가 가장 큰(2017년 기준 46%) 중국에 대한 다양한 무역보호 조처를 하면서 미·중 무역전쟁이 격화되는 상황이고, 설상가상으로 일본 아베정권의 한국에 대한 수출규제 조치로 한·일관계 역시 급속히 냉각되고 있다.

한국경제연구원(한경연)은 'KERI 경제동향과 전망: 2019년 4분기 보고서'를 통해 '대외 여건 악화에 따라 수출이 급격한 위축을 보이는 가운데 투자(건설 및 설비)의 둔화폭이 확대되고, 소비까지 둔화 흐름을 보이게 된 것이 경제성장 흐름을 악화시켰다'라고 설명했다. 내수 부문의 버팀목 역할을 하던 민간소비도 위축이 불가피할 것으로 분석하고, 경기부진으로 명목 임금상승률이 심하게 감소한 가운데 소비심리의 지속적인 악화, 가계부채 원리금 상환부담 증가, 자산가격 하락의 영향이 가시화된 것이 경제성장률 전망치 하락요인이라고 분석했다. 대외적으로는 미·중 무역갈등의 격화, 한·일 무역갈등의 부각, 주요국들의 성장률 하락으로 인한 대외수요 감소, 반도체 업황 부진 지속, 국제자본시장 불확실성 증대 등이 성장의 하방 위험으로 작용할 수 있다고 지적했다.

한국경제 갈림길에 섰을까?

김동원(고려대학교 경제학과) 교수는 그의 저서 ≪한국경제 반전의 조건≫에서 '미·중 무역전쟁이 격화되는 상황이라 대중 수출 의존도가 높은(전체 수출의 27%) 우리나라가 곤란해졌다'라고 언급했다. 또 미국과 중국 간 무역마찰이 무역수지 불균형의 차원을 넘어 디지털시대의 기술주도권 장악과 정치경제의 주도권 경쟁으로 비화함에 따라 우리나라는 미국의 핵우산 보호 아래서 안보의 편익을 받는 한편, 중국에 대한 수출로 경제적 이익을 함께 얻는 것이 어려워졌다며, 한국은 미국과 중국 사이에서 선택을 강요받는 상황이 곧 벌어질 것이라고 우려했다. 맞는 말이다. 하지만 필자는 오히려 중국경제가 무너지면서 한국경제가 피해를 입을까 걱정된다. 중국이 개혁개방 정책으로 세계경제 흐름에 편입했지만, 사회주의체제인 중국의 경제가 완전한 시장경제라고 보기 어렵고, 숨겨진 부실이 많다는 얘기들이 종종 흘러나오는 것을 보면 이런 경우도 완전히 배제하기 어렵다고 생각한다.

글로벌악재, 더 이상 발생하지 않으면 다행

그러나 한국경제는 글로벌악재가 더 이상 발생하지 않으면 다행이라고 생각한다. 한국이 경제적 약자의 위치에 있지만 일본도 경제적인 약점이 있다. 일본경제의 가장 큰 리스크는 저출산, 고부채, 저성장이다. 경제회생을 위해 일본정부가 연이어 대규모 국채를 발행하여 엄청난 돈을 쏟아붓는데도 일본경제는 여전히 1%(5년 평균)대 저성장에서 벗어나지 못하고 있다. 일본 메이지대학에서 경제학 박사학위를 받은 강철구 교수는 그의 저서 《일본경제 부담 없이 읽기》에서 '일본정부의 노력에도 불구하고 경제가 회생되지 않는 것은 일본의 부를 거머쥔 노인 계층의 소비위축에 있다'라고 진단하며, 현재 일본은 60대 이상 노인이 국부의 70% 가까이 소유하고 있는데 그 돈을 쓰지 않고 국채를 사고 국채만기가 도래해서 받은 돈으로 또 국채를 사는 삶을 살기 때문에 유동성이 죽어 불황이 계속된다'라고 한다. 한국이 일본의 이런 점을 참고해 전략적으로 대응하면 머지않아 한·일 양국이 대화를 통해 문제를 해결할 수 있을 것이다. 또한 미·중 무역전쟁 확대의 영향으로 중국에 대한 수출이 감소하더라도 수출 다변화 등을 통해 피해를 최소화할 수 있다고 본다. 이제는 우리나라가 전략적 측면에서 대중 수출 비중을 점차 줄여나가야 할 때라고 생각하며, 이미 그러한 조짐이 여러 곳에서 감지되고 있다.

따라서 정부가 더 늦기 전에 경기부양 정책을 쓸 때라고 생각한다. 특히 코로나19 확산에 의한 글로벌 경기침체 상황에서 수출감소는 불가피하므로 정부의 경기부양정책이 절실히 요구된다. 코로나19가 수개월 내에 종식되면 집값이 폭락하는 일은 발생하지 않을 것이라 전망한다. 하지만 세계주의(자유무역) 체제의 변화 등 글로벌 경제환경이 크게 바뀌는 상황이 온다면 한국경제는 대혼란에 빠질 것이다.

흔들리는
세계주의

결론부터 말하자면?

미국이 세계주의(자유무역)에 흥미를 잃으면서
브레튼우즈 체제가 흔들리고 있다.

브레튼우즈 체제의 출범과 미국의 약속이행

세계주의가 흔들린다니 도대체 무슨 소리냐고 하겠지만, 만일 미국이 세계주의에 흥미를 잃고 브레튼우즈 체제를 뒷받침하는 일에서 손을 떼고 새로운 질서로 재편하기를 원한다면 어떻게 될까? 유럽에서 2차세계대전이 연합군 쪽으로 기운 1944년 7월 1일 미국의 뉴햄프셔주, 휴양지 브레튼우즈(Bretton Woods)에 미국과 44개 동맹국 대표들이 모여서 협정을 체결한 이후 세계는 70년 이상 미국의 안보우산과 해상운송 감시와 보호 아래 자유무역을 누리면서 경제를 성장시켰다. 태평양 전쟁에서 미국에 항복한 일본이 경제대국으로 급성장할 수 있었던 것도 브레튼우즈 체제(자유무역 체제) 덕이고, 우리나라도 수혜국 중 하나다. 중국도 브레튼우즈 체제 덕에 1990년대부터 경제를 발전시켜 G2 반열에 오를 수 있었다. 미국은 브레튼우즈 회담 당시 동맹국들에게 '미국시장을 개방하고, 모든 해상의 운송을 보호하며, 전략적 우산(안보)을 제공한다'라고 약속했는데 지난 70년 동안 미국은 이 약속을 성실하게 지켰다. 미국의 군사력은 세계 해군함정의 절반이나 된다. 이런 절대적인 힘을 바탕으로 미국은 동맹국들의 안보우산과 해상운송 감시와 보호 역할을 성실히 수행했고, 그 덕에 동맹국들은 안보에 쓸 돈을 산업에 투자하여 경제를 성장시킬 수 있었다.

미국이 세계주의에 흥미를 잃다

그런데 미국이 브레튼우즈 체제를 뒷받침하는 일에서 손을 떼고 새로운 질서로 재편하길 원한다면 어떻게 될까? 미국의 경제학자 피터 자인한은 그의 저서 《21세기 미국의 패권과 지정학》에서 미국이 브레튼우즈 체제에 점점 흥미를 잃어간다고 하면서 미국이 브레튼우즈 체제를 뒷받침하는 일에서 손을 떼면 세계는 무질서에 빠질 것이라고 경고한다. 트럼프의 미국 우선주의는 단지 시작일 뿐이고, 미국을 중심으로 세계질서가 재편되리라 전망했다. 미국이 브레튼우즈 체제를 뒷받침하는 일을 그만두려고 하는 가장 큰 이유는 돈(국익)이다. 미국이 브레튼우즈 체제를 뒷받침하는 일에 쓰는 돈은 어마어마하다. 국방비만 해도 미국 해군은 연간 족히 1,500억 달러를 쓰지만 연간 5,000억 달러(2012년 기준)가 넘는 엄청난 무역적자를 낸다. 미국은 중국이 세계 2위의 경제대국으로 올라선 순간 미국이 주도하는 브레튼우즈 체제에 한계에 도달했다고 판단한 것 같다. 미국이 감당해야 할 비용이 전략적 이익을 넘어섰기 때문이다. 이때부터 미국이 세계를 대하는 기조가 '개입하지 말자'로 바뀌기 시작했다. 미국의 GDP

대비 수출이 차지하는 비중은 겨우 8%로, 미국에게 있어 세계무역은 지엽적인 문제에 불과하다. 그런데도 미국은 70년 동안 세계 무역체제를 유지하기 위해 어마어마한 비용을 홀로 부담해왔다. '미국은 꽤 오래전(클린턴 행정부)부터 이 체제를 유지해야 한다는 책임감에 서서히 잠식되었다'라고 피터 자인한은 설명한다.

미국은 무역 없이 자급자족이 가능한 유일한 국가

미국은 세계에서 무역 없이 자급자족이 가능한 유일한 국가다. 미국은 적당한 규모의 인구, 영토, 군사력, 자원은 물론 지정학적으로 최상의 조건을 갖췄다. 미국경제는 강력한 소비가 원동력인데 2014년 현재 미국의 소비자 기반 시장은 대략 11조 5천만 달러에 달한다. 이는 2위부터 여섯 나라인 중국, 일본, 독일, 프랑스, 이탈리아의 소비자 기반을 다 합한 것보다 크다. 여전히 개발이 가능한 양질의 토지를 보유하고 있고, 세계 주요 국가보다 전체적으로 인구가 젊으며, 셰일 덕분에 앞으로 최대 500년 동안 쓸 수 있는 에너지와 압도적인 군사력까지 보유하고 있다. 특히 항로를 보호할 수 있는 해군력은 나머지 국가들을 모두 합친 것의 3배에 달한다. 미국은 배치 가능한 초대형 항공모함 12척을 보유하고 있는데, 나머지 나라들을 전부 합해도 초대형 항공모함은 1척뿐이다. 그나마도 영국이 보유하고 있다. 이렇게 모든 것을 갖춘 미국은 초강대국이 될 수밖에 없는 운명을 가진 나라로, 향후 100년 이상 패권 제국의 지위를 차지할 것이라고 피터 자인한은 예측한다.

미국이 브레튼우즈 체제를 포기하고 새롭게 세계질서를 재편하면 한국은 위험에 처할 수 있다

미국 대통령인 트럼프는 우리나라와 일본뿐만 아니라, 심지어 미국과 가장 가까운 동맹인 NATO 회원국들에게도 방위비 대폭 인상에 호르무즈 해협 감시활동에 동참하거나 비용을 대라고 요구한다. 이처럼 전 세계 동맹국들을 상대로 안보비용 인상을 요구하고, 해상운송 보호·감시 비용까지 대라고 압박하는 것은 결코 예사로운 일이 아니다. 혹자는 '이런 일들은 트럼프의 독특한 정치성향 때문이라며, 트럼프가 낙선하고 다른 사람이 미국 대통령이 되면 미국이 과거처럼 유연해질 것이다'라고 하지만 필자는 그렇게 보지 않는다. 미국은 삼권분립이 확실해서 대통령도 국가전략을 함부로 바꾸지 못한다. 미국 국무부가 발간한 「미국의 경제 미국의 개관」을 보면 미국이 얼마나 치밀하게 국가계획을 수립하는지 알 수 있다. 따라서 트럼프의 정치성향 때문이 아니라 미국의 국가전략이 바뀌고 있다고 보는 것이 합리적이다.

만일 미국이 브레튼우즈 체제를 포기하고 새롭게 세계질서를 재편하려는 계획이 현실화될 경우 한국의 정치경제는 걷잡을 수 없는 소용돌이에 휘말리게 되면서 자칫 국가존립이 위태로운 지경에 처할 수도 있다. 따라서 우리나라의 대미외교는 과거와는 다른 접근과 유연한 전략이 필요하다고 생각한다. 다만, 필자는 미국이 갑자기 브레튼우즈 체제에서 손을 떼지는 않을 것이라고 전망한다. 명분과 준비가 필요할 테니 말이다. 당장은 아니더라도 냉혹한 세계질서에서 낙오자가 되지 않으려면 세계의 변화를 예의 주시하면서 능동적이고 유연하게 대처할 필요가 있다.

집값폭락은 허망한 꿈이자, 위험한 발상이다

필자는 이 책의 서두에 사람들이 집을 싸게 살 기회를 잡기 위해 집값폭락을 기다리지만, '집값폭락은 오지 않는다'라고 하면서 '확증 편향에 빠지지 말라'고 했다. 그런데 이 책을 마무리하는 지금은 '사람들이 기다리는 집값폭락은 허망한 꿈이자, 위험한 발상이다'이라고 말하고 싶다. 왜? 집값폭락 사태는 발생하지 않을 게 분명하고, 만일 실제로 발생한다면 엄청난 경제타격과 금융부실로 또다시 수많은 노숙자를 보게 될 것이기 때문이다.

IMF 외환위기 당시 한국은 평균 집값이 약 15%(강남은 약 40%) 폭락했는데 수십만 명의 노숙자가 발생했다. 2008년 금융위기 당시 미국은 평균 집값이 약 20% 폭락했는데 700만 명의 노숙자가 발생했다. 이런 과거 사례에 비추어 보면 일부 전문가의 근거 없는 '집값폭락' 주장이나, 정부의 '집값 원상회복' 주장은 무모한 발상이라고 생각한다.

문재인 정부는 출범 초부터 고강도 부동산 규제책을 잇달아 발표하면서 시장을 압박했지만 서울집값은 폭등했다. 실거래가 기준 40%, 지수 기준 25% 폭등했으며 강남집값 상승폭은 이보다 훨씬 크다.

12·16대책 발표 이후 집값 상승세가 주춤하자 시중에는 집값폭락설이 등장했다. 중국에서 발생한 코로나바이러스가 전 세계로 확산하자 '경제위기, 집값폭락' 설은 더욱 기승을 부렸다. 이런 상황에서 필자가 '집값폭락'은 없다고 일축하는 근거는 무엇일까?

첫째 이유는 공급부족이다. 주택의 절대량이 부족하다는 게 아니라 새 아파트가 부족하다는 얘기다. 도심주택이 점점 낡아가기 때문에 신축에 대한 소비자의 열망은 커지는 반면, 서울 도심엔 신축할 땅이 없고 오로지 재건축·재개발을 통한 공급만 가능하다. 실제로 서울은 90%가 재건축·재개발을 통해 '신축'이 공급된다. 그런데 정부의 고강도 규제로 신축 공급의 유일한 수단인 정비사업이 막힐 것 같다는 우려에 '집을 사자'는 'BUY' 열풍이 불면서 집값이 상승했다. 따라서 정부가 정책기조를 바꾸지 않는 한 서울집값은 오를 수밖에 없다.

둘째 이유는 정부의 반(反)시장 정책이다. 자유민주주의 경제의 핵심은 '시장경제'다. 시장은 핵심 메커니즘인 '경쟁'을 통해 사회가 원하는 상품을 사회가 원하는 양만큼 생산, 조정, 통제, 배분하는 기능을 가졌다. 이것이 워런 버핏이 말하는 보이지 않는 손의 역할이다. 그런데 정부가 '시장체제'를 무시하고 규제로 집값을 억누르는 반(反)시장 정책을 고집하기 때문에 집값이 오히려 상승한다.

셋째 이유는 정부의 과잉규제다. 정부의 규제발표가 집값상승의 시그널로 작용하면서 집값이 상승한다. 공급축소를 우려하는 소비자들이 오히려 서둘러 주택을 구입하기 때문에 집값 안정은커녕 상승하는 것이다. 실제로도 정부가 '민간택지 분양제' 및 '분양제 구역 발표' 이후 곧바로 집값이 폭등했다.

넷째 이유는 세계적인 동조화 현상이다. 필자는 지난 3년간 정부가 집값상승을 막기엔 역부족이있다고 생각한다. 지난 10년 동안 전 세계 주요 도시의 집값이 폭등했다. 집값이 상승한 56개국 중 한국은 29위다. 집값상승의 원인은 저금리와 넘치는 유동성 때문이었다. 2008년 금융위기, 2011년 유럽의 재정위기 이후 미국, EU, 일본 등 세계 주요 국가는 금리를 인하하고, 유동성 공급을 확대했다. 그러나 결과는 참담했다. 실물경제 성장은 미미하고, 물가는 인플레이션보다 디플레이션 현상이 나타난 반면, 자산(주식과 부동산) 가격은 폭등해서 양극화가 확대되었다. 한국도 저금리와 넘치는 유동성, 두 가지 조건을 충족하고 있었기 때문에 정부가 집값상승을 막기엔 역부족이었다.

코로나19에 대한 대책 역시 비슷하다. 코로나19의 세계적인 확산으로 전 세계의 생산, 소비활동이 중단되고 하늘길마저 끊기는 초유의 사태가 발생하자 미국, EU를 비롯한 전 세계 국가가 경기침체 극복을 위해 재정지출 확대, 금리인하, 유동성 공급확대 같은 경기부양 정책을 서둘러 시행한다. 미국은 정부가 재정지출을 대폭 확대하고, 미 연준은 금리를 0~0.25%(제로금리)로 인하하며 무제한 양적완화를 다시 시행한다.

한국도 마찬가지로 대처하고 있다. 다만, 과거에는 유동성 공급과 구조조정을 병행했는데, 이번에는 구조조정보다 고용유지에 정책의 초점이 맞춰지고 있다는 게 다르다. 이런 대응책을 보면 저금리와 유동성 기조는 바뀌지 않을 것이다. 따라서 코로나 이후에도 실물경제와 자산(주식, 부동산) 시장은 지난 10년처럼 반대 방향으로 흐를 가능성이 높다. 그래서 필자는 코로나 경제위기에도 불구하고 집값폭락 가능성이 낮다고 보며, 일정 기간 조정을 거치긴 하겠지만 그 이후에는 다시 상승세로 돌아설 것으로 전망한다.

끝으로 당부하고 싶은 것이 있다. 다가올 10년, 부동산시장은 급변한다는 점을 반드시 인식하고 투자에 나서자. 인구감소 및 인구구조의 변화, 신구 세대교체 등에 의한 주거패턴과 주거지 선호현상 변화 등으로 부동산시장에도 많은 바람이 불 것이다. 특히 주목해야 할 것은 신구 세대교체에 따라 주거지 선호현상이 극명하게 바뀐다는 점, 양극화가 갈수록 확대된다는 점이다. 베이비붐 세대가 퇴장하고 에코붐 세대가 등장하면서 '직주근접'이 최고의 가치로 등극했다. '잡하우징 밸런스(job housing balance)'가 높은 지역으로 쏠림현상이 더 심화된다는 뜻이다. 따라서 일자리가 많은 지역이나 그런 지역으로 출퇴근하기 쉬운 지역은 부동산가격이 상승하겠지만, 다른 곳은 소외되는 양극화 현상이 더욱 심화될 것이다.